大阪経済大学研究叢書第88冊

グローバリゼーション下の
イギリス経済

EU離脱に至る資本蓄積と労働過程の変化

櫻井幸男 著
Sakurai Yukio

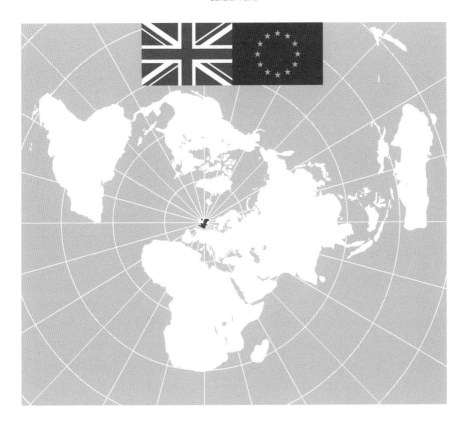

法律文化社

目　次

序　章　1979～2008年のイギリスの資本蓄積 …………… 1
　　　　——評価と本書の構成——

第1章　雇用削減による生産性上昇の資本蓄積 ………… 11
　　　　——脱工業化とそれがはらむ諸問題——

1　イギリスの脱工業化（De-industrialization）………… 11
2　イギリスの製造業雇用の縮小の動き（1950～2007年）……… 14
　　2.1　1950年から1980年代初期までの脱工業化　14
　　2.2　1979年から2007年までの脱工業化　17
　　2.3　1979年以降の労働市場の全体的な動き　20
3　先進国比較から導かれるイギリス製造業の資本蓄積の特徴 … 33
　　3.1　生産性の顕著な増大　33
　　3.2　低迷を続ける産出高　35
　　3.3　所得と利潤の上昇を可能にする長期失業者の大量発生と存在　38
　　3.4　イギリス資本蓄積が導き出すもの　40
4　生産性上昇の独自なメカニズムを持つ資本蓄積軌道の形成 … 43
　　4.1　生産性低下の1979～81年期間　44
　　4.2　雇用減少による生産性上昇の1982～87年期間　49
　　4.3　産出高増大による生産性上昇の1988～90年期間　54
　　4.4　雇用減少による生産性上昇の1990～92年期間とそれ以降　56
5　個人消費主導の景気回復 …………………………… 57
　　5.1　個人の可処分所得の増大　58
　　5.2　個人の貯蓄率の低下　62
　　5.3　個人消費の刺激政策　63
　　5.4　個人消費主導の景気回復の限界　63
6　資本蓄積による長期的発展を妨げる諸要因 ………… 65
　　6.1　熟練不足による産出高の抑制　66
　　6.2　生産と消費の乖離　72
　　6.3　経常収支の赤字　75

- 7　結びにかえて：イギリスの生産性上昇メカニズムが内包する諸問題 … 77
  - 7.1　不平等の拡大　77
  - 7.2　失業・雇用の地域間格差　78
  - 7.3　貿易収支の赤字　81

第2章　日本の対英直接投資とイギリスの資本蓄積 …… 89

はじめに …… 89

- 1　1980年代のFDIの全体的な動き …… 91
- 2　ヨーロッパへの日本直接投資 …… 95
  - 2.1　対欧FDIの特徴(1)：市場追求型　95
  - 2.2　対欧FDIの特徴(2)：組立産業への集中　99
  - 2.3　対欧FDIの特徴(3)：イギリスへの投資集中　100
- 3　イギリスの対内FDIの趨勢 …… 103
  - 3.1　第1段階　1950〜60年代：突出したアメリカの対英直接投資　103
  - 3.2　第2段階　1970年代〜80年代半ば：低迷する対英直接投資　105
  - 3.3　第3段階　1985〜95年：増加する対英直接投資　107
- 4　イギリス経済に対する外国企業の影響 …… 113
  - 4.1　イギリス企業と外国企業の比較(1985〜92年)　114
  - 4.2　イギリス企業の特徴　117
- 5　日本の対英直接投資 …… 121
  - 5.1　イギリス製造業部門における外国企業の中の日本企業の位置　121
  - 5.2　製造業部門の日本企業の独自性　127
- 6　結びにかえて：「日本化」に関する議論 …… 136

第3章　グローバル下の労働過程とイギリス労働管理 … 145

- 1　グローバル下の労働過程論とは何か …… 145
- 2　不熟練労働から成り立つ生産過程 …… 148
  ―マルクスの生産過程論―
  - 2.1　労働の二重性と生産過程　148
  - 2.2　労働の二重性と資本の管理　150
  - 2.3　賃金と労働の内容との関係（根本的対立を隠ぺいする諸現象）　152
- 3　熟練労働を含む労働過程論と形成される価値 …… 154
  ―ブレイヴァマンの労働過程論―
  - 3.1　ブレイヴァマンが提起する新しい課題と解決　154

3.2　ブレイヴァマンの労働過程論の評価　157
　4　経営戦略による熟練創出の労働過程論 …………………… 160
　　　―フリードマンの労働過程論―
　5　グローバリゼーションから展開された二重の労働力からなる労働過程論 … 163
　　　―アトキンソンの「フレキシブルな企業」モデル―
　　　5.1　「フレキシブルな企業」モデルに要請される課題　163
　　　5.2　企業理論にフレキシビリティを内包化させる必然性とそれの実現化　165
　　　5.3　「フレキシブルな企業」モデルにおけるフレキシビリティ　166
　　　5.4　「フレキシブルな企業」モデルの特徴と問題点　171
　　　5.5　アトキンソンモデルに対する批判：その難点や不十分な点　173
　6　グローバリゼーション下の労働の二重化とフレキシビリティ … 176
　　　6.1　「マンパワー戦略」によるフレキシビリティの多様化　176
　　　6.2　企業の内部・外部で進展する機能的・数量的フレキシビリティ　178
　7　グローバリゼーション下の労働の新しい問題と求められる企業組織 … 183
　　　7.1　労働組合パワーの弱体化とそれに伴う賃金交渉を巡る制度変更　186
　　　7.2　賃金の決定方法の変化と新しい支払い形式　192
　　　7.3　熟練労働者への賃金―可変的な(variable)賃金制度　194
　8　結びにかえて ……………………………………………… 200

終　章　リーマンショック以降の資本蓄積 ……………… 209

　引用文献 … 221
　あとがき … 229

序　章
1979〜2008年のイギリスの資本蓄積
評価と本書の構成

　本書は1979年からリーマンショックという世界的な金融恐慌が勃発した2008年までの期間のイギリスの資本蓄積を主に分析対象とする。この期間のイギリスの資本主義は，「ネオリベラル資本主義」もしくは「金融支配の資本主義[1]」と呼ばれているように，資本蓄積でその以前の時期のそれとは異なる独自性を持つ。本書の狙いはそれがどのようなものであるのか（第1章），そしてグローバリゼーションの進展の中でどのように位置づけられ（第2章），それがもたらす諸問題やそれが内在させている諸矛盾，特にここでは労働次元の諸問題を取り上げ（第3章），解明することである。そしてリーマンショックによってそれが終焉した（終章）としている。

　まず，現在のイギリス経済を解明する課題を取り組む上で，なぜ1979年から始めるのか，を簡単に説明しなければならない。1979年は周知のように第2次石油ショックが勃発した年であり，M.サッチャーが政権についた年でもある。この年はイギリスにとって多くの理由から分水嶺となる年でもある。その第1の理由は，1970年代に2回勃発した石油ショックによる石油価格の急速な上昇が起こった。とりわけ第2次石油ショック直後，イギリスでは需要が急激に縮小し，サービス部門も製造業も両方とも産出高を低下させ，特に製造業は20％近い産出高の下落を生み，マイナスの成長であった。それにもかかわらずポンドは北海石油のおかげで大幅に上がったままであった。その石油ショックによる石油価格上昇に基づいた新しい国内価格体系の確立がイギリスで要求され，それが国内の産業構造の急激な変更を促した。これは，イギリスでは脱工業化と呼ばれる事態（製造業の縮小）の進展，金融部門の拡大と支配する経済の確立・発展となっていった。

　第2の理由は，サッチャー政権が誕生する以前とそれ以降でイギリス政府の経済政策が大きく変容し，その質的転換をもたらしたことである。サッ

チャーとJ.メージャーの両保守党政府はケインズ主義による有効需要政策や完全雇用政策を破棄し，いわゆる，マネタリズム政策と生産性を重視する供給サイドの政策を採用した。両政府はこの政策的立場から市場メカニズムを重視する新自由主義的な経済政策を採用し，民営化を推進し，市場に介入するのをできるだけ手控えた。次の政権を担ったT.ブレアの「ニューレーバー（以下，新労働党とする）」政府の下でも市場を重視する姿勢は受け継がれ，そこには保守党との「相当に大きな継続性が存在する[2]」といわれている。とりわけ，保守党のマクロ経済分析は継承された。ケインズ主義が掲げる有効需要政策では，高く安定した雇用水準が実現されることができないという確固とした考えから，保守党と同じく新労働党政府はインフレ対策を最優先課題に位置づけ，供給サイドを改革し，生産性上昇に焦点をあてる政策をとった。このように，新労働党政府の下でも市場メカニズムを重視する姿勢は基本的に引き継がれたの[3]である。

　第3の理由は，1979年以降グローバリゼーションが急速に進展し，その中でイギリス経済が把握される必要があるからである。グローバリゼーションは，サッチャー政府の1979年の為替管理規制の撤廃を契機に，1980年代に入ると企業の多国籍化が進展（特に1985年のプラザ合意以降から急速に進展）するにつれて進み，海外直接投資も先進国間で積極的に行われる状況となった。イギリスもそれを受け入れ対外直接投資を積極的に行った。対英直接投資では1970年代まではアメリカからの投資が突出し，その投資が圧倒的存在感を示していたが，1980年代に入るとそれは一変する。アメリカからの投資は依然として多数であり続けたが，そのウェートを大幅に低下させ，しかも対米投資でイギリスは純資本輸出国となる状況も生まれ，直接投資の関係で状況が1970年代と様変わりした。さらに1980年代後半から徐々に日本やEUからの対英投資が増加した。1980年代は対英直接投資のリーダーが変化した。1990年代になると再びアメリカからの対英投資が急増し，それに対応してイギリス経済は金融中心の経済構造へと変質していった。新労働党政権においても，イギリス経済の近代化には資本移動を促進するグローバリゼーションが鍵を握るという認識は変化することなく受け継がれていった[4]。これらの理

由から，新しいイギリス経済は1979年以降から始まり，100年に１度あるかないかの大規模なアメリカ発の2008年の国際金融危機までの期間に１つの新しい資本蓄積を確立・発展させたと考えられる。

　1979～2008年期間の資本蓄積の評価は２つの視点で行われうる。第１は，戦後から1973年までのケインズ主義に基づく有効需要の管理政策と完全雇用政策が生み出した矛盾や問題を，それ以降の市場重視の新自由主義政策がどの程度まで解決したのか，という視点である。この視点からすると，イギリス経済は，1960年代から進行していたインフレが1970年代の２回の石油ショックを契機に悪性化し，1960年代の発展軌道が1970年代に高賃金と高インフレで麻痺させられ，破たんさせられ，その結果，イギリス経済は危機に陥っていた。経済危機の最大の原因はコスト・プッシュ・インフレである。絶え間ないインフレとそれに対応して生活防衛のための労働者側からの賃金引き上げ要求があり，1970年代にインフレと賃金の悪循環が繰り返し出現した。そこで，1979年以降の経済政策に求められたのは，上昇する物価と賃金の抑制であり，同時にこの悪循環を克服するために賃金上昇を上回る生産性上昇，つまり1960年代からのイギリス経済に内在する低生産性体質を改善し，生産性を引き上げることであった。ここから，1979年以降の資本蓄積と経済政策の評価はどれだけ賃金上昇を抑え，生産性を上昇させる（賃金上昇を上回る生産性の増大）体質を経済で確立したのかにかかってくることとなる。

　当初，サッチャー政権が掲げる経済政策の第１目標も，この悪性インフレを抑えることであった。これを抑え込まない限り，正常な資本蓄積軌道は望めないという判断から，政府は何よりもインフレ抑制に全力を投入した。その成果としてインフレは1980年代後半から落ち着きを見せ，インフレの克服に成功したように見えた。しかし，1990年代初期の不況下でインフレは再び高騰した。だが，1990年代後半になるとイギリス経済は1993年以降2007年までの長期間の景気回復と好況過程であったにもかかわらず，インフレは低く抑えられたままであった。インフレ退治は成功したように見える。また，賃金を抑制する点でその効力を発揮したことの１つに，1979～97年の保守党政権時代に行われた系統だった労働組合への攻撃がある。それは，ある時には

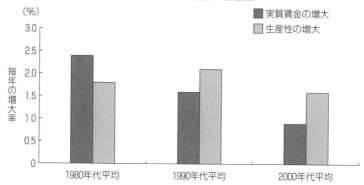

図 0-1　UK の賃金－生産性

出所：Lansley, S., (2011) *The Cost of Inequality*, p. 55.

立法をも駆使して公然と労働組合活動に介入し，また時には暗黙のそれへの攻撃によってもたらされた労働組合パワーの弱体化である。他方で，雇用保護を低める政策，企業によるフレキシブルな労働市場の積極的な活用，2000年代に入ると移民の大量の労働市場への流入による低賃金者層の拡大，そして1960年代と比べて1980年代や1990年代のより高い失業率の維持などの，多くの諸要因によって賃金上昇が抑え込まれた。1993年から2008年の金融危機までの長い景気回復過程でも，大幅な賃金上昇は見られなかった。その結果，1980年代にはまだ生産性の上昇率が実質賃金のそれを下回る増大率であったが，1990年代や2000年代には，増大率で前者は後者を上回るにいたった（図 0-1）。2000年以降の実質賃金の上昇を上回る生産性の上昇は，1970年代のようなコスト・プッシュ・インフレの悪循環を起こさず，そこから脱却したことが明確になった。この脱却を評価する視角から，サッチャー政府がイギリスの衰退を阻止し，新しい経済構造を確立した功績が大きいとされている。そこから，サッチャー政府の政策は高く評価されている。

　もう 1 つの視点は，生産性を基準としたイギリス経済に対する評価である。供給サイドの経済にとって生産性の上昇は決定的に重要で，P. クルーグマンによると[5]，長期的にみると国民生活水準や経済実績の改善を規定する諸要因のほぼすべてが生産性上昇にあるという。生産性上昇なくして企業の

競争力や国民生活の水準の上昇は望めない。拙著『現代イギリス経済と労働市場の変容——サッチャーからブレアへ』で我々は他の先進国との生産性上昇の比較でイギリス生産性がどのような位置にあるのか，1979年以降からの供給サイドの政策をとる保守党政府の下で生産性上昇を実現するためにどのような政策がとられたのか，資本蓄積がどのようなものであるのか，そして労働市場次元のフレキシビリティの追求と実現が生産性を高めることにどのように貢献したのかなどを明らかにした。生産性上昇の推進に邁進した保守政党を引き継いだ新労働党政権時代である1997年からの10年はイギリスの生産性上昇で絶好調である。その結果，1993年から2007年まで戦後最長の好況過程が生まれた。K. ウッシャーによると，「1997-2009年のイギリス生産性は24％ポイントの上昇で，G7諸国の中で最も速い[6]」。そしてイギリスの労働者1人当たりGDPでは日本を超え，カナダやドイツと同じぐらいの水準になっている。1980年代や1990年代のイギリスが抱えていた「慢性的な弱点[7]」が解決されたようであるとしている。このような論調は，この時期に「ネオリベラル資本主義」の資本蓄積は大成功を収め，1997～2007年はイギリスの「黄金の10年」であるとする論者も存在するようになった。この論調の流れの中では，結果的に1979年以降の新自由主義の経済政策下で実施された改革——構造改革——と確立した資本蓄積が成功しているという評価に落ち着く。

このようにサッチャー政権以降の新自由主義政策は一部で高く評価されている。だが，この評価に単純に我々は同調できない。というのは，同時期に別の声が聞こえてくるからである。その1つの声は，2014年のスコットランドの独立をめぐる国民投票や2016年のEU離脱を実施させる国民の声のように，企業レベルを超える，大きな政治的な力を持ち，しかも一気にイギリスの政治経済体制の根底からの変更を願う声である。両者とも国論を二分するものとなり，しかもEU離脱投票では周知のように，1973年のECへの参加から形成され続けた経済体制の動きを否定する離脱をまさに実現した。どちらの動きも，「ネオリベラル資本主義」の資本蓄積に対する大きな不満の表れである。特にEU離脱は，イングランドでロンドン以外の地域すべてで離脱支持者が多数を占めたことから金融支配の「リベラル資本主義」に強い反

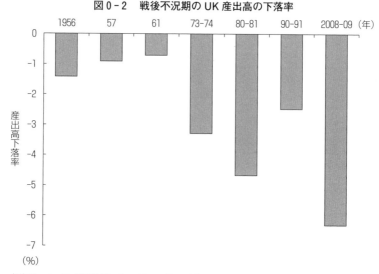

図 0-2　戦後不況期の UK 産出高の下落率

出所：Lansley, S. (2011) *The Cost of Inequality*, p. 149.

発があることは明白である。EU 離脱は，国の政治と経済の体制を揺るがし，1973年の EC 加盟からイギリスがとってきた経済政策の根本的な変更を要求することを意味する。現在，イギリス経済で何が是正されるべきか，どの途を選択すべきかが問われている。

　イギリス経済を評価するとき，長い歴史を持つ評価基準がある。それは製造業の衰退問題である。その問題は，戦後に限ってみても1960年代から繰り返し問題となり政府もそれに取り組み，サッチャー政府も外国資本の力を借りてでもそれの復活と再生の試みを行ってきた。1990年代も2000年代もこの問題は同様に取り上げられ再生に向かう努力が払われた。にもかかわらず，その結果は2007年の産出高に占める製造業部門が占める比率は11％にまで低下したのだった。2008年以降の製造業の産出高の急速な低下は続いており，他方で経済全体の産出高は2013年以降増大している点を踏まえると，その比率をさらに低下させている。2015年に雇用者でみる全経済に占める製造業シェアは10％を下まわっている[8]。これは N. コムフォートの表現を借りれ

ば,「イギリス工業のゆっくりとした死」[9]を意味している。しかも,産出高は,景気後退が来るたびに大きな下落を示している(1980年代初期の不況では,経済全体の産出高が4.7%,1900~91年の不況では2.5%,そして2008~09年では6.4%下落していた)[10](図0-2)。2008年以降の製造業の産出高は低下し,経済全体の産出高は横ばいの後,上昇している。

高い生産性の上昇は経済の繁栄を,停滞する産出高は経済の低迷を表す。それらが同時に存在するイギリス経済はどのように評価されるべきか。一見すると両立しえない2つの事象が並存するからくりを明らかにするには,資本蓄積のメカニズムを解明することが必要である。本書の「第1章 雇用削減による生産性上昇の資本蓄積:脱工業化とそれがはらむ諸問題」はこのメカニズムの解明に当てられている。その分析視角は製造業部門の資本蓄積に焦点を当てている。というのは,製造業部門では,産出高が長期にわたって低迷し,生産性が雇用削減から上昇し,しかもこの繰り返しが継続して起こったからである。製造業では,脱工業化が雇用者数の絶対的な減少という形態をとって現れたのは1966年である。それ以降,不況であろうが,好況であろうが,それらにかかわらずほぼ一貫して製造業部門の雇用は減少を続けた。それが加速化したのは,とりわけ1979年以降である。同時に生産性も上昇した。1980年代にはその上昇があまりに大きかったので一部では,その上昇は「奇跡」的水準だと言われるぐらいであった。それは製造業復活の兆しとして一躍注目を浴びた。定義では生産性は産出高を雇用者で除したものであるから,産出高が低迷しても雇用者の減少によっても生産性が上昇することは可能である。まさに,イギリス製造業の資本は雇用者量を削減することで生産性を上昇させる手法——それは産出高低迷の下で雇用者削減→生産性上昇というメカニズムから生産性上昇が実現される手法,つまり雇用の削減量によって生産性上昇の大きさが調整される手法——が取られていて,「奇跡」と呼ばれる生産性の上昇を実現したのである。イギリス製造業のこのような生産性上昇メカニズムは通常の経済学からすると異端である。この異端こそがイギリスの資本蓄積の特徴であり,脱工業化を一貫して推進し製造業を死の淵にまで追いやったのである。

「第2章　日本の対英直接投資とイギリスの資本蓄積」では，イギリスにおける日系子会社の存在に焦点を当てる。対英直接投資によって設立された製造業部門の日系子会社はイギリス所有の対応する企業よりも高い生産性を保持していた。それは，純投資を増やし，したがって産出高を増大させ，そして雇用を増加させながら，生産性水準ではイギリス所有企業を上回った。いわば，日系企業の資本蓄積様式は第1章で見たイギリスの資本蓄積の対極に位置するものと言える。イギリスから見ると，日系企業の蓄積様式は，まさにイギリスの資本蓄積が抱える諸問題を克服する上である種の手本のように見えた。そこで，イギリスにおける日系子会社の存在は外国企業の中でも極めて小さく，またイギリス経済全体から見ても無視しうる大きさであるにもかかわらず，ジャパナイゼーション（以下，日本化とする）として注目を浴びることになった。だが，両者の蓄積様式があまりにも特異で異なるので，イギリス企業は全面的に模倣することはできず（現地の日系企業も文化や経済環境の相違から，全面的に日本的方法を現地企業に適用したとは言えない），また日本の対英直接投資も1990年後半には縮小していったので，日本化は次第に言われることは少なくなった。しかし，グローバリゼーションの時代の生産体制として日本的生産方法（リーン生産と呼ぶ）の一部が採用され普及していったのも事実である。

「第3章　グローバル下の労働過程とイギリス労働管理」では，グローバルな時代の競争が新興国や途上国が低賃金の不熟練な労働を武器にして安価な商品で，先進国との競争に挑み，それに対する先進国は，差別化された品質が高い，いわば途上国では生産するのが困難な商品生産で対抗しているという見地から，先進国の労働過程は熟練（知識を含む）労働と不熟練労働の二重化をせざるをえないこと，そしてそれがイギリスの労働過程でどのように展開され，独自性を持ったのかを論じている。なぜなら，新興国や途上国は低賃金の不熟練な労働を武器にして安価な商品で，先進国との競争に挑み，対する先進国は，差別化された品質が高い，いわば途上国では生産するのが困難である商品生産で対抗しているからである。高品質で，イノベイティブな商品をつくるには，従来のフォードシステムのように労働者の知識

を奪い，断片化された労働を管理者の指揮の下で強力に監視されながらする方法ではなく，知識を与え，一定の自律性を持つ，熟練化した労働が生産で不可欠な存在となる労働過程が必要となってくる。その結果，労働過程で熟練労働と不熟練労働とに二重化する。二重化した労働過程が抱える新しい課題を第2節で明らかにする。

　この二重化の視点から，イギリスの労働管理が1970年代からどのように把握され，モデルとして提起され展開されたのかを見る。それは，1970年代のA.フリードマンの「中心」と「周辺」論であり，J.アトキンソンの「中核」と「周辺」理論であり，そして1990年代に普及し始めた「高実績労働組織」論である。この流れの中にイギリス独自の二重化が存在する。それは二重化論が，一方で第1章で展開した雇用者を削減する必要というイギリス企業の課題（マニィング戦略）に応える形で二重化論を展開し，同時にグローバルな時代の需要の急速な変動や競争の激化にどのようにフレキシブルに対応し（効率性），しかも熟練労働を育成していく（生産性）のかという課題にも応えるものでなければならないことである。高実績労働組織論は形成された価値の大きさという点で，現在必ずしも十分な理論的展開となっていないが，少なくとも熟練労働者にインセンティブや企業目標への積極的な参加を引き出すために，彼らの賃金で工夫された賃金支払い制度が考察される。第7節では彼らの賃金支払い方法のみを取り扱っている。

　「終章」では，リーマンショックが勃発した2008年以降，2014年頃までのGDPや製造業の産出高の動きの特徴を簡単に指摘する。本章の狙いは，第1章で提示した資本蓄積が崩壊し，現在それに代わる新しい成長理論（資本蓄積）をイギリスが追求していることを明らかにすることである。その崩壊の証左は，リーマンショック以降の不況期で，従来の不況期と同じようにGDPや産出高の低迷が長期に起こっているが，比較的早い段階で雇用が増大していることである。そのために，以前のように生産性は雇用削減によって上昇するのではなく，長期にわたって横ばいである。このような景気回復への動きは明らかに，1979年以降，確立させられたイギリスの資本蓄積軌道（雇用削減から生産性を上昇させる成長軌道）とは異質である。その動きは「生

産性の謎」を含み,「生産性の崩壊」を意味する。言えることは,「リベラル資本主義」の成長軌道に代わる新しい資本蓄積軌道をイギリスが求めていることである。

1） 1979年以降のイギリス経済は金融部門やビジネスサービス部門を中心とする経済構造に変貌したとし，それを「金融支配の資本主義」とする（例えば，Hein, E., (2012) *The Macroeconomics of Finance-dominated Capitalism*, p.8. を参照）。
2） Heyes, J. and Nolan, P., (2010) "State, Capital and Labour Relations in Crisis", Colling, T. and Terry,M., (eds) *Industrial Relations*, 3 ed, p.111.
3）「新労働党」の政策で保守党のそれと異なる点は，労働市場の硬直性の除去についてあまり強調していない点である。これは，全国の最低賃金制度の設立やワークフェア政策の推進に現れている。
4） グローバリゼーションの容認は社会民主主義的な施策を新自由主義的なそれに合わせることを意味し，問題を孕むという指摘がある（Driver, S. and Martell, L., (2002) *Blair's Britain*, p.111)。
5） Krugman, P., 山形浩生訳（2009）『クルーグマン教授の経済入門』筑摩書房, 4頁。
6） Ussher, K., (2011) "Labour's Record on the Economy", Diamond, P. and Kenny, M., (eds) *Reassessing New Labour*, s.109.
7） Ibid.
8） Williams, S. and Scott, P., (2016) *Employment Relations under Coalition Government*, p.43.
9） Comfort, N., (2012) *The Slow Death of British Industry*.
10） Lansley, S., (2011) *The Cost of Inequality*, p.148.

第 1 章
雇用削減による生産性上昇の資本蓄積
脱工業化とそれがはらむ諸問題

1 イギリスの脱工業化 (De-industrialization)

　本節では，イギリス独自の過程としてしばしば把握されている脱工業化——製造業の雇用縮小——の進展が提起する問題点を明らかにする。そこで最初に，製造業部門（以下，製造業という）と経済成長との関連を解く議論を簡単に要約する。

　通常，資本主義では価格をめぐる競争が主流であり，その価格低下競争で勝ち残るために企業は労働節約的な機械の導入による生産性上昇を遂行する。このような固定資本投資を軸にした生産性上昇の資本蓄積は，ある時期（例えば，日本では高度成長期，イギリスは1950～55年期間など）製造業の産出高と雇用を同時に増加させ，経済全体の経済成長を急上昇させて高成長を実現した。このような事実を踏まえて，製造業の産出高の増大と生産性上昇はGDPの高成長を生み出す原動力であると考えられ（製造業の成長はGDPの成長とプラスの関係にある：カルドアの第1法則），そこから製造業投資は経済「成長のエンジン」であると見られている。この製造業ではしばしば規模の経済が働き，生み出される果実である産出高が増大し，そこで生産性も急上昇する（製造業の産出高の増大とその生産性の増大率との間に，強力なプラスの関係が存在する：カルドアの第2法則）。さらに，製造業の規模の経済による果実の増加の効果は，経済全体の産出高を増大させ，労働者1人当たりGDPを上昇させる（製造業の産出高・雇用の増大と製造業以外の部門におけるそれらの増大との間に強力なプラスの関係が存在する：カルドアの第3法則）。高成長である時期には製造業の産出高と雇用の両方が経済全体に占める比率が上昇する。

　だが，高成長を継続していくには，急激で，巨大な資本投資が必要である

ために，それが長期に持続することは困難である。いずれは投資が鈍化し，経済全体に占める製造業の産出高や雇用の比率も相対的に低下する。そして最終的には，製造業の絶対的な雇用量さえもが縮小する。経済発展には製造業が占めるウェートが低下し，サービス産業のウェートが高まる傾向がある。というのは，製造業の発展がその部門の雇用や所得の増大をもたらし，さらにこの増大した所得からサービス商品への支出に占めるシェアが相対的に増大するからである。

経済全体におけるサービス産業の増大は先進国に共通する事象である。この傾向は，D.ベルが1970年代に第3の波として強調した現象であり，いわゆる「経済のサービス化」である。この製造業の雇用縮小による「経済のサービス化」は，このサービスに対する需要増大への移行とサービス経済の物的側面を支える製造業の発展がうまくかみ合って，国全体では「経済のサービス化」現象となって表れたのである。したがって，「経済のサービス化」は上の競争の論理からすると，企業が競争過程で順調に生き延びた結果でもあるから，それは「成功の象徴[3]」であることを示唆している。雇用や産出高でその過程を見ると，サービス産業と比べて製造業のそれらは縮小するが，製造業の成長と産出高の増大はサービス部門の成長と繁栄の物的基盤を提供するので，それらの縮小はサービス産業の拡大や経済全体の雇用増加へと導くと言われている[4]。したがって「経済のサービス化」は経済発展の順調な経路の1つであり，「成功」の表れでもある。

だが，1970年代末以降からのイギリスにおけるサービス経済化の過程は以下で見るように，このような「成功の象徴」を表すものとはとても言えない。特に，後で詳しく見るように1979〜80年に起こったイギリス経済のサービス化は，サービス部門の産出高と雇用の下落を引き起こしたが，その下落幅以上に製造業ではそれらが大幅に下落した。それゆえ，製造業の急激な下落が「経済のサービス化」の最大の貢献要因であり[5]，それは以降の経済過程を見ると製造業崩壊への途の第一歩を表し，「経済のサービス化」の失敗の「象徴」でもある。

イギリスの「経済のサービス化」は脱工業化と呼ばれている。この脱工業

化は製造業の雇用の減少を意味し，経済のサービス化と明確に区別されて展開されてはいない。だが，この過程がイギリスで取り上げられる場合には特別に脱工業化と呼ばれ，サービス経済化と区別して展開されるのには以下の2つの根拠がある。1つは，イギリス製造業の雇用縮小が生産性上昇を目指す固定資本（労働節約的固定資本）の投資の増加からではなく，産出高の増加が低迷している下で起こっている単なる雇用者の削減によって生産性上昇が生じているからである。そのために，製造業の生産性上昇がサービス経済の成長基盤となっていない（カルドアの第3法則の否定）からである。上で述べたように，通常，サービス経済化は製造業部門の労働節約的な固定資本投資が主導する生産性上昇の結果であり，そのために，それが製造業の相対的な経済基盤の縮小を導くとしても，その産出高は増加し経済全体ではサービス産業の拡大を可能にし，雇用を拡大にする。

第2の根拠は，イギリスのサービス経済化が先進国のそれと比べその進行が著しく速いことである[6]。とりわけ，1980年代初期と1990年代初期の両不況期に脱工業化過程は急速に進展した。その時期は，製造業とサービス業の両方の部門が産出高と雇用を低下させ，さらに前者の低下が後者のそれを上回ったために，脱工業化——このために「マイナス」の脱工業化と呼ばれている——という結果をもたらした。第2次石油ショックによる需要の急激な縮小で製造業は産出高を大幅に低下させ，同時に大量の雇用減少となり，サービス部門も産出高と雇用を低下させたために，製造業から削減された雇用の受け皿を伴わないままに「経済のサービス化」は推進された。それは，2桁インフレ，大量の失業者の出現（350万人の失業者と2桁の失業率）と社会の混乱，そして労働側のパワー後退（経営権の奪取）などをもたらし，1980年代初期の脱工業化はその後のイギリス社会の大きな転換の出発点となった。

R.ローソンとJ.ウェルスらも脱工業には2つ軌道が存在すると指摘する[7]。その1つは「ポジティブ」な脱工業化・「成功した」経済のサービス化の軌道であり，もう1つは「ネガティブ」で「失敗した」それである。両者を分ける基準は，あえてその基準を明瞭にするために極論すれば，脱工業化

の進展に伴う製造業の余剰となった労働力がサービス部門で雇用されるかどうか,その過程で失業者がどれくらい生まれるかどうかであり,そして所得が上昇するかどうかであるか,にあるとする。前者はその蓄積のダイナミクスによって失業はあまり生まれず,職が増加する。後者はそのダイナミクスを持たないために脱工業化が急速に進展し,大量の失業の存在と所得の伸び悩みが生まれる。前者は日本が,後者はイギリスがその典型であるとしている。

2　イギリスの製造業雇用の縮小の動き（1950～2007年）

本節では,「ネガティブ」な脱工業化を含む戦後のイギリス経済における脱工業化——製造業の雇用の減少——がどのように進展し,どのような根拠から生まれたのかを明らかにする。その中で特に関心を寄せるのは,その縮小の規模の大きさと速さである。1950年から2007年までのそれらをたどり,各時期のイギリスの脱工業化の原因とその特質を明らかにする。そのために本節では1979年を分水嶺の年とみなして,脱工業化の進展と各期間の意義を論じる。その理由は,1979年以前とそれ以降でイギリス経済において脱工業化が持つ意義が大きく異なるからである。1979年以前の脱工業化は,その大部分が国内経済の発展と成熟という面からの説明で可能であるが,1979年以降のそれは,グローバリゼーションの視角なくして解けないからである。

2.1　1950年から1980年代初期までの脱工業化

第2次世界大戦にイギリスは勝利したとはいえ,莫大な戦費支出による経済的疲弊とドイツの空爆による国内経済の破壊は甚大で,加えて戦後の多くの植民地市場の喪失は改めて国内の経済的再建を迫った。1950年代に入るとアメリカの対英直接投資や経済支援などの手助けを得ながら,イギリス経済の再建は始まり順調に進展した。1950年代前半の経済発展は製造業の順調な成長となり,製造業の雇用数は絶対的な大きさで,全産業にそれが占めるシェアでも上昇し,それは1950年の34.8％から1955年に36.1％に増大してい

る（表1-2-1）。しかし、その相対的なシェア水準は1955年にピークとなり、それ以降は低下を続けている。そこで、脱工業化への第1段階は、全産業に製造業雇用が占めるシェアの低下という相対的な形態で1950年代半ばから始まったことになる。1955年以降も絶対的な雇用者数の増加は続くとはいえ、先進7カ国のうちでイギリスのそれの増加は最小（1955～66年で増大率は年平均0.4％である）であった。だが、1966年には製造業雇用者の絶対的な増加もピークとなり、それ以降減少へと転化する。1966年以降、絶対的な数の減少という点で脱工業化は第2段階に入ったと言える。他の先進国が製造業の雇用者を、1967年から石油ショックが勃発した1973年までは増加させていたので、イギリスは先進国の中で唯一の製造業雇用で減少している国である（表1-2-2）。

このように、イギリスで脱工業化が他の先進資本主義国よりも比較的早期に顕れたのは、イギリス経済の独自な要因による。1950年におけるイギリス経済の産業別雇用者分布で農業部門が占めるシェア（6.1％）は他の国と比べて極度に低かった（表1-2-1を参照）。通常は、製造業の発展とともに起こる雇用労働力増加への要求は農業部門からの余剰労働力供給によって賄われることになる。しかし、当時のイギリスでは農業部門の労働力の規模が小さく、したがってその部門が抱える余剰労働力も小さかった。そのために、その部門が製造業に労働力を供給する能力は低かった。その結果、製造業への労働力供給可能な期間は短期間となった。他方で、製造業は発展し、成熟化するにつれて国民所得は上昇した。その所得上昇は消費需要を拡大させるが、その消費内容に占めるサービス商品への消費が相対的に大きくなる。そのためにイギリスのサービス産業も所得の増大とともに発展してきた。成長するサービス産業で必要となる労働力は、製造業からの労働力供給によって確保されることになった。その結果が、サービス部門雇用の大きさと比べた製造業のそれの相対的な低下となって現れる。このような相対的な製造業雇用の低下である第1段階と、絶対的なそれの低下である第2段階のイギリスの脱工業化は、イギリス国内における産業別労働力の戦後の分布状況と資本主義経済の内在的な発展から大部分説明されうる。

表1-2-1　1950〜81年の先進国の雇用者シェアからみた産業構造の変化（％）

農林漁業部門

	1950	1955	1966	1973	1979	1981
イタリア	—	40.8	25.2	18.3	14.9	13.4
日　本	45.2	37.9	22.2	13.4	11.2	10.0
フランス	—	26.7	17.3	11.4	8.9	8.6
カナダ	23.2	18.0	9.0	6.6	5.7	5.5
ドイツ	23.8	17.8	10.6	7.5	5.8	5.5
アメリカ	12.1	9.7	5.6	4.2	3.6	3.5
U K	6.1	5.4	3.6	2.9	2.6	2.6

製造業部門

	1950	1955	1966	1973	1979	1981
イタリア	—	20.0	25.8	28.5	26.7	26.1
日　本	—	18.4	24.4	27.4	24.3	24.8
フランス	—	26.9	28.7	28.3	26.1	25.1
カナダ	24.9	24.1	23.9	22.0	20.0	19.4
ドイツ	—	33.8	35.2	36.7	34.5	33.6
アメリカ	27.9	28.5	27.8	24.8	22.7	21.7
U K	34.8	36.1	34.8	32.3	29.5	26.4

サービス部門

	1950	1955	1966	1973	1979	1981
イタリア	—	30.0	37.9	42.5	47.4	49.1
日　本	31.4	37.3	45.1	49.4	53.9	54.7
フランス	—	37.1	42.8	48.9	54.7	56.2
カナダ	42.9	48.0	57.4	62.8	65.4	66.2
ドイツ	34.5	36.7	41.2	45.0	49.8	51.0
アメリカ	51.2	52.7	58.1	62.6	65.2	66.4
U K	47.3	46.7	50.1	54.5	58.6	61.7

注：雇用者は非軍事雇用者である。
出所：Martin,R. and Rowthorn,B., (1986) *The Geography of De-Industrialisation*, pp.28-30. より作成。

表1-2-2　先進国における製造業雇用の変化（%）

	年平均変化率			累積変化率	
	1955〜66	1966〜72	1972〜83	1655〜66	1966〜83
イタリア	1.0	2.0	-0.9	10.3	5.3
日　本	3.9	2.9	-0.4	47.3	18.3
フランス	0.8	0.6	-1.9	8.7	-14.0
カナダ	2.4	1.4	-0.4	26.5	6.7
ドイツ	1.2	0.2	-1.9	12.2	-16.2
アメリカ	1.3	0.7	-0.4	13.5	0.6
U　K	0.4	-1.2	-3.1	4.1	-33.2

出所：Martin.R. and Rowthorn,B., (1986) *The Geography of De-Industrialisation*, p.6. より作成。

2.2　1979年から2007年までの脱工業化

　第1次石油ショック以降，とりわけ1980年代以降の脱工業化は，上で述べた資本主義経済の内在的な発展理論やイギリス経済の独自性からは単純に説明できない。それらの説明にグローバルな視点を付け加える必要がある。というのは，資本や労働力の世界的な自由移動が容易となるグローバリゼーション段階になると，対内と対外の両方から資本や労働が比較的自由に流入・流出するために，イギリスで脱工業化が拡大するのか，それとも逆に縮小するのか，必ずしも明確にはならない。つまり，このような資本と労働の移動で国内外の両方向で進む可能性がある点を踏まえると，理論的には1つの方向（脱工業化）に進むと単純に判断できないからである。1980年代後半のグローバリゼーションの進展は，イギリスでは対外直接投資が対内直接投資を上回り，イギリスは純資本輸出国となり，製造業雇用を増加させる可能性は小さい（第2章参照）。事実，製造業の雇用は縮小するかまたは横ばい状況となり，1970年代以前と変わることなくイギリスの脱工業化を一層推し進めた。この状況は先進国に共通する現象として現れている。その現象を生む根拠は，1990年代以降途上国の工業化が進展し，低賃金を武器に途上国が先進国の製造業商品と激しく競争していることにある。

　1979年以降，イギリスは3回の深刻な不況を体験した。第1は，第2次石

表1-2-3 部門別の雇用の推移（％）

全体に対する比率	1979〜83	1983〜90	1990〜93	1993〜2007	2008第2四半期〜2009年第4四半期
雇用増加率	−7.3	15.0	−6.3	15.6	−2.9
製造業の雇用増加率	−21.5	−5.6	−16.7	−27.8	−9.7
金融業の増加率	3.7	45.4	−1.5	51.7	−4.3
建設業の増加率	−9.2	35.2	−20.6	18.9	−8.2
小売業と医療の増加率	−3.9	20.7	−3.6	12.8	−3.9
公的行政部門の増加率	0	13.8	1.5	21.9	3.5

出所：Gregg, P. and Wadsworth, J., (2011) *The Labour Market in Winter*, p.14.

油ショックによる1980年代初期に起こった不況で，その回復には戦後最も長い期間を要したと言われる不況である。第2は，住宅バブルの崩壊から生まれた1990年代初期の不況で，それは前回の不況と比べて短期であったが，戦後最も深刻な不況と当時言われ，その落ち込みは大きかった。第3は2007年のノーザンロック銀行の倒産からリーマンショックにつながる2008〜09年の世界的な大不況の一端を担う不況である。表1-2-3によると，いずれの不況でも製造業雇用者の大幅な減少が起こっている。第1回の1979〜83年の不況過程で製造業の雇用者は21.5％の減少で，第2の1990〜93年のそれは16.7％，そして第3の2008年第2四半期〜2009年第4四半期の短期間に9.7％減少している。これらの分析から，グローバリゼーション段階の景気後退期においてもイギリスでは製造業雇用者数を大幅に減少させている。

それに対して，不況ではない景気回復過程や好況過程での製造業雇用の動きはどうか。1983〜90年の回復と好況期間では雇用者全体は15％の増加を示しているが，製造業はその減少率を鈍化させているものの，依然として減少傾向が続きマイナス5.6％である[12]。次に，1990年代初期の不況の後の1993〜2007年の景気回復と好況期間はどうか。それは約15年に及ぶ戦後最大の景気拡大が続いた期間（2002年頃軽い景気後退があった）であり，ネオリベラルな経済政策——規制緩和政策——が成功した期間と言われている[13]。しかし，そ

の長期の好況期間においてでさえも残念ながら製造業雇用は減少し，しかも大幅な減少となりマイナス27.8％である。ブレア労働党政府が担当していた1997年6月と2004年末との間でUKの製造業の雇用は22％近く減少し，同期間にフランスとドイツでのそれが各々5％と6％の減少であるのと比べると相当に深刻である。

　K. コーッスらによると，1997～2005年で製造業雇用の減少は27.8％で高い水準にある。サッチャー政権時代の雇用減少は次節で見るようにリストラ色の強い雇用減少であったために，年平均1.9％という高い水準の減少となっているが，新労働党時代のそれは好況過程でリストラ色がないにもかかわらず，それと同じ程度の雇用減の大きさ（年平均1.8％）に達していた。ここから，S. ランスリーによると「1997年から2007年までの比較的ブームが継続した期間でさえ，さらにUKで150万の製造業職は1980年代と同じぐらいの速さで失われた」。もはやイギリスの製造業雇用減少の趨勢は景気後退に陥らなくとも，または成長パターンの有力な中断がなくとも高い水準で貫徹している。ここからイギリスの資本蓄積様式が製造業における長期にわたる継続的低下を前提に経済発展をしていることが明らかになった。「製造業の『空洞化』」現象が一貫して進行しているのである。

　脱工業化を製造業の雇用者の減少から検討してきたが，最後にGDPにおける製造業の産出高（付加価値）が占める大きさから脱工業化の進展を簡単に示しておく。GDPに製造業の付加価値が占める年平均比率は1960～73年は29.2％であり，1970～73年に限ると30.1％（1970年は31.1％）であった。1974～79年にはその年の平均比率が26.1％となり，1980～89年に23.1％に低下している。1990年には21.4％，1999年には19％に低下し，そして2007年には11.1％にまで低下している。その時点でGDPに最大の産出高を占める部門は「政府サービス」部門の18.4％であり，次いで「卸・小売業」の11.5％，製造業はそれらに次ぐ第3位である。時間的経過とともに製造業が占めるシェアは低下し，1979年以降の産出高低迷の中で雇用を削減することで生産性を上昇させる製造業の資本蓄積が，国民経済に占める製造業のウェイトの急激な低下をもたらした。このような低下は先進7カ国の中でも

最も大きく，急激で，ドイツのそれと比べると一層明瞭となる。1950年代半ばのドイツとイギリスの産業構造は「大変似ていた」[20]。ところが1985年には製造業のGDPに占める大きさは，ドイツが31.7%であるのに対して，イギリスは21.6%で11.0%ポイントの差となっている[21]。

2.3　1979年以降の労働市場の全体的な動き

本節ではグローバリゼーション時代の長期にわたる製造業雇用の一貫した減少過程の中で，1978年から2007年までの産業全体の雇用変動を見，次に製造業から退場した労働者はどのような産業に流入，または労働市場でどのような位置におかれたのかを明らかにする。

2.3.1　産業構造と職の変化

表1-2-4から2007年までの産業全体における職の変動とそれらの産業別の分布を見る。製造業の雇用者数は1966年からほぼ一貫して減少し，1978～2007年はネオリベラル資本主義の期間で713万職から317万職に下落し，396万職（56%）の減少である。その減少の内訳は，1978～87年で188万職，1987～97年では71万職であり，1979～1997年の保守党政権下でその減少は圧倒的多数を占め，260万職近くの減少となり，さらに次の新労働党時代の1997～2007年が136万職の減少である。

このような製造業の職の大量減少が続いているにもかかわらず，総就業者は1980年代初期と1990年代の不況期を除いて1978～2007年期間でほぼ一貫して増加を続けている。1978～2007年の就業者の増加は447万職（2715万職から3162万職）となり，先の製造業職の減少（396万職）の大きさを上回っている。上記のそれぞれの期間別の職増加の内訳は1978～87年で45万職，1987～97年で118万職であり，保守党政権下で163万職の増加である，それに対して新労働党政権下の1997～2007年では284万職の増加である。その増加は，基本的にサービス部門で起こっているから，1979年以降サービス部門の職の増加が製造業の職の減少をカバーするのみならず，それを大きく上回る職の創出を示している。

表1-2-4　産業別の労働力職の分布（1000職）

年	全職	農林・漁業	エネルギー・水道	製造	建設	小売・流通ホテルとレストラン	輸送とコミュケーション	金融とビジネスサービス	公的行政,教育と保健	その他
1978	27146	639	680	7128	1898	5458	1710	2856	5655	1121
1987	27599	659	446	5245	2082	5947	1577	3859	6361	1423
1997	28780	584	222	4533	1847	6656	1605	5103	6571	1658
2007	31620	451	183	3172	2208	7117	1854	6651	7991	1992

出所：Colling, T. and Terry, M., (2010) *Industrial Relations*, p.180.

　1980年代のサービス部門の急激な雇用増加の大きな要因は，1986年に発展の端緒となった金融ビックバンが起こり，それから金融部門が急成長したことに帰せられる。1990年代は，不動産投資が活発で，その部門で雇用が拡大した（この点は以下で詳しく述べるが，表1-2-4では不動産部門の職は「金融とビジネスサービス」に含まれている）。それに対して1997年以降の新労働党政権下では，金融部門の雇用への貢献は横ばいで，また新サービス産業の創出もない。政府支出がサービス部門の雇用増加に大きな貢献をしているのもその時期の1つの特徴である。サッチャー／メージャーの保守党政権下（1979〜97年）での政府支出の年平均増大率は0.9％であったが，新労働党政権下（1997〜2005年）では2.7％であった。[22] この数字は，1960年以後で複数の保守党と労働党の政権が成立したが，その中で第2位の高さであり，第1次石油ショック時期に政権を担当した保守党政府（1970〜74年）の3.3％に次ぐ大きさである。ブレア労働党政権下では，「G.ブラウン財務大臣の公的支出プログラムが，2000年と2003年との間の私的部門雇用の増加に責任を負う」と指摘されるように，公的支出に依拠した職の創出が大きい。「2000年以来，政府は，新しい病院や学校の建設に依頼を行い，製薬や学校帳簿により多く支出し，そしてケィタリング，『清掃』，そして他の民間サービス契約者を媒介にしてより多くのそれらの仕事を創出していた」。[23] 公的支出の増大の下で，1997年から2000年までの3年間で私的部門の雇用は約90万増加しているが，次の

2000年からの4年間では30万増加させたに過ぎなかった[24]。私的部門の雇用創出力は徐々に低下していったようである。この状況を踏まえると、「新労働党の成長課題が短期的な安定化政策の土台として新ケインズ主義のマクロ経済を採用することによって補完されている[25]」と言える。

　サービス雇用の増加が製造業部門のそれを大きく上回るという上記の結果を踏まえると、リベラルな時期のイギリス労働市場は、EU諸国の主要国と比べて低い失業率が維持され、一瞥すると比較的良好であったような全体的な流れが見えてくる。しかし、本当にそれが真実であるのか。これへの回答は、長期の雇用減少にある製造業から長期にわたって雇用が増加しているサービス部門へと就業者は円滑に職を移動したのかどうか、という点から吟味される必要がある。というのは、1980年以降長期に雇用を減少させている最大部門である製造業の労働は、サービス部門のそれと異なる特徴を多く持つからである。その相違の主要なものの1つは、求められる労働の質の相違である。製造業はマニュアル労働者の全体就業者に占めるシェアが高い。製造業の衰退はマニュアル労働に対する需要の減少を意味し、結果的に大量の失業がマニュアル労働者であることを意味する。第2は、マニュアル労働では男性が占めるシェアが高いことである。それに対してサービス産業では、家庭内の仕事が市場化し新しい職業として誕生した部分が多くあるために、女性が有力な就労者となることが多い。第3は、衰退産業と新興産業がイギリス国内でそれぞれ別個の地域で比較的集中していることである。衰退の製造業は伝統的な工業地帯——例えば、ウェルズ、西ミットランド、そしてイングランド北部に集中している——に存在しているのに対して、新興サービス産業はロンドンとその周辺やイングランド南部の地域に集中している。求められる労働力の質の相違、男女間の賃金や性別労働力構造の相違、そして産業の地域的分布の相違が労働力の移動を妨げるのは明らかである。そこで、労働移動を簡単に見る。

　1980年代と1990年代の両初期に起こった不況期の脱工業化は、製造業の雇用と、さらにサービス部門の雇用をも減少させるイギリス特有のマイナスの「脱工業化」である（表1-2-5を参照）。したがって、両不況期において、サー

ビス部門での雇用は製造業から退出した労働力の受け皿となっていない。そこで，受け皿期間として機能したと見られる1980年代，1990年代，そして2000年代の各々の好況期間を検討することで，サービス部門の受け皿として働いた産業，就労できなかった失業者そして経済的非活動者の特質を明らかにし，それらの期間で製造業からサービス業への労働移動の意義が異なってくることを以下で指摘する。

　表1-2-5に従うと，1985〜89年の産業全体の就業者は2142万3000人から2266万1000人へと増加している（123万8000人の増加）。1985年の製造業の就業者は536万2000人で，1987年（515万2000人）までの就業者減少（21万人）は止まることなく続き，繁栄期である1988年になって初めて前年より4万3000人の若干増加で，519万5000人となったが，1989年には増加することなくほぼ横這いで（8000人減の）518万7000人となった。このような流れを踏まえた上で，1985〜89年で製造業は17万5000人の就業者減少である。それに対してサービス部門（1980年産業分類）の就業者は，1985年の1410万8000人から1989年の1562万7000人となり，151万9000人の増加である。サービス部門の中でも，「行政サービス・社会セキュリティサービス」と「研究・開発」以外のすべての部門で就業者が増加している。最大の就業者の増加は「銀行・金融・保険業など」であり，55万9000人の増加（サービス部門における増加就業者に占める比率は37％であるが，その内の71％［39万5000人］を「ビジネスサービス」が占めているが，ここでは産業分類上「銀行・金融・保険業など」として取り扱う）。次いで増加が大きい部門は49万人増加の「その他サービス」であるが，これは独自な職業として分類されないので増加順位から除くと，その次に来る増加した部門は「流通，ホテル・ケィタリング，自動車修理」の35万人である。さらに第3位は「教育サービス」の16万2000人，第4位は「医療・その他の健康サービス」が11万8000人の増加である。

　次に，1995〜99年の好況過程（表1-2-6）の就業者を見ると，「産業全体」（1992年産業分類）で2202万5000人から2391万3000人となり，188万8000人の増加である[27]。その増加は1985〜99年を超える大幅なものである。だが，同期間の製造業は402万1000人から398万4000人へと3万7000人の減少である

表 1-2-5　UK における産業別職の分布：1985〜89年

(千人)

	1985	1986	1987	1988	1989	85〜89年変化
全産業とサービス業（0-9）	21,423	21,387	21,584	22,258	22,661	1,238
農林漁業（0）	341	329	321	313	300	-41
エネルギーと水道業（1）	591	545	508	485	465	-126
鉱業・鉱石採取業・金属業（2）	779	729	694	689	711	-68
金属財，エンジニアリング・自動車（3）	2,443	2,372	2,331	2,359	2,351	-92
他の製造業（4）	2,140	2,126	2,128	2,146	2,125	-15
製造業（2-4）	5,362	5,227	5,152	5,195	5,187	-175
建設業（5）	1,021	989	1,009	1,047	1,058	37
サービス（6-9）	14,108	14,297	14,594	15,218	15,627	1,519
流通，ホテル・ケイタリング・自動車修理（6）	4,295	4,298	4,310	4,494	4,645	350
運輸・コミニュケーション（7）	1,327	1,298	1,285	1,321	1,337	10
銀行・金融・保険業など（8）	2,068	2,166	2,280	2,460	2,627	559
ビジネスサービス（83）	1,097	1,174	1,253	1,376	1,492	395
その他サービス（9）	6,418	6,536	6,719	6,943	6,908	490
行政サービス・社会セキュリティサービス（91）	1,587	1,595	1,633	1,634	1,556	-31
教育サービス（93）	1,616	1,650	1,698	1,748	1,778	162
研究・開発（94）	114	112	110	114	104	-10
医療・その他健康サービス（95）	1,347	1,359	1,383	1,436	1,465	118
個人向けサービス（98）	186	191	187	190	201	15

注：1980年産業分類による。季節未調整。
出所：CSO, *Annual Abstract of Statistics*, 1992年版, pp.110-112.

（1995年から1997年まで若干増加していたが，それ以降は減少している）。1985〜89年と比較すると，1995〜99年の好況期でも製造業はその減少幅は大きく縮小しているものの就業者をやはり減少させている。それに対してサービス部門

表1-2-6　UKにおける産業別職の分布：1995〜99年

(千人)

	1995	1996	1997	1998	1999	95〜99年変化
A－Q　産業全体	22,025	22,706	23,253	23,687	23,913	1,888
C－F　生産部門と建設業	5,097	5,216	5,357	5,451	5,229	132
C－E　生産部門	4,259	4,334	4,390	4,357	4,199	−60
D　製造業	4,021	4,106	4,162	4,140	3,984	−37
G－Q　サービス部門	16,658	17,213	17,604	17,938	18,304	1646
A／B　農林漁業	270	277	292	298	317	47
C　鉱業・採取業	67	78	79	76	72	5
D　製造業	4,021	4,106	4,162	4,140	3,984	−37
E　電力・ガスそして水道業						
F　建設業	838	882	967	1095	1092	254
G－Q　サービス	16,658	17,213	17,604	17,938	18,304	1,646
G　小売りと卸業・自動車修理	3,707	3,816	3,933	4,025	4,086	379
H　ホテル・レストラン	1,262	1,274	1,299	1,309	1,326	64
I　運輸・コミニュケーション	1,307	1,325	1,346	1,399	1,462	155
J　金融仲介業	998	972	996	1,028	1,036	38
K　不動産・ビジネスサービス	2,635	2,977	3,174	3,301	3,415	780
L　行政サービス・社会セキュリティサービス	1,404	1,406	1,358	1,331	1,329	−75
M　教育サービス	1,864	1,883	1,888	1,886	1,946	82
N　医療・ソーシャルワーク	2,511	2,510	2,537	2,550	2,544	33
O－Q　他の社会的と個人向けサービス	969	1,050	1,074	1,109	1,161	192

注：1992年産業分類による。季節未調整。
出所：CSO, *Annual Abstract of Statistics*, 2000年版, p.89.

は回復期になると就業者を急増させ，1994年には既に1990年水準の1635万人を超え，1995〜99年で1665万8000人から1830万4000人となり，164万6000人増加している。1995〜99年のサービス部門における最大の増加部門は「不動産・ビジネスサービス」で，78万人の増加である。次いで大きい増加は「小

売りと卸業・自動車修理」で37万9000人の増加，第3位は「運輸・コミュニケーション」の15万5000人増である。「金融仲介業」は3万8000人のみの増加である。1980年代後半も1990年代後半も好況でサービス部門の就業者が急速に増加しているのは共通しているが，サービス部門内部の最大増加セクターが異なり，前者では「銀行・金融・保険業など」であったが，後者ではその地位を「不動産・ビジネスサービス」が取って代わっている。就業者の増加セクターに大きな変動が起こっている。共通するのは，流通部門の堅調な増加と「行政・社会サービス」だけが依然としてマイナス（7万5000人減）を示していることである。

2.3.2　非雇用者の動き

　製造業から退出した就業者はサービス部門内部の職に流入したのか。1985～89年のサービス部門で顕著に雇用が増大した産業部門は金融，流通，教育，医療であり，1995～99年のそれは不動産や流通，そして運輸・コミュニケーションである。後者の期間は前者のそれよりもマニュアル労働者にとって参入がより容易である部門が上位を占めているが，参入の困難さの程度差はあるが，どの産業部門をとっても製造業のマニュアル労働者にとって参入は相当に困難である。参入への第1の障壁は，失業した製造業マニュアル労働者は不熟練・セミスキルな労働力であり，その技能をサービス業で十分に発揮できる職種が少ないことである。第2は，マニュアル労働者の多くが男性で，しばしば世帯の主要な稼ぎ主であるために，彼らが必要とする賃金が高い水準で，安定した雇用を求めるのに対して，サービス業で提供される職はフレキシブルな働き方や就労形態を求め，低賃金の職種が多く，彼らのサービス職への就労を躊躇させることである。さらに製造業衰退の地域とサービス業の勃興地域とが地域的に大きな偏りがあり，両者間の距離が大きく，移動や通勤が困難であったことである。

　1979年から1982年の不況期に失業者は124万から277万人へと，2倍強の153万人以上の増加となった（表1-2-7）。この時期の大量の失業者の特徴は，上で挙げた諸要因のせいで，1983～87年の景気回復期であるにもかかわ

表1-2-7 イギリスにおける1980年代の失業者

(千人)

	1979	1980	1981	1982	1983	1984	1985	1986	1987	1988	1989
失業者	1235	1513	2395	2770	2984	3030	3179	3229	2905	2341	1743
男性	888	1072	1775	2043	2145	2120	2197	2217	2023	1632	1257
女性	346	441	620	727	839	910	982	1012	882	709	487
女性比率(%)	28.0	29.1	25.9	26.2	28.1	30.0	30.9	31.3	30.4	30.3	27.9

注:各年6月半ば,失業手当給付者
各項目の女性比率は櫻井が計算した。
出所:CSO, *Annual Abstract of Statistics*, 1991年版.

表1-2-8 男性の失業者期間

(千人)

年	2週間以内	2〜26週	26〜52週	52週以上	合計	長期失業者比率(%)	平均失業継続期間(月)
1965〜69	62	171	47	60	340	17.6	7.25
70〜74	88	278	81	120	567	21.2	7.95
75〜79	97	470	161	223	951	23.4	8.91
80	104	603	189	289	1185	24.4	9.60
81	114	890	440	467	1911	24.4	9.40
82	101	837	475	818	2231	36.7	11.53
83	122	773	431	902	2228	40.5	13.23
84	121	724	399	953	2197	43.4	15.85

出所:Layard, R. and Nickell, S., (1986) Unemployment in Britain, *Economica*, No.53, s.123. より作成。

らず,1970年代と比べて失業の平均継続期間が延び,長期失業者が継続的に大量に存在していたことである。失業者(失業手当申請者)の全体数が300万人前後で高止まりを続け(ピークは1986年の323万人である),1988年の繁栄期でも234万人であった。男性失業者は女性よりも遥かに多く(失業者の内で男性の占める比率は70%前後である),しかも長期失業者(1年以上失業している者)として労働市場に長く滞留した。男性の長期失業者は,1984年で95万3000人に上り,男性失業者に占める彼らの比率は43.4%である(表1-2-8)。した

がって，1980年代後半のサービス産業における労働需要に応えたのは，以前では経済非活動者で労働市場の外部にいた女性——特に扶養対象の子どもを抱える既婚女性——であった。[29]

1990年代の景気回復期（1993～96年）の失業者はどうだったのか（表1-2-9）。結論を先取りすれば，失業者と長期失業者の特徴は，基本的に1980年代のそれらの動きと同じである。1990～93年の不況過程で失業者は197万人から294万人となり，約100万人の急激な増加をもたらし，長期失業者は1990年の65万3000人（その内男性のそれは48万人）から1993年の126万人（男性のそれは94万人）に増加している。1993～96年の回復過程でも失業者は高止まりを続ける（1993～97年は200万人台を維持している）。長期失業者も1993～95年に100万人台を維持し，1997年でも79万人である。長期失業者の内で男性が1990年の47万6000人から1993年には93万8000人と2倍近く増加した。1995年と1996年の両年が90万人台で高止まりし，1996年に71万人まで減少しているが，男性が失業者の50％前後を占めていることに変わりはない。これらの点は1980年代の動きと同様であるが，異なる点は（その失業者の規模がは300万人台であるのに対して200万人台であるが）その長期失業者が減少し始めるまでの期間が短くなっていることである。その理由は，労働年齢の男性が早期退職や疾病によって労働市場から退出したためと推定される。1984～86年の男性の非経済的活動率は12.3％から11.8％の幅で変動し，ほぼ横ばいであった（表1-2-10）。それに対して，1993～96年では，男性の経済非活動者は258万4000人から278万1000人へと約20万人増加し，その率も14.0％から15.0％へと一貫して増大している。[30] 労働市場から退出した男性は長期失業者が多いことが，その規模や失業率や経済的非活動率の変動から推察することができる。

1980年代と1990年代の景気回復期に労働市場から退出した男性を析出し，彼らの特徴を指摘する。1984～87年の景気回復期に経済的非活動者は40万4000人減少（758万5000人から718万1000人へ）したが，男性のそれは213万5000人から214万3000人へと1万人の増加で，そのシェアも同じく12％台でほぼ横ばいである。しかし，P.グレッグらによる（表1-2-11）と，1979年から1998年までで増加する経済非活動者の中で最も注目すべきグループは50歳以

表1-2-9　UKのILO失業者の継続期間

(千人)

年	全員	3カ月未満	3〜6カ月未満	6カ月〜1年未満	1〜2年未満	2〜3年未満	3〜4年未満	4〜5年未満	5年以上	1年以上	全体に占める比率(%)
1990	1,974	686	324	310	211	107	73	51	210	653	33.1
91	2,414	834	466	434	276	113	67	41	179	676	28
92	2,769	668	500	607	529	174	75	37	179	993	35.9
93	2,936	600	474	599	612	287	109	57	196	1,262	43
94	2,736	609	388	488	514	310	166	81	179	1,249	45.7
95	2,454	568	386	422	404	243	143	102	182	1,074	43.8
96	2,334	600	381	419	344	189	128	85	185	931	39.9
97	2,034	599	317	326	288	148	83	72	197	789	38.8
98	1,766	592	325	263	217	109	68	42	148	584	33.1
99	1,741	620	326	276	209	87	45	39	138	518	29.7
男　性											
1990	1,165	346	170	172	137	72	55	41	171	476	40.9
91	1,514	455	288	281	189	76	50	31	142	488	32.3
92	1,865	396	320	409	380	125	55	28	152	740	39.6
93	1,986	348	313	385	439	212	84	43	160	938	47.2
94	1,825	345	229	312	362	236	124	63	152	937	51.3
95	1,607	300	239	267	279	182	115	79	144	799	49.7
96	1,546	331	236	268	235	143	104	68	160	710	45.9
97	1,304	323	194	198	195	103	63	58	166	585	44.9
98	1,091	311	189	170	138	76	47	35	123	419	38.4
99	1,088	339	200	170	141	61	31	31	113	377	34.6
女　性											
1990	809	340	154	138	74	35	18	10	40	177	21.9
91	900	378	178	153	87	36	17	10	37	188	20.9
92	904	272	180	198	149	49	20	—	28	254	28.1
93	949	251	161	214	173	74	25	15	37	323	34.1
94	910	264	159	176	152	74	42	18	26	312	34.3
95	846	268	147	154	125	61	28	23	39	275	32.6
96	788	269	144	151	109	46	24	17	25	222	28.1
97	731	276	123	128	94	45	20	14	31	203	27.8
98	674	280	136	93	79	32	21	—	25	165	24.4
99	653	281	125	106	68	27	13	—	25	141	21.6

注：各年春，季節未調整
出所：CSO, *Annual Abstract of Statistics*, 2000年版, p.98.

表1-2-10 男性・女性（16-59／64歳）の経済非活動者の変動

(千人，％)

年	男性		女性		全員
	経済非活動者	非活動率（経済非活動者／労働年齢人口）	経済非活動者	非活動率（経済非活動者／労働年齢人口）	経済非活動者
1979	1,431	8.6	5,666	36.9	7,097
84	2,081	12.0	5,343	33.9	7,424
84*	2,135	12.3	5,450	34.6	7,585
85	2,058	11.8	5,257	33.1	7,315
86	2,142	12.3	5,172	32.4	7,314
87	2,143	12.2	5,038	31.4	7,181
88	2,068	11.7	4,928	30.5	6,996
89	2,044	11.6	4,684	28.9	6,728
90	2,044	11.6	4,633	28.5	6,677

注：経済非活動率は櫻井が計算した。
　＊は，経済非活動者の定義が変更されたため，1979～84年と1984～90年との間には統計上の連続性がない。
出所：Department of Employment, (1992) *Employment Gazette*, September, p.444.

表1-2-11 性別と年齢別の経済非活動率

(％)

年	全員			男性			女性		
	16～24歳	25～49歳	50歳以上	16～24歳	25～49歳	50歳以上	16～24歳	25～49歳	50歳以上
1975	12.0	20.0	20.7	0.9	0.9	6.6	23.3	39.2	40.0
79	10.7	19.3	24.7	1.3	1.9	12.4	20.4	36.9	40.9
83	12.3	19.8	29.7	3.6	3.4	21.0	21.2	35.9	42.3
87	11.3	17.2	31.4	4.2	4.3	25.1	18.7	30.2	40.5
90	10.9	14.9	29.9	3.9	3.8	24.1	18.3	26.0	38.2
93	13.9	15.9	31.9	6.9	5.8	27.5	21.4	26.2	38.1
98	15.1	16.0	31.5	7.8	7.6	28.2	22.9	24.6	36.2

出所：Gregg, P. and Wadsworth, J., (eds) (1999) *The Stage of Working Britain*, p.50.

上の男性経済非活動者であると言う。なぜなら，それは1979年から「最も劇的な増加[31]」をしているからである。経済非活動者に50歳以上の男性が占める大きさは1979年の12.4％から，1983年の21.0％，1987年の25.1％，1993年の27.5％，1998年の28.2％（130万人）へと継続的に増大し，その上昇率も1979〜98年で2倍以上で15.8ポイント増大しているからである。確かに，1980年代ではこの年齢グループは失業期間の継続性や失業者の大量性において著しく目立つ。

それでは，1993〜96年の回復過程でもそれが適用されるのかどうか。労働年齢男性をさらに4つの年齢グループに分け（16〜24歳，25〜34歳，35〜49歳そして50〜64歳）て検討する。表1-2-12よると，同期間の経済非活動者の増加は20万4000人である。16〜24歳のグループ以外のどの年齢グループも男性経済非活動者が増加している。最大の増加は35〜49歳年齢グループで，10万2000人の増加で，その増加に占めるシェアはちょうど50％である。この年齢グループの男性労働人口全体に属する男性の経済非活動者が占めるシェアは6.0％から7.5％に増大している。それに次ぐ増加は50〜64歳グループである。このグループの男性経済非活動者数は118万7000人から126万9000人に増加（8万2000人の増加）し，その大きさは全増加の40.2％を占めている。上で見たように，従来からこの年齢グループにおける経済非活動者は多く，その全体に占める大きさは1993〜96年ではほぼ横ばいで40％台を維持している。男性の労働年齢人口の50〜64歳グループ全体に占める経済非活動者の比率は27.2％から28.2％に上昇している。したがって，1993〜96年の景気回復過程で最大の影響を受けたのは男性の35〜49歳グループであり，25〜34歳グループの経済非活動者の同期間の増加は5万7000人である（同年齢の男性労働年齢人口全体の中で経済非活動者は5.6％から6.8％に上昇している）。

以上から，1993〜96年で男性経済非活動者数の絶対数では50〜64歳グループが圧倒的多数であり，その人数を増加させている。しかし，その中でシェアを上昇させているのは35〜49歳グループである。1990年代で注目すべきは50歳以上ではなく，労働者層の中心部隊であり世帯における担い手の中心でもある35〜49歳や25〜34歳グループで経済非活動者が増加していることであ

表1-2-12 UKの年齢別の男性経済非活動者

(千人)

各年春	16～64歳	16～24歳	25～34歳	35～49歳	50～64歳
1990	2,136	636	173	260	1,068
91	2,251	700	193	277	1,080
92	2,511	837	235	312	1,127
93	2,661	860	262	352	1,187
94	2,734	865	258	392	1,218
95	2,825	868	281	407	1,270
96	2,865	822	319	454	1,269
97	2,917	833	307	489	1,288
98	3,024	865	298	522	1,338
99	2,994	867	302	488	1,337

男性経済非活動者が労働年齢人口に占める比率 (％)

各年春	16～64歳	16～24歳	25～34歳	35～49歳	50～64歳
1990	11.7	16.2	3.9	4.6	24.5
91	12.3	18.4	4.3	4.9	25.0
92	13.7	22.6	5.1	5.4	26.1
93	14.4	24.0	5.6	6.0	27.2
94	14.8	24.9	5.5	6.7	27.7
95	15.3	25.6	6.0	6.8	28.5
96	15.4	24.7	6.8	7.5	28.2
97	15.6	25.4	6.6	8.1	27.8
98	16.1	26.6	6.5	8.6	28.0
99	15.9	26.7	6.7	7.9	27.4

出所：CSO, *Annual Abstract of Statistics*, 2000年版, p.104.

る。世帯労働力の主体である24～49歳男性層の経済非活動者のシェアは，1979年の1.9％から1998年の7.6％に増大している。1979～94／95年の著しい変化は，「世帯の家計主が『非経済活動』となっている世帯が占める割合の上昇——世帯全体でそれが占める部分が世帯の30％から39％——である」[32]。

3 先進国比較から導かれるイギリス製造業の資本蓄積の特徴

　前節では，1979年以来製造業の雇用減少から生まれた失業者は円滑にサービス部門で就労することが困難なことを明らかにした。本節では，1979年以降どのような資本蓄積から大量の雇用減少が生まれるのかを，先進諸国（アメリカ，日本，西ドイツ，イギリス）との比較から明らかにする。そこでは，イギリスの1979年以降の製造業の資本蓄積の独自性が析出される。表1-3-1の先進国4カ国の1979〜87年における生産性，雇用，産出高，そして実質所得（賃金）の動きの比較分析を手がかりにして，リベラル時代のイギリス製造業の資本蓄積の特徴を指摘する。

3.1　生産性の顕著な増大

　表1-3-1を一瞥して気づくことは，4カ国のどの国も生産性（生産性は産出高を雇用者で除したもの）は上昇させているが，生産性を上昇させるメカニズムは各国で著しく異なることである。

　日本は，生産性と産出高の増大が4カ国中で最大であり，しかも実質所得の上昇と雇用者数の両方とも増加させている唯一の国である。日本では産出高の大きな増加がまず生まれ，それによって生産性上昇が起こり，それに伴って利潤率の増大をもたらした。そして，生産性上昇の成果の一部が実質所得の引き上げや雇用の増加を惹起していると考えられる。つまり，日本の生産性上昇は雇用増加率を高めたが，それを上回る産出高増大率が生まれたので，さらに生産性上昇がもたらされる，というメカニズムである。高い産出高の増大は雇用増加を生むという好循環に支えられたために，この生産性上昇の成果が実質所得にも及び，生活水準の上昇（サービス需要の拡大）を引き起こした。つまり，産出高増加・生産性上昇→雇用増加→実質所得上昇→生活水準の上昇，というメカニズムが起こっていることになる。これは，カルドアが指摘する第2法則が貫徹して，資本が労働生産性を上昇させ，その成果を雇用増加や賃金上昇という形態で労働に与える「正常な」資本蓄積メ

表1-3-1　1979～87年の製造業部門の産出高，所得各国比較

（変化率：%）

	労働者1人当たりの生産高	雇用	産出高	実質所得
アメリカ	29.8	-6.3	21.6	-3.9
日　本	52.2	6.7	62.4	13.4
西ドイツ	16.5	-7.5	7.6	10.4
U K	37.8	-27.5	0.0	25.8

出所：Curwen, P., (1997) *Understanding the UK Economy*, 4 ed. p.88.

カニズムである[33]。

　それに対してイギリスの生産性上昇メカニズムはどうか。まず生産性の動きをみると，その上昇の高まりはサッチャー政権でしばしば強調されているイギリス経済の第1の特徴である。それはその政策的成果として挙げられる点であり，それが「奇跡」を起こしたと言われるぐらい顕著な増大でもあった（図1-3-1）。実際，イギリスの生産性の増大を他の先進3カ国のそれらと比較すると，それは日本に次ぐ第2位という高位置につけ，37.8％の生産性上昇である。そのために，イギリスと他の諸国との，1960年代以来拡大し続けていた生産性格差が，この1979～87年には逆に縮小することになった。イギリスの製造業の生産性が他の国よりも急速に上昇していることから，イギリスは1980年代に最も早い成長経済の国の1つとなったと高く評価されるまでに至った。

　また，イギリスにおける先行の期間や他の部門と比較しても，この期間の製造業生産性の上昇は突出している。景気循環のピークからピークまでの2つの期間――1973～79年と1979～89年――の比較で見た生産性（雇用者当たりの付加価値）の製造業部門の年平均上昇率はそれぞれ1.7％と3.7％で，1979から89年期間は2倍以上の上昇である。労働時間当たりでの製造業の生産性比較でも，上の各期間でそれぞれ1.1％，4.2％であり，その期間に生産性は3倍以上の上昇である[34]。これらの2つの各期間におけるサービス部門の生産性上昇と比較しても，サービス部門のそれぞれが0.7％と0.8％であったこと[35]

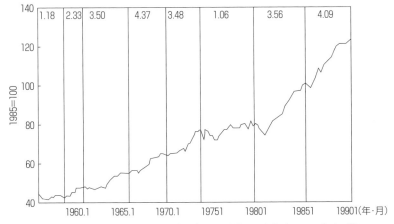

図1-3-1　UKの製造業の生産性：指数と増大率

出所：Buxton, T., Chapman, P. and Tempele, P., (1998) *Britain's Economic Performance*, 2 ed, p.437.

から部門別に見ても1979～89年の製造業の生産性上昇は顕著な大きさである。また，1970年代と1980年代を通した製造業の生産性上昇の比較でも，1980年代の年平均上昇率（雇用者1人当たり）は2.3％であるのに対して，1970年代では1.4％である[37]。以上のように，1980年代の製造業の生産性上昇は景気循環，サービス部門，そして1970年代の製造業というどの基準をとっても，「奇跡」的であると呼ばれるのにふさわしい高い水準を示している。

3.2 低迷を続ける産出高

第2の特徴は，1979～87年期間で製造業の産出高が上昇せず，低迷を続けていることである。これは他の4カ国とは決定的に異なる点である。

産出高の低迷は1973年以降，特にネオリベラルな時代に顕著になり，この時期にイギリス経済に根づき，現在も続いている。これは，他の先進国と比較すると，すでにイギリス経済独自の特徴の1つとなっている。イギリスは製造業で1973年以降20年にわたって実質産出高の継続的な増大をまったく示していない，先進諸国における唯一の国である（図1-3-2）。また，その景気循環のピーク時の産出高の水準が前のそれのピークをなかなか超えること

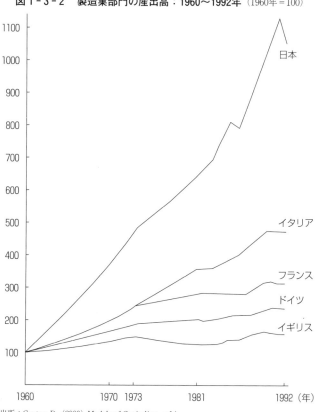

図1-3-2 製造業部門の産出高：1960〜1992年 （1960年＝100）

出所：Coates, D., (2000) *Models of Capitalism*, p.14.

ができず，しかも超えると短期間のうちに再び下落している。例えばイギリス製造業の実質産出高は，その前の景気循環のピークである1979年水準を1987年にやっと超えた，また，それは，それ以前の景気循環のピークである1973年と比べると依然として10％より少ない水準であった。繁栄過程でピークとなった1989年になってやっと製造業産出高は1973年水準を超えた。それに対して，他のヨーロッパ諸国の製造業は，1973〜89年で17〜75％の増大率を示している[38]（図1-3-2）。景気循環を通じたこのような産出高増大の低迷

は，第2次世界大戦前のそれの増大と対比すると一層明瞭となる。「1979年と1988年との間で製造業の産出高はわずかに5％だけ上昇した。大戦間の景気循環，1920～29年と1929～38年の景気循環を通じて，それはそれぞれ22％と29％の上昇であった[39]」。

表1-3-2　職が増加と下落しているときの産出高，職，生産性の年間変化率

(%)

年	産出高	職	生産性
1979～83	0.6	-1.6	2.2
83～90	3.2	1.9	1.3
90～93	0.7	-2.1	2.8
93～2005	2.8	1.0	1.8

出所：Wilkinson, F., (2007) "Neo-Liberalism and New Labour Policy," p.824.

このような産出高の低迷はイギリスの資本蓄積の特徴の1つであるが，この特徴は同国の生産性上昇メカニズムの第1の特徴である生産性の急上昇とどのように両立しうるのだろうか。生産性は産出高を雇用者で除したものであるから，産出高が低迷していれば，生産性を上昇させるには雇用者を減少させるしかない。1980年代の産出高の低迷・雇用者数の減少から生まれる生産性上昇というメカニズムが製造業で強力に貫かれているので，好況期のような時期の雇用の減少テンポが比較的穏やかになる，または若干ではあるが雇用増加になるときには，生産性の上昇が鈍り，逆の場合には逆の生産性の結果になるという，雇用者数の変動に生産性の上昇が連動するという特徴を持つ。経済全体の生産性の動きにおいても，その雇用の影響は強く現れている。2008年のリーマンショックの勃発までは，表1-3-2が示すように，例えば1979～1983年や1990～1993年の不況期間には，産出高の増大率がそれぞれ0.6％，0.7％で低迷しているが，職の増加率は各々-1.6％，-2.1％で，どちらの時期もイギリス経済全体の生産性は大きく増大している。逆に好況期間は，産出高が大きく増大したが雇用も増加しているので，生産性があまり増大していない。1983～90年や1993～2005年の景気循環の回復・好況局面では産出高がそれぞれ3.2％，2.8％増大したが，職も同期間にそれを下回る大きさではあるが増加するために，生産性の増大がそれぞれ1.3％，1.8％で，比較的小さい。その結果，好況期間よりも不況期間において生産性がより大きく上昇し，好況期間での

生産性の上昇は不況期間のそれよりも下回るという奇妙な事実が現れる。これは, イギリスの「生産性の増大の程度は, 産出高の増大によってよりも職の削減によって実現される[40]」ことになっているためである。

3.3 所得と利潤の上昇を可能にする長期失業者の大量発生と存在

　製造業の第3の特徴は, 利潤の増大と実質所得の上昇とが同時に起こっていることである。生産性上昇に伴って, 「1985年の収益性が1964年以来最高である[41]」と言われているように, 利潤が急激に増大した（図1-3-3）。このように生産性と利潤の両方が顕著な上昇を生み出した1980年代の資本蓄積メカニズムは, 1970年代のそれが生産性は上昇したが利潤率の低迷にあえいだのと決定的に異質のものであることを表している[42]。他方, 表1-3-1から1979～87年期間に実質所得が上昇し, その増大率が4カ国中で最大の25.8%であることがわかる。実質所得増大と利潤率の急上昇が同時期に並んで存在している。通常, 産出高を増大させる以外に, 「労働者の賃金を大きく増大させることはできない[43]」と言われていることを踏まえると, 産出高の増大がゼロの下で, ここで起きている所得と利潤の両方の上昇は通常ありえない状況であって, このことからも資本蓄積は「正常」な蓄積事態とは言えない。

　では, それはなぜ可能となったのか。ありえないと考えられがちな状況を可能にする鍵は, 同時期に生産性上昇をもたらした雇用減少から必然的に生まれる大量の失業者, しかも長期に継続する雇用減少から生まれる長期失業者の大量の発生と存在にある。同期間の生産性上昇は, 通常の資本蓄積に見られる投資・設備投資主導による生産性上昇——先に指摘した日本の生産性上昇——ではなく, 産出高の停滞・雇用減少からの独自な生産性上昇である。これを A. グリンは, 設備投資からの生産性上昇と区別して, 「合理化による生産性上昇」と呼ぶ。雇用減少による生産性増大は設備の「近代化」からではなく, 「合理化から引き出された生産性上昇[44]」であるとし, しかも, この「合理化」による生産性上昇は, 「1981年以来の景気回復の最も主要な特徴の1つである[45]」とされる[46]。

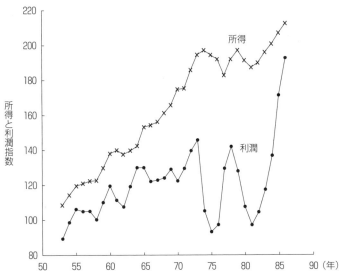

図1-3-3　実質所得と利潤（北海油田の会社を除く）：1953〜86年

注：実質所得はフルタイム男性マニュアルの週当たり平均所得を小売物価指数でデフレイトされたものである。
　　実質利潤は産出高指数でデフレイトされた総営業利潤である。
出所：Carruth, A. and Oswald, A., (1989) *Pay Determination and Industrial Prosperity*, p.5.

　この資本蓄積では，イギリス製造業では，雇用が減少すればするほど，生産性がますます高まる，その結果から失業者の増加がそれに随伴されることが意味される[47]。この大量の雇用減少は，当然に，企業に雇用者に対する賃金支払い総額を減少させ，利潤の増大に働く。しかし，この賃金支払い総額の低下の部分のすべてが利潤に転化するのではなく，その一部，しかもイギリスの場合にはそれの相当に大きい一部が雇用され続ける労働者の賃金として分配されたのである。そのために雇用者1人当たりの賃金の上昇と利潤の増大が，産出高一定の下で同時に生み出されることが可能になったのである。相反する賃金と利潤の両者が産出高一定の下で同時に上昇を実現したのは，まさに大量失業者の存在という犠牲の下で初めて生じる賃金上昇であることを意味する。だが，このような大量の失業者の存在と実質所得の増大の併存

は，サッチャー政府の市場重視の見地から見ると，高水準の失業の存在にもかかわらず，賃金が上昇していると把握され，労働市場が硬直化してその市場機能を十全に機能させていない，そしてそれは賃金が下方硬直性を持つからであると認識された。この賃金硬直性は，サッチャー政権下の労働組合改革や労働市場改革という大きな経済課題として認識され，労働市場のフレキシビリティが求められる根拠にもなった。

3.4 イギリス資本蓄積が導き出すもの

　以上のような特徴を持つイギリスの資本蓄積分析から引き出される結論を幾つか指摘しておく。

3.4.1 縮小する固定資本投資

　第1に，産出高低迷と雇用者削減の下での生産性の上昇メカニズムであるため，生産性を上昇させて企業競争力を高めたとしても，産出高から新たに投資に向けられる部分は当然小さくなる。この資本蓄積では，1970年代の「英国病」の根幹に「蔓延する低生産性」の主要な要因である設備の老朽化[48]に対する抜本的な解決策として考えられる設備の近代化は，容易に進められないことを示唆する。

　実際に，固定資本投資は大きく後退して，最低限であると考えられる大きさに抑制されている。製造業の固定資本投資は「1970年代にUKにおける固定資本投資は崩壊した」[49]と言われるように，1979年の135億5800万ポンドから低下し始め，1983年には前年比24％減の94億1300万ポンドにまで継続的に減少している。そしてそれ以降増加し，1985年にそれは127億1000万ポンドに回復したに過ぎず，1979年水準である135億5800万ポンド水準を超えるのは，1988年（138億4600万ポンド）なってからである（表1-3-3）。この固定資本投資の低迷さは，1960年代や1970年代と比べると顕著である（図1-3-4）。とりわけ，1980年代前半の投資不足が著しい。M.キッソンとJ.ミッシー[50]によると，1990年価格で測った製造業の純投資は1981年から1984年まで毎年マイナスの投資であり，特に1983年は17億4600万ポンドのマイナスで

第1章 雇用削減による生産性上昇の資本蓄積　41

表1-3-3　製造業の産出高，雇用者，生産性，固定資本投資と失業者

年	産出高 (1985年=100)	雇用者 (千人)	生産性 (1985年=100)	固定資本投資 (百万ポンド)	失業者 (千人)
1978	105.7	6,625	79.5	12,838	1,382.9
79	103.8	6,595	78.7	13,558	1,295.7
80	96.4	6,311	76.9	12,307	1,664.9
81	90.6	5,661	81.7	9,985	2,520.4
82	90.8	5,341	85.3	9,518	2,916.9
83	93.8	5,034	92.6	9,413	3,104.7
84	97.4	4,928	97.1	10,975	3,159.8
85	100.0	4,882	100.0	12,710	3,271.2
86	101.1	4,763	103.2	12,097	3,292.9
87	106.5	4,697	110.4	12,641	2,953.4
88	114.3	4,735	116.7	13,846	2,370.4
89	119.0	4,723	121.8	14,984	1,798.7
90	118.2	4,605	122.7	14,227	1,664.5

注：生産性は雇用者の労働時間当たり産出高である。雇用者はGBである。
出所：Michie, J. and Smith, J., (eds)(1996) *Creating Industrial Capacity*, p.30. 雇用者，固定資本投資そして失業者はONS, *Economic Trends, Annual Supplement 1997*より作成。

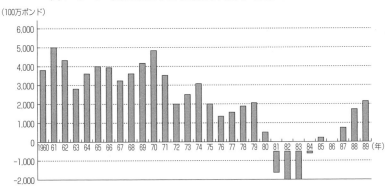

図1-3-4　製造業部門の純固定資本投資の推移（1985年価格）

出所：Select Committee on Science and Technology, (1991) *Innovation in Manufacturing Industry*, p.49.

あった。

また，製造業の雇用者の労働時間当たり産出高（1985年＝100）を見ると，1979年が103.8水準で，それ以降低下し，1981年には1980年代最低の90.6水準となったが，1983年でも93.8水準で産出高は低迷している。1987年になって1979年水準を超えた。実質GDPで見ても1980年に－2.0％，1981年に－1.2％と連続してのマイナスとなっていた。したがって，固定資本投下や純資本支出が産出高増加をもたらす主要な要因ではなく，1980年代初期の生産性上昇の要因ともなっていない。グローバルな競争で生き残るための研究・開発に支出を増加させることは困難で，実際に他の先進国と比べて低下している。真の意味で，この資本蓄積では，長期的に見てイギリス企業の競争力を回復することは困難である。

3.4.2　少ない内部留保で企業成長に結びつかない生産性上昇

第2は，失業者を犠牲にした生産性の上昇から手に入れた利益は企業に内部留保されずに，賃金や配当として企業から流出したことである。この点は，他の先進国と比較すると，イギリスの生産性上昇の特徴であることが明瞭となってくる。表1-3-1が示すように，産出高低迷と雇用減少を伴うイギリスの資本蓄積の反対の極に位置するのは日本である。日本の生産性上昇は，固定資本投資の増加——バブル期の過剰蓄積であったが——を伴う産出高の増大に基づかれた生産性上昇であり，そこでは雇用も所得も増大している。同じアングロサクソン型経済と言われるアメリカとイギリスを比較してみても，イギリスの生産性上昇は異質である。アメリカの産出高は22％の増大で，日本の約3分の1の低さであるが，雇用を減少させ，実質所得の伸びもマイナスに抑えている。これは，アメリカが増加した産出高から支払われる賃金部分の大きさを低下させ，より多くを利潤として企業内部に留め，利潤の流失を防いでいる。そのようなアメリカに対してイギリスは産出高が一定であるにもかかわらず，実質所得の上昇はずば抜けた大きさの26％である。これはイギリスの利潤がそれだけ小さくなっていることである。「1980～88年のUKの実質所得は4.2％の生産性の上昇に対応して2.8％増大してい

た……アメリカは，3.3％生産性の上昇であるが，その一方で実質賃金が年に0.8％下落していた[51]」。しかも，アメリカと比べてイギリス企業の配当水準が高いことも周知のとおりである（表1-3-4）。これらの事実はイギリスでは，生産性上昇から上がった利益が，雇用者や株主に賃金や配当として企業外に大きく流出し，企業内部に留保される大きさが小さいことを意味する。これもイギリス企業の1つの特徴である。以上の特徴は，他の先進国と比べて，生産性上昇と企業の成長との結びつきが弱いこと，企業の長期的な競争力の回復と資本蓄積があまり結びつかないことを示している。

表1-3-4 非金融会社の総所得に対する配当の比率 (%)

年	UK	アメリカ	日本
1974	—	24	17
1975	—	20	18
1976	—	20	17
1977	36	19	16
1978	37	20	15
1979	41	20	13
1980	45	23	14
1981	45	22	14
1982	49	25	15
1983	48	23	13
1984	45	21	12
1985	46	20	10
1986	34	22	12
1987	39	22	10
1988	42	21	10
1989	41	28	—

出所：Buxton, T., Chapman, P. and Temple, P., (eds) (1994) *Britain's Economic Performance*, p.202.

4 生産性上昇の独自なメカニズムを持つ資本蓄積軌道の形成

前節では，先進4カ国の比較から1979年以降のネオリベラルなイギリス経済における独自な生産性メカニズムとそれがもつ特徴を明らかにした。本節ではそのメカニズムの成立条件とそれを生み出す因果関係を明らかにする。そのために1979年から1993年までの期間を4つ——1979～81年，1982～87年，1988～90年，1990～92年——に分け，各期間を詳細に検討する。というのは，各期間の生産性，産出高そして雇用の3者の関係が異なっているからである。第1期間は生産性と雇用の両方が低下し，第2期間は雇用が低下し，生産性が上昇している。そして第3期間は雇用も生産性も増大している。第4期間は産出高の低下と雇用の減少

表1-4-1 UK製造業の産出高,雇用,生産性
(1962〜93年)

年	産出高 (1985年=100)	雇用 (100万人)	生産性 (1985年=100)
1962	74.0	8.456	43.7
63	77.2	8.322	46.4
64	83.9	8.45	49.3
65	86.8	8.561	51.0
66	88.2	8.584	52.5
67	88.2	8.319	54.6
68	95.7	8.240	59.3
69	99.2	8.353	60.6
70	99.6	8.339	63.2
71	98.5	8.065	65.9
72	100.6	7.790	70.0
73	110.0	7.842	74.7
74	108.6	7.893	75.3
75	101.1	7.511	74.5
76	103.0	7.269	78.2
77	105.0	7.317	78.4
78	105.7	7.281	79.5
79	103.8	7.252	78.7
80	96.4	6.936	76.9
81	90.6	6.220	81.7
82	90.8	5.860	85.3
83	93.8	5.520	92.6
84	97.4	5.403	97.1
85	100.0	5.362	100.0
86	101.1	5.267	103.2
87	106.5	5.152	110.4
88	114.3	5.195	116.7
89	119.0	5.187	121.8
90	118.2	5.144	122.7
91	112.1	4.793	126.5
92	111.2	4.497	133.5
93	112.8	4.289	143.3

出所:Michie, M. and Smith, J., (1996) *Creating Industrial Capacity*, p.30.

が同時に起こっているが,後者の低下の大きさが前者のそれを上回っているので,生産性が上昇している。産出高,雇用そして生産性の相互の因果関係でどのように独自な生産性上昇メカニズムの形成が導かれたのかを見る。

4.1 生産性低下の1979〜81年期間

1979年の第2次石油ショックの影響でイギリスはスタグフレーションに陥り,有効需要の縮小――景気後退――にもかかわらず,物価が下落するどころか2桁インフレに見舞われた。サッチャー政府は,経済政策に優先順位をつけ成長戦略に基づく不況脱出対策を後回しにして,最優先課題としてインフレの抑制を位置づけた。サッチャー政権の第1期の財務大臣であったG.ハウによると,「現時点の政府の第一の任務は,弱った成長を生き返

らすよりもむしろインフレ上昇を低下させる」[52]ことであるとし，経済成長に対する「狙いは，少なくとも国際的平均に再びイギリスの成長率を高めること」[53]においた。そのために，就任時から1983・84年までは，成長率は1％に過ぎないであろうと彼は予測していた。これは，政府が決して経済成長を軽視しているのではなくて，インフレを抑制することが経済成長を実現するための前提であると考えているからである。

　2桁上昇となった物価をマネタリズム政策で抑え込むというのが政府のインフレ対策である。具体的には，通貨量の調整によって物価を安定させるとする政策の下で通貨供給量を大幅に縮小した。そのために利子率は高止まりのままとなった。当然のことであるが，不況下にありながらこのようなマクロ経済環境におかれた企業は，その資金繰りを一層苦しくさせた。従来であれば不況になると行われていた有効需要刺激政策もインフレを刺激するという理由から基本的に放棄された。そのために，多くの企業は需要不足と流動性資金の不足から規模縮小に追い込まれ，一部は倒産に陥った。製造業の事業所の縮小・閉鎖が急激に，しかも大規模で広範囲に進んだ。1980年に存在した10万9000の事業所数は，次年には10万2000に減少し[54]，企業数の一部も倒産に追い込まれたためにその数は激減した。プラント数で見ても「1973年と1979年の間で1万3000以上の純増加であったのに対して，1979年と1982年との間では5000以上が閉鎖された」[55]と指摘されている。

　その結果，1980年と1981年の両年ともGDPはマイナス成長で，－2.0％と－1.2％であった。製造業の産出高もマイナスで，それぞれ－8.7％と－6.0％であった（表1-4-2）。この期間に産出高が－15％という大幅な落ち込みを体験したのである。それは大戦間の落ち込みを上回り，また1979～81年期間にアメリカ，西ドイツ，そしてフランスでそれぞれ1.5％，2.5％，8％のマイナスに過ぎず，日本とイタリアでは逆にそれぞれ10％と4％のプラスであった[56]ことを見ると，他の先進諸国と比べるとイギリスの産出高の落ち込みは劇的と呼べる大きさで，その激しさを十分に理解できる。他方で，2桁の高インフレに引きずられ，この突然の急激な産出高低下であるにもかかわらず賃金上昇が起こり，賃金も2桁上昇となった。製造業マニュアル労働者の

表1-4-2 イギリスの生産性：対前年比（％）

年	雇用者		総資本ストック		全要素投入		GDP
	数	生産性	量	生産性	量	生産性	
経済全体							
1980	-0.8	-1.3	2.5	-4.5	0.4	-2.4	-2.0
1981	-4.8	3.8	1.9	-3.0	-2.4	1.4	-1.2
1982	-2.2	4.0	1.9	-0.2	-0.7	2.5	1.7
1983	-1.6	5.5	2.0	1.7	-0.4	4.2	3.8
1984	0.8	1.0	2.2	-0.4	1.3	0.5	1.8
1985	0.9	2.9	2.2	1.5	1.4	2.4	3.8
1986	-0.2	3.9	2.1	1.5	0.6	3.0	3.6
1987	0.9	3.5	2.4	2.0	1.4	2.9	4.4
1988	3.2	1.5	2.9	1.8	3.1	1.6	4.7
1989	2.2	-0.1	3.0	-0.9	2.4	-0.4	2.1
平　均							
1970～79	0.2	2.0	3.3	-1.1	1.3	0.9	2.2
1980～89	-0.2	2.5	2.2	0.1	0.6	1.6	2.2
製造業							製造業増大
1980	-4.4	-4.5	1.5	-10.1	-2.3	-6.5	-8.7
1981	-10.3	4.8	0.5	-6.4	-6.5	0.9	-6.0
1982	-5.8	6.4	0.4	-0.1	-3.6	4.1	0.2
1983	-5.8	9.1	0.3	2.6	-3.7	6.8	2.9
1984	-2.1	6.1	0.6	3.2	-1.2	5.1	3.8
1985	-0.9	3.6	0.8	1.8	-0.3	3.0	2.7
1986	-2.5	3.8	0.7	0.5	-1.4	2.7	1.2
1987	-1.5	6.8	0.7	4.5	-0.7	6.0	5.2
1988	1.4	5.9	1.0	6.2	1.2	6.0	7.3
1989	0.2	4.0	1.2	3.1	0.6	3.7	4.3
平　均							
1973～79	-1.0	1.5	1.6	-1.1	-0.1	0.6	0.5
1980～89	-3.2	4.5	0.8	0.4	-1.8	3.2	1.2
非製造業平均							
1980～89	1.0	1.6	2.6	0.0	1.6	1.0	2.6

注：全要素の計算は労働を65％，資本を35％で加重平均で計算されている。
出所：Johson, C., (1991) *The Economy under Mrs Thatcher 1979-1990*, p.267. から作成。

表1-4-3　製造業の1人当たりの賃金の増大：マニュアル労働者

年	イギリス(GB) 1985=100	前年比(%)	カナダ 1985=100	前年比(%)	フランス 1985=100	前年比(%)	ドイツ 1985=100	前年比(%)	イタリア 1985=100	前年比(%)	日本 1985=100	前年比(%)	アメリカ 1985=100	前年比(%)
1979	52.3	15	64	10	52.0	13	77	5	38.5	20	‥	‥	70	8
1980	61.5	18	70	9	59.8	15	82	6	47.0	22	‥	‥	76	9
1981	69.6	13	79	13	67.2	12	86	5	57.8	23	‥	‥	84	11
1982	77.4	11	88	11	78.9	17	90	5	67.7	17	‥	‥	89	6
1983	84.4	9	92	4	87.8	11	93	3	80.9	19	‥	‥	92	3
1984	91.7	9	96	4	94.6	8	96	3	90.2	11	97.0	‥	96	4
1985	100.0	9	100	4	100.0	6	100	4	100.0	11	100.0	3	100.0	4
1986	107.7	8	103	3	104.3	4	104	4	104.8	5	101.6	2	102	2
1987	116.3	8	106	3	107.6	3	108	4	111.5	6	103.2	2	104	2
1988	126.2	8	111	5	111.0	3	113	5	118.3	6	107.7	4	107	3
1989	137.2	9	117	5	114.7	3	117	4	125.6	6	113.5	6	110	3
1990	150.1	9	‥	‥	119.9	5	‥	‥	‥	‥	119.9	5	114	4

注：イギリスは週当り賃金と給与に基づいている。
出所：Department of Employment, (1991) *Employment Gazette*, May, S.52. 1979年は1990年版を使用。

賃金の前年比の増大率は1979年から82年までの4年連続の2桁上昇で，1980年には最大の18％上昇となっていた（表1-4-3）。

　産出高の大幅な下落と賃金急騰が同時的に起こると，企業の行動に決定的な影響を与える単位労働費用は急上昇せざるをえない。実際，前年比で1979年は17.8％，翌年は22.0％，翌々年は9.1％と上昇した（表1-4-4）。企業が行わなければならない緊急な課題は，この単位労働費用を引き下げることである。この課題解決には大別して2つの方法がある。その1つは，労働節約的な設備投資を行い，生産性を上げることである。しかし，この方法を当時の企業は採用できなかった。企業にとって固定投資や新投資の実施は，中・長期的な需要拡大の見通しがある程度成り立つ場合にのみ行われるからである。この時期に，サッチャー政府はインフレ対策のために当面の間，大幅な需要刺激策を実施する意思をもたず，高金利を維持したために，需要の増大

表1-4-4　製造業の単位労働費用の変化（前年度比率，％）

	1979	80	81	82	83	84	85	86	87	88	89	90	1979〜90年平均
アメリカ	9.1	12.7	8.2	6.6	-2.3	-1.4	0.5	—	-2.6	-1.4	3.0	0.7	2.1
日　本	-1.4	2.5	3.2	0.2	0.8	-1.1	-1.3	6.6	-5.4	-3.8	0.7	1.5	0.3
ドイツ	3.3	10.2	4.2	5.9	-0.3	1.4	1.9	3.8	6.5	0.4	0.2	2.3	3.3
フランス	8.4	14.7	12.5	10.7	7.6	8.8	4.4	2.4	1.9	-4.2	-0.6	2.9	5.2
Ｕ　Ｋ	17.8	22.0	9.1	3.3	-1.4	1.8	3.8	4.2	0.7	0.3	3.6	8.9	5.0
イタリア	10.6	12	18.1	15.2	11.2	4.4	6.3	3.0	2.7	1.6	6.2	7.5	7.9
カナダ	9.3	15.1	9.7	15.9	-1.1	-3.4	2.2	5.4	3.1	4.1	5.5	4.2	5.4
7カ国総計	5.6	10.3	7.2	5.6	0.4	0.3	1.3	3.1	-0.8	-1.3	2.2	2.8	2.8

出所：OECD, (1992) *Historical Statistics 1960-1990*, p.97.

　による景気回復の見込みが立たない状況に企業はおかれていた。しかも，北海原油の輸出によってポンドが為替相場で過大評価され，ポンド高を続けていたために，製造業製品の輸出拡大ではなくその縮小に追いやられる経済環境に企業はおかれた。

　この景気後退の深刻さに直面して，新投資や固定資本投資は前項で見たように手控えられた。そこで長期的視点で「企業は投資に対する確信を持つことができず，費用を最小にするように短期的な視点で行動した[57]」のである。需要縮小による産出高低下とインフレによる賃金上昇から，企業の単位労働費用の上昇が起こり，それを引き下げるために，企業は賃金支払い総額を減少させるべく雇用量の削減に走った。だが，この期間は，雇用量の削減（表1-4-1より103万2000人）が大幅であったにもかかわらず，産出高の下落幅がそれを超える大きさであったために，1980年の生産性は低下している（マイナス4％）。つまり，雇用者も大幅に減少している——特に大企業で集中している（表1-4-5）——にもかかわらず，それをさらに上回る産出高の大幅低下が起こったので，結果的に生産性は低下しているのである（表1-4-2）。

表1-4-5　主要なイギリス企業による労働削減

	雇用者		雇用削減(％)
	1977年	1983年	1977〜83年
ブリティシュ・スティール	209000	81100	−61
ブリティシュ・レイランド	171943	81261	−53
ブリティシュ・シップビルダー	87569	62583	−28
ICI	95000	61800	−35
コータウルド	112009	56336	−50
ルーカス	68778	49042	−29
GKN	73196	33600	−54
TI	61777	25100	−59
ダンロップ	48000	22000	−54
フォークスフォール	30180	20527	−32
マッセイ・ファグソン	21486	13066	−39
タルボット	22800	7109	−69
GEC	156000	136944	−12
キャドベリィーシュウェペイス	29096	22897*	−21
BSR・インターナショナル	15950	5130*	−68
ロールス−ロイス	57164	50000*	−12

注：＊は1982年の数字である。
出所：Martin, R. and Rowthorn, B., (1986) *The Geography of De-Industrialisation*, p.261.

4.2　雇用減少による生産性上昇の1982〜87年期間

　1982年から製造業の産出高が個人消費の拡大（本章第6節参照）に支えられて増大に転じた（0.2％）。その増大は続いたものの，その速さは非常に緩慢であった。前景気循環の産出高のピークである1979年水準に達したのが1987年であるから，ピークまでの回復に8年以上かかった。その増大に対して，雇用者は1982年と1983年の両年とも5.8％の減少で，前期間（1981年には−10.3％）と比べて少なかった（表1-4-2）とはいえ，1985年までに約50万人，それ以降は20万人の減少となり，その結果，1982〜87年期間で71万人が減少している（表1-4-1）。この期間に産出高が増加し，同時に雇用者が減少す

る。その結果，生産性が上昇している。その上昇は1983年の9.1％がトップで，1982年，1984年，そして1987年の各年でも6％台の上昇を示し，この期間の生産性が急上昇している——この生産性の急上昇が一部で「奇跡」と呼ばれる根拠を与えている。一見すると，産出高低迷・雇用減少からの生産性メカニズムではなく，緩慢とはいえ産出高上昇・雇用減少から生産性上昇が生まれているように見える。だが，雇用者規模別の企業の資本蓄積を見ると，単純にそのような結論を下せない。

　1979～83年をとると，最少雇用者規模（1～99人）の小企業では1979年より1983年で純産出高が6.8％増大し，1988年では35.9％に増大している（表1-4-6）。それに対して，同期間で最大の雇用者（1000人以上）クラスの大企業ではそれは1983年で20.8％低下し，1988年でも依然として1979年水準に達せずに，それを4.7％下回っている。その結果，1988年における小企業が占める全産出高におけるシェアは1979年の14.6％から18.6％に上昇に，それに対して大企業が占めるそのシェアは67.0％から59.0％に低下させている。雇用者で見ると，大企業は1979～83年で33.4％の雇用減少であり，1979～88年では37.3％の雇用を減少させているが，それに対して小企業は1983年までに6.0％の減少に過ぎず，1979～88年には逆に3.3％の若干の増加となっている。その結果，大企業では1979～88年で全雇用にそれが占めるシェアは63.0％から52.1％に低下し，逆に小企業は17.5％から24.3％に増大している。

　1979～88年の生産性の上昇は，大企業と小企業との両方で起こっている。しかし，前者の増大は54.5％で，その上昇メカニズムは産出高低迷・雇用減少を媒介にしている。それに対して後者の増大は31.6％であるが，そのメカニズムは産出高増加・雇用横ばいを媒介にしている。産出高を増大させ，雇用も増加させた小企業は，産出高を低迷させ，雇用を大幅に減少させている大企業よりも生産性上昇率で大きく下回っている。これは，この期間の「奇跡」と呼ばれる生産性上昇が大企業の雇用の大幅な減少に大きく依拠していることを表明している。

　1982～87年期間の賃金の前年比の上昇率は1982年こそ11％であったが，それ以降インフレが抑制されるにつれて落ち着き，1987年まで8～9％で安定

表1-4-6 UKの雇用規模別の製造業の雇用，純産出高，1人当たりの産出高

雇　用

雇用者規模	1979年雇用 (千人)	雇用指数（1979年＝100）		
		1983年	1984年	1988年
1～99人	1138	94.0	94.4	103.3
100～499人	835	83.9	95.3	95.1
500～999人	425	86.2	84.1	82.6
1000人以上	4087	66.6	62.2	61.7
うちトップ100の雇用者	2416	72.4	66.1	62.4
全　部	6486	74.9	74.4	74.7

純産出高

雇用者規模	純産出高（100万ポンド） （1985年価格） 1979年	純実質産出高指数（1979年＝100）		
		1983年	1984年	1988年
1～99人	14597	106.8	114.4	135.9
100～499人	11621	95.9	114.2	133.1
500～999人	6799	98.2	92.9	110.6
1000人以上	67061	79.2	78.2	95.3
うちトップ100の純産出高	38885	88.6	84.3	100.9
全　部	100078	88.4	88.7	106.7

1人当たり純産出高

雇用者規模	純産出高 （千ポンド） 1979年	純実質産出高指数（1979年＝100）		
		1983年	1984年	1988年
1～99人	12.8	113.5	115.1	131.6
100～499人	13.9	114.3	119.8	140.0
500～999人	16.0	113.9	110.6	134.0
1000人以上	16.4	118.9	125.7	154.5
うちトップ100の 1人当たりの純産出高	16.1	122.4	127.5	161.8
全　部	15.4	115.4	119.1	142.8

出所：Driver, C. and Dunne, P., (1992) *Structual Change in the UK Economy*, p.94.

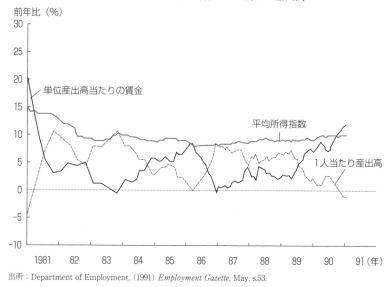

図1-4-1 製造業の所得と1人当たり産出高

出所:Department of Employment, (1991) *Employment Gazette*, May, s.53.

していた[58)](表1-4-3)。そこで産出高が低迷する大企業は,もし雇用削減が困難になるまたはそれを手控えると,企業の生産性は低下し始め,それが直ちに企業の単位労働費用を悪化させる。そのために企業は再び雇用を削減し生産性を上昇させ,単位労働費用を改善する行動に出るようになる(表1-4-4)。このメカニズムは単位労働費用上昇→雇用削減→生産性の上昇・単位労働費用の抑制であり,大企業で雇用削減を繰り返すように導く(図1-4-1)。この期間に,大企業中心に産出高低迷・雇用減少から生まれる生産性上昇という資本蓄積メカニズムが形成され,定着した。一部の者からこの期間の製造業の「生産性上昇」は「奇跡」と呼ばれ,企業は競争力を回復し,製造業の衰退からイギリス経済は脱却したと言われた。この主張がいかに的外れであるかは,もはや明白である。

また,製造業の大企業はこの期間の大幅な雇用減少を媒介にして生産性上昇を行っているのであるから,大企業では規模の縮小が起こっていることは

表1-4-7　製造業の雇用者規模別の企業規模：1958年・79年・84年

企業数

	2000人以上	5000人以上	1万人以上	2万人以上	5万人以上
1958年	469	180	74	32	8
1979年	406	174	83	34	9
1984年	282	104	47	18	5

事業所数

	2000人以上	5000人以上	1万人以上	2万人以上	5万人以上
1958年	5805	3788	2224	1398	467
1979年	7911	5242	3446	1995	720
1984年	5581	3542	1926	943	289

企業に占める雇用者の比率（％）

	2000人以上	5000人以上	1万人以上	2万人以上	5万人以上
1958年	45.8	34.3	24.8	17.3	7.3
1979年	55.6	44.7	34.9	24.4	12.7
1984年	44.7	33.5	24.9	16.4	7.8

出所：Sisson, K., (ed) (1990) *Personnel Management in Britain*, p.41.

現実である。例えば、1979～84年で2000人以上の雇用者を抱える大企業は406社から282社に減少、さらに5万人以上の大企業は9社から5社に減少し、それらの企業の雇用者が全雇用者に占める比率もそれぞれの大企業規模で55.6％から44.7％、12.7％から4.8％へと低下している（表1-4-7）。また、『OECD経済サーベィ1996年UK』によっても製造業の大企業数の減少は確認される。1978～93年の15年間で、1978年にイギリスのトップ100社に存在していた企業の内で約3分の1（32社）が1993年にはそこから脱落し、トップ100社で大きな構成変化が起こった。同期間に産業上の構成で純減少を示したのは製造業だけで、それは13社であるとしている。イギリス製造業の大企業における規模の急速な縮小は生産キャパシティの減少をもたらし、規模の経済の効果を小さくし、海外企業との競争力を低下させる側面となった。

しかしながら、この大企業の規模縮小は別の側面を持つ。この側面とはグローバリゼーションへの大企業の対応である。K．シーソンは、当時の企業

表1-4-8 巨大イギリス製造業企業25社の国内と海外の雇用

年	雇用全体 (千人)	国内雇用 (千人)	全雇用に国内雇用が占める比率 (%)	海外雇用 (千人)	全雇用に海外雇用が占める比率 (%)
1979	1839.8	1139.9	62.0	699.9	38.0
1983	1488.6	802.0	53.9	685.6	46.1
1985	1480.8	805.8	54.4	675.0	45.6
1989	1705.2	807.2	47.3	898.1	52.7

注：25巨大企業は1989年『フィナンシャル・タイムス』の世界「トップ500社」の中から選ばれた企業である。それらはBAT; ICI; Hanson; Unilever; GEC; BAe; B.Steel; BICC; Pikington; BTR; BOC; BET; Glaxo; GKN; Hawker Sid; Lucas; Reed Int; Bowater; T and N; Ferranti; Bunzl; DRG; Delita; BBA; Simon Eng. である。
出所：Williams. K., Williams, J. and Haslam, C., (1990) "The Hollowing out of British Manufacturing and Its Implications for Policy", p.466.

の行動に対する1つのアプローチとして「資産管理」を提示する[59]。このアプローチは，高費用で低利潤のビジネスをより高い利潤を上げるものにするために企業は海外に資本を移動させるものである，このアプローチによると，極端な場合にはビジネスの一部または全部を売却することで，国内では大企業の規模縮小が生じたが，それの規模縮小は，国内または他国でそれに代わるビジネス部門にその資産を企業が移動させた結果である。実際に，イギリスの対外直接資本は1982年に40億9100万ポンドから1987年の153億7200ポンドへと，3.8倍に増大している[60]。1979～89年でイギリス製造業の巨大25社の雇用者は13万5000人減少している（表1-4-8）が，海外での雇用は逆に19万8000人増加し（その増加は1985年以降である），国内雇用は33万3000人減少した。その結果，国内外の雇用比率は1979年では62.0%対38.0%であったが，1989年には47.3%対52.7%となり，その比率が逆転している。

4.3 産出高増大による生産性上昇の1988～90年期間

　1987年末から急激に需要が拡大したが，それは住宅需要に主導された経済ブームであり，一部でバブルを生む結果となった。この好況・繁栄過程は1990年半ばには終了し，それ以来1993年まで再び深刻な不況過程に入ることになる。1988～90年は好況・繁栄期間である。1987年の製造業部門の純資本

支出は97億5400万ポンドで，1988年には121億6970万ポンドとなり，24.8％の増大となった⁶¹⁾。それに主導されて産出高の増大が起こり，1987〜90年期間に純産出高は1113億160億ポンドから1396億1390万ポンドへと増大した。既に述べたように1987年には，製造業部門の産出高が1979年水準を超える程度にまで増大し，さらに1988年末には1973年水準にまで回復，1990年半ばに産出高がピークとなった⁶²⁾。1993年以降2008年まで長期に続く回復から好況・繁栄過程でも製造業の産出高は横ばいで，1990年のピークを超えることはあっても大幅に超えることはなかった（**終章・図4-2を参照。またこの理由は本章第6節で示す**）。

この期間の生産性上昇（1988年の2万114ポンドから1990年の2万8846ポンド）は，設備投資の増加による産出高の増大が起こったことを媒介にして生じ，雇用者は1988年と1989年の2年連続で前年より若干であるが増加（またこの2年で7万9000人増）した。そして，雇用の若干増加と並んで，「平均所得の増大基調は1987年から穏やかに始まり，そして1987年初期から1988年の末までの18カ月で年間7.5％から9％に上昇した⁶³⁾」と指摘されているように，生産性上昇の成果の配分として実質賃金の上昇も起こった。設備投資による産出高の増大・雇用の増加→生産性上昇→賃金上昇という動きから，この期間の資本蓄積は設備投資による産出高増加による生産性増大が生まれ，それらが雇用増加・実質賃金の上昇をもたらすという日本の資本蓄積と類似する軌道に入り，「ポジティブ」な脱工業化の蓄積軌道に転化したように見えた。だが，この資本蓄積による好況・繁栄過程は2年半という短命で終了した。

繁栄過程が進行する中で需要が急速に拡大し，その一方で1980年代前半の大企業の規模縮小・生産のキャパシティ不足による供給不足——需給ギャップとそれを埋めるための輸入拡大が起こり，経常収支の赤字拡大——や熟練労働不足が顕在化する。その結果，1989年になると物価や賃金が次第に上昇し，1990年にはインフレ率が再び10％台となった。そこで，この物価上昇を抑制するために利子率の引き上げ（利潤率を押し下げる）が行われた。高インフレ率と熟練労働不足による賃金の引き上げは単位労働費用の上昇を生み出し⁶⁴⁾，そこから利潤率低下が導かれると，同時にインフレ抑制のための利子率

の高騰をもたらした。その結果，設備投資を伴った繁栄過程は1989年末には行き詰まり，上で述べたように1990年半ばには産出高が低下し，再び不況に入った。[65]

4.4 雇用減少による生産性上昇の1990～92年期間とそれ以降

　1990年代初期の不況は1990年夏に，産出高の抑制とともに急速に景気後退へと突入していった。その激しい不況も1992年の秋頃から景気回復への明るい兆しが見られ，それは1993年に入っても確認された。[66] 1995年に景気ははっきりと回復過程に入った。したがって，この1990年代初期の不況は1990年半ばから92年までといえる。製造業における資本蓄積を簡単に見ると，産出高は1990年を100とすると1990年以降低下し，1992年に最低の94.9となる。再び1990年水準を超えるのは1994年であり，その水準は100.8である。だが，この産出高実績は他のＧ７諸国よりも大きく下回っている。固定資本投資（1990年価格）は1990年に142億2700万ポンドであったが，それ以降1993年まで継続して低下し，1993年は112億3000万ポンドになっている。それ以降1995年まで固定資本投資は増加しているが，その大きさは1990年水準を超えていない。これは固定資本を基軸にする景気回復ではないことを示す。同時に製造業雇用者（GB）は1990年に461万人で，1994年には78万人減少の382万人となっている。1995年からの回復過程でも雇用は横ばいである。製造業の生産性は1990年以来継続的に増大し，1900～92年の生産性は8.4％の増大で，1994年には1990年から19％の増大となっている。[67] 製造業の生産性上昇は，固定資本投資拡大→産出高増加・雇用停滞→生産性上昇ではなくて，産出高の停滞→雇用削減→生産性上昇を媒介にしている。しかもVAT登録の製造業企業数は1991年の17万社から1993年に16万社へと１万社減少している[68]ことから，雇用者の削減が単に既存企業の雇用削減に終わらず，企業の倒産・事業所閉鎖を含む製造業の縮小を媒介にしていることがわかる（1980年代初期には雇用削減は大幅に行われていたが，企業の開業数も多く増加した）。上で指摘した２つのタイプの資本蓄積の前者が1990年代前半の不況においても行われているのは明らかである。1990年代前半の不況と回復過程を見ると，企

第1章　雇用削減による生産性上昇の資本蓄積　57

表1-4-9　1997〜2001年の生産性・産出高・雇用の増大

(%)

	労働時間当たりの産出高	産出高	投入労働
経済全体	10.8	17.4	6.6
生産部門	15.1	3.6	-12.5
製造業部門	14.2	2.7	-11.5

出所：Coffey, D. and Thornley, C., (eds)(2003) *Industrial and Labour Market Policy and Performance*, p.23.

業は設備投資主導ではなく，再び雇用削減による生産性上昇の追求を契機に回復している。[69]

　1980年代に確立した産出高低迷・雇用縮小からの生産性増大という資本蓄積方法は，望外と考えられるほど生産性の伸びが大きかったので，既に指摘されたように「奇跡」として一躍注目され，しかも賞賛された。というのは，この生産性の上昇メカニズムから製造業部門で高い利潤が実現したことから，この資本蓄積は1980年代の成功体験として一部で評価されたからである。1990年代に入ってもそれは，資本蓄積の1つとして選択対象として選ばれ，それ以降も貫徹していった。1990年代の不況期でも，そして1997年に新労働党時代に入った好況過程でもその蓄積様式は用いられ，少なくとも2007年まで続いた。例えば1997〜2001年の5年間はC.オートンによると，製造業の産出高の増大は2.7％で「最低の増大に過ぎ」なかったが，投入労働量は11.5％のマイナスとなっているために，生産性増大は14.2％である（表1-4-9）。他方で，労働者1人当たりで見た固定資本増大率は「他のG7諸国よりも後れを取っている」[70]。やはり，新労働党時代にも生産性上昇は雇用者減少に大きく依拠している。

5　個人消費主導の景気回復

　前節で，1980年代の生産性上昇が産出高低迷・雇用減少から生まれていること，そしてその生産性上昇メカニズムが1982〜87年に定着した――それか

らの生産性上昇が一部で「奇跡」として高い評価が与えられていた——こと，そして2007年までそれが維持されたこと，を明らかにした。本節では，このメカニズムを確立させた1982年から1987年までの景気回復はどのような要因によってもたらされたのかを解明する。景気回復過程の推進力は上で見たように，高利潤を源泉とする生産性上昇をもたらす設備投資・固定資本投資ではなかった。また，政府はインフレ抑制と市場重視の立場から景気刺激政策を積極的に発動しなかったので，それは政府の景気刺激策の結果でもない。製造業財の貿易収支は，1983年に産業革命以来初めてであると言われる赤字に転じ，1987年には経常収支も赤字となったことを踏まえると，輸出主導の景気回復も起こっていない。それは，個人消費の拡大による景気回復であった。そこで，個人消費の拡大の過程を本節では取り上げることとする。

5.1 個人の可処分所得の増大

1979～87年期間に私的部門の可処分所得は年平均14.1％の増大を示し，同期間に個人の貯蓄率は急速に低下している[71]。両者が結合して個人消費が拡大し，その拡大によって景気回復が主導された[72]。1979～82年には，製造業とサービスの両部門で企業破綻や事業所閉鎖による投資の減退と大量の失業者の発生がもたらされたので，**表1-5-1**からわかるように，「所得（GDP）」が連続してマイナスであり，「投資」も大きく落ち込む中で個人の実質可処分所得は1981年と82年には減少していった（**図1-5-1**）。しかし，1980年と1981年の個人消費は1950億ポンドと横ばいで増大率を0.1％増と低迷せざるをえなかった。だが，景気後退による消費の底割れはなんとか防がれている。その理由として，**表1-5-2**である「個人所得と支出」の「政府の給付金」項目から読み取れるように，政府給付金の増大が1979年の210億ポンドから1982年の310億ポンドに増加した。それは主に大量の失業者の発生による失業給付と貧困者に対する生活支援給付の増加によってもたらされた。この個人所得の増大と貯蓄から引き出された資金——1980年がピークの13％であった貯蓄率はそれ以降低下している（**図1-5-2**）——による個人消費の拡大がからくも景気を下支えていた。

表1-5-1 全産出高と支出

(10億ポンド, 1985年価格)

年	所得(GDP)	私的消費支出	政府支出	投資	輸出	輸入
1979	92.9	195	70	56	89	84
1980	90.3	195	71	53	89	81
1981	89.0	195	71	48	88	79
1982	90.1	197	72	51	89	83
1983	94.0	205	73	53	91	88
1984	96.6	209	74	58	97	97
1985	100.0	217	74	60	103	99
1986	103.0	229	75	61	107	106
1987	108.1	241	76	67	112	114
1988	113.1	258	77	76	113	128
1989	115.7	268	77	79	119	140
1990	116.4	273	79	80	123	139
1991	113.9	271	81	71	125	135

増大率 (%)

年	所得(GDP)	私的消費支出	政府支出	投資	輸出	輸入
1980	-2.8	0.1	1.6	-5.4	0.0	-3.4
1981	-1.4	0.1	0.3	-9.6	-0.7	-2.8
1982	2.1	1.0	0.8	5.4	0.8	4.9
1983	3.4	4.3	2.0	5.0	2.2	6.5
1984	2.7	1.8	1.0	8.6	6.5	9.8
1985	3.6	3.7	0.0	3.9	5.9	2.5
1986	3.0	5.6	2.1	1.9	4.2	6.7
1987	5.0	5.4	1.2	8.8	5.1	7.6
1988	4.7	6.9	0.4	13.1	0.7	12.2
1989	2.3	3.8	0.3	4.9	5.1	9.7
1990	0.6	1.7	2.6	1.3	3.4	-0.7
1991	-2.1	-0.7	2.5	-11.3	1.6	-2.9

注:政府支出は時価である。
出所:Healey, M., (ed) (1993) *Britain's Economic Miracle*, p.44.

表 1-5-2　個人所得と支出

(10億ポンド，1985年価格)

年	賃金と給与	政府の給付金	他の個人所得	個人の可処分所得 (時価)	個人の可処分所得 (1985年価格)	貯蓄率 (%)
1979	98	21	34	136	222	12.2
1980	117	26	38	161	226	13.1
1981	125	31	43	177	224	12.5
1982	133	37	48	192	223	11.4
1983	142	40	52	206	228	9.8
1984	152	43	57	221	233	10.5
1985	165	47	61	240	240	9.8
1986	179	51	67	259	248	8.5
1987	194	53	74	279	257	6.9
1988	215	54	86	307	270	5.4
1989	237	56	95	334	279	7.1
1990	276	62	114	385	301	9.2

増大率 (%)

年	賃金と給与	政府の給付金	他の個人所得	個人の可処分所得 (時価)	個人の可処分所得 (1985年価格)	
1980	18.4	22.0	14.5	18.1	1.6	
1981	7.4	22.4	10.6	10.3	−0.8	
1982	6.5	17.1	12.0	8.3	−0.4	
1983	6.8	8.9	9.2	7.3	2.3	
1984	6.7	8.0	8.7	7.4	2.2	
1985	8.7	8.7	8.4	8.2	2.8	
1986	8.4	8.6	9.8	7.6	3.7	
1987	8.4	3.4	10.2	7.3	3.6	
1988	10.9	3.1	15.5	10.1	4.9	
1989	10.3	2.9	10.3	8.8	3.3	
1990	16.4	10.7	20.0	15.3	7.8	

出所：Healey, M., (ed) (1993) *Britain's Economic Miracle*, p.46.

図1-5-1　個人所得

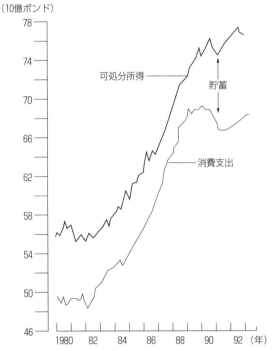

出所：Curwen, P., (1994) *Understanding the UK Economy*, p. 50.

　1983年以降は，不況からの脱出が明瞭となるにつれて個人の実質可処分所得が「急速に上昇し始めた」[73]こと，そして同時に貯蓄率も継続的に低下したために「私的消費支出」が拡大している（表1-5-1参照）。1987年においても，依然として「私的消費の拡大が景気上昇の中心的位置を占めたままであった」[74]。

　このような持続的な私的消費の拡大を生んだ第1の要因は個人の可処分所得の増大で，それは1979～88年の私的消費の拡大の3分の2を占める貢献を行っている。さらに，この可処分所得の増大の「約4分の3」を占めるのが，「利子，配当，レント」と「社会保障給付」からの所得の増大である。生産性上昇による利潤の増大が，「個人部門によって保有されている資産から生

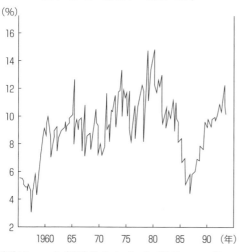

図1-5-2 貯蓄率・1958～93年

出所：Curwen, P., (1994) *Understanding the UK Economy*, p.54.

まれる果実の増加[75]」に導き，産業投資の極度の弱体化となったのである。それに対して「個人所得と支出」の中の項目で最大部分を占める「賃金と給与」は，「1980年代を通して実質賃金の継続的増大[76]」しているが，可処分所得の増大への貢献では小さく，その増大は1979～87年で年に0.2％[77]に過ぎず，私的消費拡大への貢献は「ほとんどない[78]」状況である。というのは，J. ウェルスの計算[79]に従うと，雇用者（フルタイム労働者の減少とパートタイム労働者の増加）による所得減少の大きさは1979年から87年の間で8.9％のフルタイム雇用者の所得減少に匹敵する大きさで，それが1人当たり雇用者の可処分所得（1985年価格）の11.7％の増大をほぼ相殺しているからである。

5.2 個人の貯蓄率の低下

個人消費の継続的拡大の第2の要因は，個人の貯蓄率の継続的で急速な低下である。OECDによると，個人の貯蓄率は1980年のピークの水準から1987年（第3と第4四半期）には「1959年以来最低の水準」である「4.25％となり，……1980年のピークから11％ポイント[80]」も下落していた。このような継続的に低下していった貯蓄率による個人の消費の拡大が景気回復で大きな役割を果たした。「1979年から1988年までの私的消費の拡大の3分の1は，貯蓄率の低下からの影響である[81]」。

5.3　個人消費の刺激政策

　第3の要因は，上述の個人消費を刺激する政府の政策が遂行されたことである。1983年に始まった第2期サッチャー内閣による財政刺激政策の拡大や，金融緩和政策の一環として個人向けクレジットの与信枠規制の廃止が実施され，これらの2つの政策は個人消費の拡大を可能にする環境の整備などの役割を果たした。実際，それらの2つの政策と貯蓄率の低下の結合は個人消費を確実に拡大し，個人消費主導の景気回復へと導いた。さらに，サッチャー政府の積極的な民営化政策（株価の上昇）や公的住宅の払い下げ政策（住宅価格の上昇）に伴う資産増加が1980年代末には「ローソンブーム」を呼ばれ，バブル現象を生む消費の急激な拡大を生み，景気刺激要因として作用し好況・繁栄局面に押し上げた。

5.4　個人消費主導の景気回復の限界

　以上のような「借り入れ資金で支払われた消費ブーム，配当や利子の所得からの消費ブーム，そして国家給付からの消費ブーム[82]」によって生まれたサッチャー政府下の個人消費主導の景気回復は，「異常なもの[83]」である。

　このような個人消費を基盤にした「異常な」景気拡大政策は，1990年代初期不況から脱出した1993〜2008年期間でも堅持されていた。しかし，そこには大きな問題点をはらむ。第3章で見るように，1990年代以降のイギリス企業は，多数の労働者をフレキシブルな労働環境におくこととなり，低賃金のままでグローバリゼーション時代の競争に対応しようと努めている。その結果，企業における労働者は低賃金で雇用主のフレキシビリティの追求にさらされ，ますます不安定な雇用におかれることとなる。このような状況では，「フレキシビリティと［雇用の］セキュリティとの間の対立が，市場経済の必要性と彼らの生涯生活の保障の確かな見通し（certainty）との対立」（［　］は櫻井）に転化する[84]。個人消費を支える人々で貸付対象となっている人々の多くが低い可処分所得である賃金で，雇用不安定におかれたままとなっている。またはテンプラリーな労働に就いているので，本来ならばこのような労働者は貸し付け対象には不適切な人々といえる。それにもかかわらず，景気

図1-5-3　可処分所得に対する個人債務比率

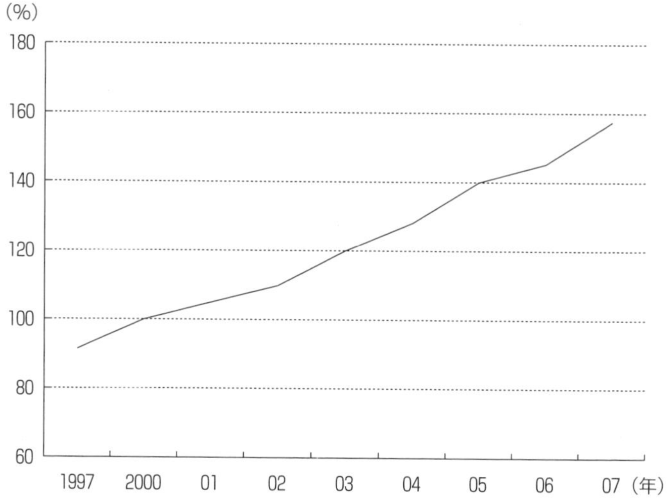

注：可処分所得に世帯債務が占める比率
出所：Lansley, S., (2011) *The Cost of Inquality*, p.175.

回復過程とともに貧困のファミリーや個人への住宅や消費クレジットの新しい貸付額が拡大され，また政府もその過程を容認していた。

その結果，S.ランスレィによると，住宅購入や消費者クレジットに伴う，新規貸し付けは2004年から若干下落したけれども，個人債務の全体的な水準は顕著な上昇を続けていた（図1-5-3）。個人債務は1993年の5740億ポンドから2008年初めには1兆8000億ポンドに増大した。[85] 貸し付けは，ほとんど貯蓄を持たない，または有形の資産をほとんど持たない社会の貧困層にある人々にも行われ，彼らを金融リスクに陥らせた。ランスレィによると，所得に対する債務の比率が2007年で45％であったが，その数字は1981年の3.5倍となっている。また，「2008年にホーム取り戻し権の人数が4万人まで増加し，それは2005年のその数値の2倍であり，その一方で支払い滞納の世帯数は18万3000となった。イングランドとウェルズにおける個人破産は1990年代の年平均2万2000人から2007年の10万6700人に，そして2008年には12万人まで増大した」[86]。その結果，貧富の格差は急速に拡大した。「2006～2008年に人

口の3％近くの人々はゼロまたはマイナスの富を持っていたが，その一方で最富裕の10％は7390万ポンド未満を持っていた。最富裕の10％は，最貧困の10％より100倍以上豊かであった[87]」。

　個人消費ベースの景気拡大は雇用削減に基づく資本蓄積の推進を大きく制約することは明らかである。

　1980年代初期からのより不安定な労働環境――失業の広がり，賃金の悪化，そしてより大きい稼得所得の不安定性――は，金融的な不確実さ，負債そして生活苦難へと，景気変動にほんろうされる人々の増加へと導いた。同時に，貸し付けもまたより低い職のファミリーにまで広がり，そして膨張し，経済におけるデフォルトのリスク水準は，銀行システムの脆弱性とともに並んで上昇した。個々人はフレキシブルで雇用削減による雇用不安におかれた。それがまた個人の負債の増大となり，その連鎖の重大な結末は，賃金の下落，または失職と結び付けられた金銭上の苦難のリスクの増大となってくる。このリスクは，所得不平等の拡大による社会の最貧困層がほとんど貯蓄を持たない，または有形の資産の方法をほとんど持たないという事実によって，その層の生活は悪化させられている。

　1980年代末から2008年の20年間，イギリスの個人消費中心の景気回復の経済戦略は次のような三重の命題で構成されていた――高く上昇する消費，低い下落する賃金シェア，そして借り入れの水準の上昇。このモデルは一時的には成長と雇用水準を維持するのに役立っているが，しかし他の豊かな諸国のどこよりも大きい債務の山を創出し，そしてマイナス財産価値を急激に上昇させることによってのみ維持される。2007年秋，最終的にローザンロック銀行の破たんは継続不能なモデルであったことを示した[88]。

6　資本蓄積による長期的発展を妨げる諸要因

　1982年からの雇用減少による生産性上昇とそれによる利潤率増大に基づいた資本蓄積が，設備投資主導の産出高の増加，それに伴う賃金上昇・雇用増加，さらに生活水準の上昇へと導く，本格的で長期的な発展軌道になぜ展開

しなかったのか，なぜ短期で (1988〜1990年半ば) それは終了したのか，を解明する必要がある。好況・繁栄局面が短期間で終わるのは，一定水準にまで産出高が増大すると，その増大を抑制する諸要因が強く働くためである。本節では有力な抑制要因を3つ挙げて検討する。

6.1 熟練不足による産出高の抑制

抑制要因の1つは熟練労働力不足である。

景気回復が強まり産出高の増大が強まると，次第に熟練不足が強まり，それが産出高の増大を抑制するという状況は，1973年以来イギリスでしばしば起こっている。イギリス産業連盟 (CBI) によるアンケート調査の中の「どんな要因がこれから4カ月で産出高の足枷となりそうですか[89][90]」という質問に対する回答に従うと，1973年の産出高がピークとなったとき，回答した製造業企業の51%は熟練不足が産出高を抑制する要因としている。次の産出高のピークとなった1979年の前年に行われた同様の調査でも，その比率は1973年水準ほど大きくないが，27%が同様の回答をしている[91]。1960年代や1970年代の熟練不足は景気好況の一局面で顕在化するが，景気が後退するとともにそれは消え去るので，「神出鬼没 (will-o'-the-wisp)」で「短期的な傾向[92]」のものとして把握されていた。そして，それは「価格調整によって克服することができる需給間の一時的な不均衡[93]」であると，従来はみなされていたのである。

1980年代初期の大量の企業破綻・事業所の整理による急激な産出高の低下は，すべての領域の熟練需要を低下させた[94]。1982年からの経済回復過程の初期では熟練需要を増大させたが，外注化 (フレキシビリティ) の推進の下で事業所の縮小が押し進められたために，小規模化した企業にとって訓練を雇用者に与えることは大きな費用負担を強いることとなった。そのために企業自身が熟練養成に向かうことはより少なくなり，外部労働市場に熟練の調達を求めた。だが，景気回復過程が進展し産出高が徐々に増加するにつれて，熟練不足が目立ってきた。製造業会社で熟練不足から産出高を抑制していると回答した企業は，1982年には2.5%に過ぎなかった[95]が，1984年頃から熟練不足が顕在化し始め，続く景気回復過程である1983〜86年には「平均9%前

表 1-6-1 熟練労働不足によって産出高が抑制されている会社の比率

(%)

産　業	1984	1985	1986	1987	1988	1989	1990
食料，飲料そしてタバコ	1.8	4.5	1.3	0.8	4.0	2.0	4.0
化　学	1.5	2.3	1.0	3.5	9.0	4.0	5.0
金属製造	1.5	3.0	1.3	3.5	13.0	16.0	3.0
エンジニアリングと関連産業	12.8	19.8	16.3	20.3	28.0	38.0	28.0
機械エンジニアリング	7.8	12.8	12.3	15.3	25.0	38.0	38.0
電子と設備エンジニアリング	28.8	36.5	31.5	38.3	35.0	59.0	33.0
自動車と他の運輸設備	3.8	13.8	7.5	7.8	23.0	19.0	12.0
金属生産物	7.8	10.0	9.5	15.8	27.0	27.0	22.0
繊　維	20	26.0	21.5	26.3	33.0	29.0	33.0
その他製造業	7.3	9.3	12.5	14.3	15.0	23.0	12.0
全サンプルに占める比率	9.0	13.3	11.8	14.5	20.0	25.0	18.0

出所：Dore, R. and Edmonds, J., (1991) *Improving Britain's Industrial Performance*, p.28.

後」に増加した。そして，1987年と1989年の繁栄局面におけるそれの割合はそれぞれ14.5％と25.0％で，その期間で「平均20％前後」であった（表1-6-1）。だが，この時点でも企業側ではまだ，熟練不足が深刻な問題としては把握されていなかった。しかし，1988年（10月）のピークでそれが28％となったとき，熟練不足が産出高抑制の要因として明瞭に企業に認識された。1989年6月に行われた同調査も，25％が熟練不足を挙げている。また，部門別に熟練労働の不足問題を見ると，一部の分野で急激にその深刻度を増大させている。特に「電子と設備エンジニアリング」部門は深刻で，1989年に59％にもなっている。1980年代に，ME革命と言われるエレトロニクス産業を中心に新産業が勃興した。そこで必要となる新熟練人材をも外部労働市場からの調達に企業は頼った。そのために「電子設備部門」の熟練不足は，先に見たようにとりわけ深刻となったのである。

　以上のように，1980年代末の繁栄過程における熟練不足は深刻な産出高増加の抑制要因となっていた。このような状況で1988年のように，投資がいっ

たん拡大され雇用も増加すると,「忍び寄るように」進行するのが賃金上昇である。P. ロビンソンによると,1987年初めから1988年末の18カ月の期間で,平均所得増大率が7.5％から一気に9％に高まった[98]。その結果,単位労働費用の上昇が引き起こされ,1989年のそれは前年比3.6％の上昇であったが,1990年には8.9％となった（表1-4-4）。これはコスト・プッシュ・インフレを熟練不足が引き起こしたことを意味した[99]。そのために,雇用増加から生まれる賃金支払い総額の増大によって企業の単位労働費用を押し上げる要因として熟練不足は現れ,最終的に利潤率を押し下げる結果となった。このために熟練不足は企業の投資促進の足かせとなり,製造業の投資水準を低位のままに押し留めたのである。1990年半ばから産出高が鈍化し始め,景気後退が明らかとなった。熟練不足による単位労働費用の上昇は利潤率低下となり,景気後退の引き金となったのである。

　1990年代に入っても熟練不足は解決されていない。1995年4月の好況過程で,10企業の中で1企業の比率で熟練不足を挙げている。熟練の形成と存在が労働過程で不可欠となるグローバルな競争において（第3章を参照），熟練不足の深刻さは他の主要国よりもイギリスがより大きい。例えば,「1993年にドイツでは徒弟制度に就いている人が200万人以上であるのに対して,イギリスは25万人であった[100]」ことから,その後れの大きさを推定することができる。また,産業部門別に熟練不足を見ると,熟練不足の存在は製造業が圧倒的に大きくて,先のCBI調査で30％以上の企業が熟練の不足を指摘している自動車産業部門やエンジニアリング部門では特に深刻である。熟練労働量と技術革新の速さとの間には「相互依存[101]」の関係がある。それゆえ,現在の労働力不足は,先端技術の採用や普及の「主要な妨げ[102]」となっており,雇用主が現在直面している課題の「主要なもの」となっていることは間違いがない。

　1980年代後半からイギリスで人的資本理論が展開され,現在も熟練形成のために人的投資の必要性がますます強調される根拠がここに存在する[103]。だが,このような「経済学者が『人的資本』と呼ぶものを発展させる必然性が存在するにもかかわらず,職業上の資格をまったく持っていない労働力がド

イツで26％であるのに対してイギリスは64％[104]」も存在している。これらの問題を生み出した主要な理由の1つは、企業がビジネスに影響を与える様々な要因の中で熟練労働力に対しては最も投資を怠ってきたこと[105]、2つ目は、現在の先進国の製造業が必要としている熟練労働と現存の職業教育システムが養成する能力との「ミスマッチ」が生まれていること[106]、である。これらの諸要因は短期的に解消できるものではないから、この熟練労働力の不足は長期化せざるをえない[107]。

熟練不足に対するサッチャー政府の政策は一筋なわではいかない矛盾した側面を持っていた[108]。その1つの側面は、小さい政府を目指していた政府が規制緩和を行い、労働市場への国家介入を減らすことに努めていたことである。サッチャー政権が発足すると直ちに1979年予算が決定していた訓練予算の一部を削減し、続いて「マンパワー委員会 (MSC)」や「産業別職業訓練組織 (ITBs)」——両者とも「コーポラティズム的三者構成の原則[109]」に立つ機関である——の縮小・廃止を順次遂行した。これらは小さい政府の追求の側面の典型的な現れである。

他方は逆に、介入を強める側面である[110]。主要な競争相手国と比べてイギリスが貧弱な経済実績となっている原因は国民の熟練水準の低さにあるという認識が広がるにつれて、熟練の引き上げを求める政策的な関心の高まりが見られた[111]。また、1980年代前半に出現した若者失業の高い水準によって、彼らに対する訓練に政府は積極的な介入を行うべきであるという主張が支持されたためである。前者の側面からその政策は従来からの訓練政策に対する攻撃として現れてくる。『1983年白書：新訓練イニシァティブ』は、20年前から存在した訓練目的から大きく離反している点をその特徴としている。サッチャー政府以前の訓練政策は、徒弟制度に見られるように鍵を握っている職業関連の熟練の増大に関心を集中的に寄せていた。それは、本質的にクラフト熟練の養成であり、産業間で移転可能な熟練の形成であった。このような熟練は幅広い範囲の産業によって使用されていた。

それに対して、サッチャー政府の「若者訓練制度」は失業対策という側面が強く、それは普遍的に利用可能となる汎用的な熟練を得る訓練を主に行う

試みであった。それゆえ，この訓練の提供は，就労可能となる訓練の質と内容を必ずしも保証せず，雇用と確実に結びつけられていなかった。むしろ，企業が必要とする熟練とそのための訓練や再訓練は雇用主の負担の下で行われ，人材の調達は基本的には市場メカニズムによって賄われるべきであり，政府はそれらに直接に介入すべきではないという立場であった。訓練政策として政府が介入するとき，介入に潜む合理性は，訓練改革が労働組合の制約的な労働慣行を弱体化させる試みに決定的に重要であるという点や労使関係の改革と明らかに結びついている点に存在していた。そこで，労働改革が一段落し，労働組合のパワーが弱体化し，失業者の数が大幅に低下した1988年の『白書：雇用のための職業訓練』は人的資源投資が競争の鍵となってくるとその重要性を指摘しているが，それが具体化され，その実績が評価される前にサッチャー政権は幕を閉じたのであった。1980年代に訓練生や一部の熟練者の増加を見たが，サッチャー政府による政策は熟練不足のための根本的な熟練養成対策はとらなかった。

多くの論者によってイギリスの熟練不足問題を先進国——主にドイツ——と比較して，主要な問題点が指摘されている。S.プライスは労働者の職業上の有資格を基準にして（表1-6-2），大学以上の資格を持つ者，義務教育のみの者，そしてそれらの中間資格の者に分けて分析している。ドイツと比べたイギリスの持つ1つの問題点は，無資格者が大量に存在し他方で高資格者は先進国並みに存在するので，中間資格者層が極度に少ないことである。1987年時点で中間資格者の比率は27％であるのに対して，ドイツは64％を占めている。1976年と1986年時点の無資格者の比率はそれぞれ64％，65％で，ほとんど変化していない。それに対して，大卒程度の高資格者は6％から10％に増大している。その結果，中間資格者が30％から27％に低下している。この数字は，イギリス経済の貧弱な経済実績の主要な原因の1つとして「義務教育後の貧弱な職業教育訓練の提供」を挙げる指摘の正しさの裏づけを表現している。

もう1つの問題点は，従来から存在する高資格者の分野別の分布と産業界が要求する人材の需要との格差，いわば高資格人材の需給ギャップである。

表1-6-2　イギリスの労働力資格水準のドイツとの比較

	イギリス		ドイツ	
	1976年	1988年	1978年	1987年
全　体				
大学資格（a）	6	10	7	10
中間職業資格（b）	30	27	60	64
無資格（c）	64	63	33	26
製造業				
大学資格	3	7	3	6
中間職業資格	29	31	61	64
無資格	68	62	36	29
非製造業				
大学資格	7	11	9	12
中間職業資格	31	26	59	63
無資格	63	63	32	25

注：1976年は1974～78年サーベィの平均数値である。
　　a は大卒や大学資格の専門機関に所属した者
　　b はクラフトと技能者
　　c は職業上の資格を持たない者
出所：Prais, S., (ed) (1990) *Productivity, Education and Training*, p.17.

イギリスの高資格者[116]の人数は他の先進国に見劣りしない水準に達しているが，彼らの多くが自然科学を専攻し，産業界の要求するエンジニアリング部門を選好する者の数が少ないことである。これは産業の発展に対する「ボトルネック」となっている[117]。さらに，これらの2つの問題点に加えて，1980年代初期以降のバイオテクノロジーの進展やEM革命の出現，そして1990年代の情報革命という一連の新技術発展がそれらの新しい産業に携わる技術者の養成の高まりとなっている中で，それに対応できていないイギリス教育の現状である。それらの分野の高学歴の技術者や熟練労働力不足は相当に深刻である。これは第3の熟練不足の問題を生んでいる。

6.2 生産と消費の乖離

　長期的な経済発展を妨げる第2の要因は，生産と消費の乖離の拡大とそこから生まれるインフレである。これは，1970年代のインフレがコスト・プッシュ・インフレであったのに対して，次元を異にしたインフレである。既に指摘したように1979〜81年の製造業企業の破産，事業所の閉鎖，そして外注化などによるダウンサイジング（規模縮小）は，主に製造業における大企業の生産キャパシティを急激に縮小させた。それが大幅な産出高の低下の原因となるのみならず，製造業の競争上の基盤——規模の経済がもたらす競争上の優位性——そのものにも大きなダメージを与えた。1982年以降の景気回復過程で緩慢な生産回復が起こったとはいえ，それは産出高の緩慢な増大——大企業では縮小の継続——の原因となった。設備投資を伴う生産性上昇の競争ではなく，労働縮小という産業「合理化による」継続的な生産性上昇に企業が走ったことが，この産出高の緩慢な増大の必然的な結末である。「奇跡」ともてはやされた生産性上昇と比べるとあまり注目されていないが，他の工業国と比べると1979〜88年期間におけるイギリスの産出高の伸び悩みは非常に深刻である。イギリスの産出高の増大率は，G7諸国の中で第6位のフランスに次いで下位に位置し，OECD諸国（20カ国）で第18位——イギリス以下はスペインとギリシャのみ——であった[118]。

　このような産出高の低迷と企業のダウンサイジングの下で，個人向け信用の拡大や貯蓄率の低下による急速な個人消費が拡大し，その消費内容も多様化したので，製造業製品に対する需要は急膨張した。その結果，製造業部門商品の生産と消費の激しい乖離が必然的にもたらされた。1988年からの好況・繁栄期にはそれの乖離が拡大され，増幅されるにつれて物価は押し上げられた。1990年にはそこから惹起された10％台の高いインフレ率が発生した。

　製造業とサービス部門の生産拡大は，J.ウェルスによると[119]，両者が連動して動くのではなく，それぞれ別個の資本蓄積方式で独自に動いている。1979〜1988年第4四半期の間の産出高増大はわずかに10.0％で，GDP（1985年価格基準）に製造業産出高が占めるシェアは27.1％から24.4％に低下している。

それに対してサービス部門は，1982年以来産出高が同期間に約28.8％増大し，1979～87年でGDPに占めるサービスの産出高シェアは55.8％から58.7％に増大している。この産出高の両部門間の大きな格差は投資の相違から生まれている。1988年のサービス部門への総固定資本投資が「1979年よりも約85.3％」の増大を示しているのに対して，製造業では「1979年水準をわずかに超える」水準に過ぎなかった。いわば，サービス部門の固定資本投資増加によって産出高増加と雇用の増加（8.7％増）——主にパートタイム労働形態での雇用増加であるが——をもたらした。それに対して製造業は，雇用削減（-7.6％）による資本蓄積であった。まさに，サービス部門の資本蓄積は製造業のそれと異なる，別個の発展軌道の設備投資増加→産出高増大→雇用増加である（1986年の「金融ビッグ・バン」を端緒にした金融サービス産業の発展が大きな役割を果たしている）。

　生産に関する両部門のあたかも対立しているかのような資本蓄積の中で両部門における消費支出[120]の拡大を見ると，1979～88年で経済全体の消費の増大は31.0％であるが，製造業財への消費支出とサービス消費の増大はそれぞれ57.8％，50.9％となっている。これらの2部門の商品に対する所得弾力性はそれらの部門以外のそれと比べると高く，消費支出全体の伸びの内それらは88.3％（それぞれサービスで47.0％，製造業財で41.3％）を占めている。このように消費支出の増大率ではサービスへの支出が製造業製品へのそれを若干上回っているが，その差は「大きなものではない」[121]とされている。それゆえ，消費支出の増大という点で両部門は同じ程度であるとすると，生産における付加価値や雇用者別に見た両部門は消費部門の支出の動きとは異なる。既に見たように脱工業化の趨勢を顕著に示すように大きな乖離が進行している[122]。国内支出の動きからすると，「イギリスが製造業からサービスへの支出パターンの脱工業社会に移行となっている兆候はまったく見当たらない」[123]のである。製造業財に対する消費支出で，最大の増加をした商品は「自動車・オートバイ」（20.5％）で，続いて「女性衣料」（15.8％），「スポーツとレクリエーション用の財」（12.1％），「電器製品（テレビ，ラジオ，ビデオ，音響設備）」（10.7％）などがそれに続いている[124]。このように製造業製品の中心は耐久消費財であ

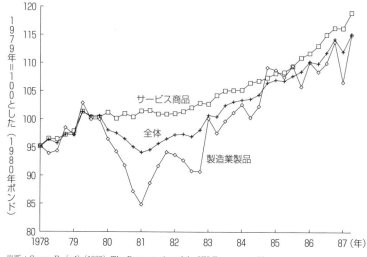

図1-6-1　国内支出に占める製造業製品とサービスの変動

出所：Green, F., (ed) (1989) *The Restructuring of the UK Economy*, p. 35.

り，「耐久消費財への実質的な消費は1980年代に急激に増大している」[125]。それに対してサービスに対する消費は1980年代半ばから急上昇した（図1-6-1）。

　以上のように，1979～88年の状況はサービス商品に劣らない製造業財への消費支出の堅調な拡大と，それに伴う需要の多様化が一方で進行し，他方で製造業の産出高が停滞している。これは，当然の結果として，製造業の企業の生産キャパシティ不足からの供給不足を生み出す。つまり，産出高が停滞する中で個人消費の急激な拡大が生じたために，必然的に生産と消費の乖離が起こり，しかもそれが継続化したためにその乖離が深刻化するとともに物価上昇を急速に惹起してきたのである。

　この需給不均衡を解消するかのように，国内では生産部門の企業数（登録）が1979年以来大幅に増加し，1990年末で31.3％の増大であった[126]。大量の失業者の存在も自営業となるように働きかけられ，自営企業数は1979年水準よりも1987年までに3分の1増加し，純ビジネス数は週平均500社の増加――これらには1980年代後半のサービス部門の自営業者の増加も当然含む――を示

していた。また、1980年代後半に急増した対英直接投資も、その生産と消費の不均衡を緩和するように供給増大に加わった。しかしながら、これらの不均衡を解消する動きにもかかわらず、過少投資からくる資本の生産キャパシティ不足が深刻で、それを解消するにはいたらず、先に指摘したように製造業財の過少生産と消費急増・ニーズの多様化のギャップの拡大は、それらの商品価格引き上げを惹起した。それでも、一部の製造業製品は依然として供給不足状況におかれ、それを解消するために輸入に頼らざるをえなくなった。実際、1983年に製造業財の貿易収支は産業革命以来初めて赤字を体験した。

6.3　経常収支の赤字

　正常な資本蓄積の拡大を妨げた第3の要因は、第2要因である生産能力の縮小と消費の拡大によって必然的に導かれる輸入増加による貿易収支の悪化と経常収支の赤字である。イギリスの貿易収支は1983年から継続的に赤字であり、1990年に入っても続き、現在まで継続している。その額は1987年から1989年まで一貫して増大している。それが最高となる1989年の赤字は245億9800万ポンドで、1983年の約16倍と急増している。1986年頃（95億5900万ポンド）から赤字はとりわけ急増し始め、景気の好況・繁栄局面でさらにその増大が加速化され、1987〜89年期間で115億8200万ポンドから245億9800万ポンドへと2倍以上となっている。貿易収支の赤字急増の影響から経常収支も1987年から赤字となり、同期間は41億5900万ポンドから204億400万ポンドに5倍近くに増大している。経常収支の赤字の急増は貿易収支の赤字の結果である。

　次に、経常収支の数字は製造業製品の貿易収支とどのように関連するのかを検討する。1979〜81年の貿易収支は1979年の33億4200万ポンドの赤字から32億5100万ポンドの黒字に転じ、経常収支も同様に赤字（4億5300万ポンド）から黒字（67億4800万ポンド）に転じている。1981年の経常収支は1980年代で最高の黒字幅である。両者の黒字への転化には、1979年の第2次石油ショックによる価格の急上昇と北海石油の大量の輸出による黒字のみならず、製造

業製品の貿易収支も改善され黒字に貢献している。というのは，ポンドの過大評価による輸出へのマイナス要因にもかかわらず，産出高の落ち込みによる「製造業製品の国内消費の低下，特に資本設備やストックへの支出の低下があまりに大きかったので，その低下は現実の産出高の下落を上回っていた」[130]からである。その結果，製造業財の輸入が抑制され製造業貿易収支の黒字が生まれたのである。

　しかし，1983年以降「個人消費主導」の景気回復が起こり，その過程で産出高も緩慢ながら増大するが，国内消費がそれ以上に拡大したために，つまり国内の生産と消費の乖離が拡大し，それを埋め合わせるために製造業製品（特に完成品）の輸入が急激に増大し，貿易収支は，先に指摘したように1983年に赤字を体験した。それ以降赤字が続き，しかもほぼ一貫して増大を続け，1986年に経常収支の赤字をもたらした最大要因である[131]。したがって，1984年は経常収支にとって新しい時代を意味していた。1987～89年の経常収支の大幅な赤字は，景気が好況・繁栄局面を迎えると，企業の投資が本格化し（1985年価格でこの期間は670億ポンドから790億ポンドに増加し，1987年と1988年の増大率はそれぞれ8.8％，13.1％である），それに合わせて輸入も同期間に1140億ポンドから1400億ポンド（増大率は1988年と1989年でそれぞれ12.2％と9.7％である）に急増した（輸出は同期間で1120億ポンドから1190億ポンドに増加したに過ぎない）[132]。

　1989年以来，1990年代後半に一時的に経常収支が良好となった時期が存在した。それは1992年のERM（European Exchange Rate：欧州為替相場メカニズム）からの離脱に続くポンド切り下げの影響が大きい。財の輸出は年当たり4.5％増大したが，その一方で輸入も3.3％増大したものの輸出を下回る増大であったために，1990年代半ばに貿易赤字は年に100～150億ポンド水準で再び安定した。他方で，サービス貿易が1990年代に増大し，経常収支は再び1997年に黒字となった。しかしながら，次に続くポンドの上昇と1997年のアジアの金融危機のために，輸出需要は弱体化し経常収支は1999年に再び赤字に戻った。経常収支の黒字化の期間は一時的なもので短かった。それ以降，経常収支の赤字が現在まで続いている。それを導いている第1の要因は製造

業製品の輸入の増加である。

7　結びにかえて:イギリスの生産性上昇メカニズムが内包する諸問題

　1979年以降，UKの産出高の急激な低下は1981年に転化し始めたが，「その上向き軌道は常軌を逸した」[133]ものであった。製造業部門の雇用削減から生産性を上昇させるメカニズムは，主に3つの方向でイギリス経済が抱える問題を先鋭化させた[134]。

7.1　不平等の拡大

　第1の方向は，国内の不平等の拡大である。雇用削減に基づく生産性上昇の資本蓄積は国民を貧者グループと富者グループとに分裂させ，「2つの国民」を生み出した。この不平等の大きさは，先進国の中ではアメリカを除くと最大であると言われている[135]。不平等の進展は，大雑把に言うと，保守党政権下で，特に1980年代に急速に拡大し，新労働政権下では高止まりしていると言ってよい。この趨勢は当然の結論であって，上で見たように生産性上昇メカニズムが製造業雇用の長期にわたる大幅削減を媒介にしているので，この過程では必然的に失業者が大量に生まれ，かつそのメカニズムが確立された1980年代には失業率の高い水準が長期に持続した（1987年まで2桁の失業率）。その結果，国民の一部に窮乏化が急速に進行することになったのである。例えば，『平均所得を下回る世帯；統計分析1979～1988／89年』[136]によると，1979年の平均所得を下回る人は全人口の59％を占めていたが，1988/89年には62％に上昇し，所得分布で最低所得10％に当たる人が占める全所得のシェアは，1979年に4.2％であったが，1988/89年には3.2％に低下している。また，「補助給付（Supplementary Benefits）」受給者は，1979年に297万人であったのが，1985年には477万人に増加している（1.5倍の増加）[137]。この給付対象者から年金対象者（男性65歳，女性60歳以上）を除いた者への政府支出は，1979/80年14億9600万ポンドから1984/85年で58億2200万ポンドに増加（3.9倍）している。また，同期間に支出される失業手当ては6億8100万ポンドから16

億3200万ポントに増加（2.4倍）している。長期で大量である失業によって生まれたジョブレス世帯や貧困世帯の生活は，公的な給付に強く依存せざるをえない。国民の中で給付に依存する者と雇用者との間で，大きな生活水準の格差が出現している。

　また，フルタイム雇用者内部の賃金で明瞭な格差が生じたために，低賃金者層が拡大した。フルタイム成人雇用者間においても所得格差が広がっている。1983～90年の間でマニュアル成人の時間当たり総所得の分布状況を見ると，最下位10％所得グループに入っている男性（女性）成人の所得は，同期間に227.2（女性175.6）ペンスから360.4（292.6）ペンスへと1.6（1.6）倍に増大しているのに対して，最上位10％のそれは639.3（462.9）ペンスから1168.5（882.2）ペンスで1.8（1.9）倍となっている。その結果，メディアンに対する所得比率は男性（女性）で69.3（66.9）％から60.5（62.0）％に低下している。最下位10％とメディアンや上位10％との所得格差は広がっている。C.ジョンソンによると，1979～89年で最上位10％の実質賃金の増大は年平均5.2％の上昇であったが，最下位10％はわずか1.7％に過ぎなかった。そのために，それらの間の格差は3.9倍から5.5倍に拡大した。製造業部門の雇用者は男性で，マニュアル労働者が多い。そのために，マニュアル雇用者間の賃金格差の拡大は男女間でジニ係数の上昇の差として現れる。

7.2　失業・雇用の地域間格差

　第2の方向は，地域間で失業と雇用の発生頻度で大きな格差が出現していることから，国内の北部地域と南部地域の間の「南北分裂」と言われる現象が生まれたことである。製造業は，全国的に均等に立地しているのでなくて，一部の特定地域に工業地帯として集中しているので，国民の貧困化もその地域に集中することになる。1980年代初期の不況で，失業率を地域別に見る（表1-7-1）と，1979年にUK平均（4.3％）を上回る地域は北部地域とその周辺地域に集中し，高い順に上げると北アイルランド（8.2％），北部地方（6.8％），スコットランド（6.1％）と続いている。逆に低いのは南東地方（2.7％），東アングリア（3.3％），東ミットランド（3.5％）である。1985年では，

表1-7-1　地域別年平均失業率（季節調整済み）

(%)

年	1979	1980	1981	1982	1983	1984	1985	1986
UK	4.3	5.4	8.5	9.8	10.8	11.1	11.3	11.5
北部地方	6.8	8.5	12.2	13.6	14.9	15.7	15.8	15.7
ヨークシャとハンバーサイド	4.4	5.8	9.4	10.7	11.7	12.1	12.4	12.7
東ミットランド	3.5	4.7	7.7	8.8	9.8	10.2	10.2	10.3
東アングリア	3.3	4.1	6.6	7.7	8.3	8.2	8.4	8.8
南東地方	2.7	3.3	5.7	7.0	7.8	8.0	8.3	8.4
南西地方	4.2	4.8	7.1	8.1	9.0	9.3	9.6	9.7
西ミットランド	4.2	5.8	10.4	12.2	13.1	13.1	13.0	12.9
北西地方	5.3	6.9	10.6	12.4	13.7	14.0	14.2	14.4
ウェルズ	5.7	7.3	10.8	12.4	13.2	13.6	14.2	14.3
スコットランド	6.1	7.6	10.4	11.7	12.6	13.0	13.4	13.8
北アイルランド	8.2	9.8	13.1	14.7	16.0	16.4	16.7	18.3

注：1982年と1983年で失業手当申請者の定義が変更された。
出所：CSO, *Annual Abstract of Statistics*, 1988年版, 114頁より作成。

UK平均が11.3％で，高い地方が北アイルランド（16.7％），北部地方（15.8％），ウェルズと北西地方（14.2％）であるのに対して，低水準は南東地方（8.3％），東アングリア（8.4％），南西地方（9.6％）である。1979年で失業率の高い北部地域と低い南部地域では2倍を超える失業率格差があり，1985年でも北部地域と南部地域のそれは存続し，拡大している。また，バーミンガムやコベントリーのような重工業産業や自動車産業のような工業地帯を抱える西ミットランドでは，同期間に4.2％から12.9％に急増し，3倍以上となっている。1980年代を通じてこのような失業率の地域的分布から，イギリスが失業率の高い北部地域と低い南部地域に分裂していることは明らかである。

逆に雇用創出の議論からすると，本来なら生産性が急速に上昇し，失業率が高まっているのであるから，製造業部門で賃金抑制と利潤増大から競争力が回復し，資本蓄積が促進され，長期的には雇用が増加する（上述の第3の

表1-7-2　1979年〜90年の地域別雇用変化

(千人)

	雇用者			自営業者
	生産と建設業	サービス	全体	
南東地方	-664	846	165	547
東アングリア	-29	150	111	77
南西地方	-78	256	173	160
東ミットランド	-169	190	12	104
以上，南部地域	-940	1442	461	888
西ミットランド	-336	198	-144	130
ヨークシャとハンバーサイド	-279	209	-82	137
北西地方	-368	119	-250	112
北部地方	-187	58	-133	37
ウェルズ	-127	89	-40	75
スコットランド	-240	129	-129	87
以上，北部地域	-1537	802	-778	578
全体（GB）	-2477	2244	-317	1466

出所：Cloke, P., (ed)(1992) *Policy and Change in Thatcher's Britain*, p.150.

特徴で見た日本のように）と考えられる。しかし，現実はそうではない。製造業（1980年産業分類2-4）の就労者は，1979年の726万人から1987年まで継続的に減少し512万人となり，1987〜88年の繁栄期に増加しているが，1989年には再び若干減少して519万人となっている。1979〜1989年に製造業は，1980年代前半に「経済的奇跡」であると言われるぐらいの急激な生産性上昇にもかかわらず，雇用は200万人を超える減少となっている。つまり，製造業が立地していた地域では，製造業の生産性増大→競争力強化→資本蓄積の増大→雇用増加のメカニズムが起こっていないのである。

地域別の雇用者の分布（表1-7-2）を見ると，1979〜90年に生産部門と建設部門（産業分類1-5）の雇用者が南部地方で94万人，北部地方で153万7000人減少し，しかも北部地域は南部地域の1.6倍の雇用減である。しか

し，南部地域は，サービス部門の144万2000人という大幅の雇用増加によって生産部門の減少部分を相殺し全体として46万1000人の増加である。それに対して北部地域のサービス部門の増加は80万2000人と小さく，「生産と建設業」の減少部分を相殺することができず，全体として77万8000人のマイナスである。このような北部地域の高失業率・雇用減少と，南部地域の低失業率・雇用増加の著しい対立は，地域的な「南北分裂」として生活水準など多様な格差として現れざるをえない。

7.3 貿易収支の赤字

第3の方向は，製造業の衰退から貿易収支の赤字の発生とその増大である。その大きさは成長抑制の大きな要因として存在している。

製造業部門の産出高低迷・雇用減少の下での生産性の急上昇が，他の競争相手国に対する競争力を回復させるのではなくて，予想に反して後退させていることである。1979年までの貿易収支の赤字は[142]，石油価格の上昇と北海油田の輸出のおかげで解消し，1980年から黒字に転化した。ポンド高にも影響されて国内需要に占める輸入が占めるシェアは[143]，1979年の26.9％から1982年29.0％に急上昇している。次に，1983年から景気回復に伴って需要拡大が起こると，貿易収支は赤字に転落し，しかもほぼ継続的にその幅を増大させていった。1983〜89年（景気のピーク）の間で貿易収支の赤字は15億3700万ポンドから246億8300万ポンドへと10倍以上急増している。貿易収支の赤字は，1986年から継続的な経常収支の赤字へと導いた。その主要な要因は，製造業の完成品の輸入増加である。製造業製品（特に機械や運輸設備）は，同期間に449億3700万（同202億6100万）ポンドから960億2900万（同467億9500万）ポンドに増大し，また国内需要に占める輸入のシェアは，1979〜89年で26.9％から36.7％に増大している。このように製造業製品，特に完成品の輸入が急増加している。ウェルスによると，「世界における製造業製品輸出にイギリスが占めるシェアは，1960年代，1970年代を通じて傾向的に低下し，1980年代初期にさらに2％下落した。1980年代後半には安定化した[144]」。以上のように，生産性上昇が最も顕著な製造業で，競争力を強化され，輸出シェ

アが上昇するのではなく，まったく逆である輸入増加の現象が起こっている。つまり，イギリス特有である産出高低迷下の生産性の上昇は，所期の狙いのイギリスの競争力を高めるのではなく，貿易収支で見る限りでは後退させる結果となっている。

1) 経済全体の中で製造業の雇用縮小は先進国に共通する事象であるから，そこに問題点が存在するとしない見解もある。
2) カルドアの法則はBazen, S. and Thirlwall, T., (1997) *UK Industrial and Deindustrialization* と McCombie. J., (2002) *Productivity Growth and Economic Performance*, pp.86-87. を参照。
3) Nolan, P. and Walsh, J., (1995) "The Structure of the Economy and Labour Market", Edwards, P., (ed) *Industrial Relations*, p.57.
4) Ibid.
5) 同時期にサービス部門の産出高も低下した。ただし，それは製造業のそれを下回った。
6) Rowthorn, B., (1986) "De-industrialisation in Britain", Martin, R. and Rowthorn, B., (eds) *The Geography of De-Industrialisation*, p.7. や Arrowsmith, J., (2010) "Industrial Relations in the Private Sector", Colling, T. and Terry, M., *Industrial Relations*, 3 ed, p.179.
7) Rowthorn, R. and Wells, J., (1987) *De-Industrialisation and Foreign Trade*.
8) B. ローソンによる説明に依拠している（Martin, R. and Rowthorn, B., (eds)(1986) *op.cit.*, p.11を参照）。
9) この時期の脱工業化理論は *Ibid.*, pp.8-30. を参照している。
10) 例えば，1980年代後半に日本からの製造業への対英直接投資が急増し，雇用を増加させた（第2章を参照）。また，2000年代にはイギリスの移民の動きが活発で，「2015年度の純移民増加数は33万人強と過去最高」（『日本経済新聞』2016年5月5日）となった。
11) 最近，日本の製造業の雇用者は増加し，2017年8月に7年ぶりに1000万人台を回復した。海外に立地した工場が日本に回帰する傾向があるからである（『日本経済新聞』2017年9月30日）。
12) 好況過程に入った1988年には，わずかであるが，製造業部門の雇用者が増加した時期が存在した。これは日本からグリーンフィールドへの対英直接投資による影響が大きい（第2章参照）。
13) 日本におけるこの論調の代表は日本経済新聞社編（2007）『イギリス経済再生の真実』日本経済新聞出版を参照。
14) Finanncial Times, 20. June. 2005. を以下で『フィナンシャルタイムズ』'05, 6/20. と記す。
15) Coutts, K. and Rowthorn, B., (2007) "Structural Change under New Labour",

Cambridge Journal Economics, Vol.31, No.6, p.846.
16) Lansley, S., (2011) *The Cost of Inquality,* p.69.
17) Diamond, P. and Kenny, M., (2011) *Reassesing New Labour,* s.29.
18) 付加価値が占める比率は，OECD, (1997) *The OECD Historical Statistics, 1960-1995,* OECD, p.65. と同書，2000年版を使用している。2007年の数字はChadha, J., Chrystal, A., Pearlman, J., Smith, P. and Wright, S., (2016) *The UK Economy in the Long Expansion and its Aftermath,* p.33. からである。
19) 1999年の数字はDTI, (2002) *The Government's manufacturing Strategy,* p.11.
20) Aldcroft, D., (1991) "Technical and Structural Factors in British Industrial Decline 1970 to the Present", Mathias, P. and Davis, J., (eds) *Innovation and Technology in Europe,* p.116.
21) OECD, (1997) *op. cit.,* p.63.
22) Wilkinson, F., (2007) Neo-Liberalism and New Labour, *Cambridge Journal of Economics,* Vol.31, No.6. p.829.
23) 『フィナンシャルタイムズ』'05, 6/20.
24) *Ibid.*
25) Kitson, M. and Wilkinson, F., (2007) "New Labour", *Cambridge Journal of Economics,* Vol.31, No.6 .p.809.
26) CSO, (1991) *Annual Abstract of Statistics 1991,* pp.110-112.
27) CSO, (2000) *Annual Abstract of Statistics 2000,* p.89.
28) 産業分類が1992年から変更されているので単純に比較できない。
29) 櫻井幸男 (2002)『現代イギリス経済と労働市場の変容』青木書店，第3章参照。
30) ONS, (2000) *Labour Market Trends,* April, ss.6-8.
31) Gregg, P., and Wadworth, J., (eds) (1999) *The State of Working Britain,* p.50.
32) Chapman, P. and Temple, P., (1998) "Overview: The Performance of the UK Labour Market", Buxton,T. Chapman, P. and Temple, P., (eds) *Britain Economic Performance,* 2 ed, pp.305-307.
33) 日本の生産性上昇運動は，このメカニズムを想定した労使協調の運動である。
34) Glyn, A., (1995) "Stability, Inegalitarianism, and Stagnation", Epstein,G. and Grintis, M., (eds) *Macroeconomic Policy after the Conservative Era,* p.41.
35) Barrell, R., Mason, G. and O'Mahony, M., (2000) *Productivity, Innovation and Economic Performance,* p.149. 同書によると，1970~90年の生産性（労働者当たりの付加価値）は年平均1.9.％であり，製造業の生産性は3.0％，そしてサービス部門は0.5％である。1973~79年ではそれぞれ1.7％と0.7％で，1979~89年では3.7％と0.8％であるとしている。
36) W.ハットンによると，製造業の生産性上昇は「年4％に飛躍」(Hutton, W., (1995) *The State We're In,* p.97.) している。
37) National Institute of Economic and Social Research〔NIESR〕, (1995) *The UK Economy,* p.7. 同書によると，1960年代の2.7％である。
38) Coates, D., (ed) (1996) *Industrial Policy in Britain,* p.8.

39) Rowthorn, B., (1989) "The Thatcher Revolution", Green, F., (ed) *The Restructuring the UK Economy*, p.292.
40) Wilkonson, F., (2007) "Neo-Liberalism and New Labour Policy", *Cambridge Journal Economics*, Vol.31. No. 6 p.823.
41) McCormick, K., (2000) *Engineers in Japan and Britain*, pp.118-119.
42) Glyn, A. and Harrison, J., (1980) *The British Economic Disaster*, p.131.
43) 塩沢由典 (1965)「生産性運動の意義と課題」日本生産性本部編『日本生産性運動10年の歩み』17頁。
44) Glyn, A., (1995) *ibid.*, p.41.
45) Glyn, A., (1989) "The Macro-Anatomy of the Thatcher Years", Green.F., (ed) *The Restructuring the UK Economy*, p.73.
46) 1990年代の不況期は1980年代不況とほぼ同様の事態が進展し，指摘した独自の生産性メカニズムが貫徹した。2008年のリーマンショック以降，産出高は低下したが，雇用は相対的に大きく低下していない。当然，生産性はあまり上昇していないが，従来からの生産性上昇メカニズムが進行するかどうかの結論はもう少し時間を要する。
47) 失業者は1979年に130万人であったが，それ以降増加を続け1983年には300万台に乗り，それが1987年まで続いた (ONS, (1997) *Economic Trends Annual Supplement 1997*, No.23.)。
48) 英国病の原因としてP.クラークの指摘を参照 (Clarke, P., (ed) (1996) *UK Economy*, p.25)
49) Toporowskim, J., (1989) "The Financial System and Capital Accumulation in the1980s", Green, F., *op. cit.*, p.254.
50) Kitson, M. and Michie, J., (1996) "Manufacturing Capacity, Invesutment, and Employment", Michie, J. and Smith, J., (eds) *Creating Industrial Capacity*, p.37.
51) Johnson, C., (1991) *The Economy under Mrs Thatcher 1979-1990*, p.233.
52) *Ibid.*, p.7.
53) *Ibid.*, p.6.
54) CSO, *Report on the Census of Production.* の1981年版と1982年版より。
55) Crafts, N., (1991) "Economic Growth", Crafts,N. and Woodward, N., (eds) *The British Economy since 1945*, p.285.
56) Begg,I. and Rhodes, J., (1982) "Will British Industry Recover?", *Cambridge Economic Policy Review*, Vol. 8, No 1, p.19.
57) *Ibid.*
58) Department of Employment, (1991) *Employment Gazette*, May, s.52.
59) Sisson,K., (1990) *Personnel Management in Britain*, pp.23-24. K.シーソンはもう1つのアプローチを提示する。それは付加価値を増大させる活動で，技術革新を行うか，または労働改革によって生み出されるとしている。イギリスの場合，上で見たように固定資本投資は抑えられているので，後者の労働改革による付加価値生産の増大への道を選んでいる。この点は第3章で述べる。ここで問題なのは第1のアプローチで，それは大企業の対外直接投資の動きである。

60) イギリス対外投資の大きさ調査は Sisson, K., *ibid*. からである。
61) 1988年からの好況過程における大きな投資の増大も，1980年代前半の投資のマイナスを回復する水準に留まっていた。
62) OECD, (1993) *OECD Economic Surveys 1992-1993 United Kingdom*, p.10.
63) Robinson, P., (1996) "Skill Shortages and Full Employment", Michie, J. and Smith, J., (eds) *op.cit.*, p.103.
64) 1987年の産出高価格の上昇は4.4%であり，そのうち単位労働費用の貢献は0.3%であったが，1990年には前者が6.1%で，後者の貢献は4.1%に増大した（Curwen, P., (1992) *Understanding the UK Economy*, 2 ed, p.76）。
65) OECD, (1993), *op. cit.*, p.10.
66) 『フィナンシャルタイムズ』'93, 4/26.
67) 産出高，雇用者，生産性，そして固定資本については，ONS, (1997) *Economic Trends, Annual Supplement*, 1997年版より引用。
68) CSO, (1995) *Size Analysis of United Kingdom Businesses 1994*, PA1003, p.19. 1980年代初期の不況ではVAT登録企業ではその数を減少させていない。
69) VAT登録企業は，拙著 (1998)「1980年代のイギリス中小企業の分析」『経営経済』第33号を参照。Buxton, T. and Lintner, V., (1998) "Cost Competitiveness, the ERM and UK Economic Policy", Buxton, T., Chapman, P. and Temple, P., (eds) *op.cit.*, p.438.
70) Oughton, C., (2003) "Industrial Policy and Economic Development", Coffey, D. and Thornley, C., (eds) *Industrial and Labour Market Policy and Performance*, pp.23-24.
71) Glyn, A., (1989) ibid., Green, F., (ed) *op.cit.*, p.67.
72) 個人消費の動向は「総所得よりも個人の可処分所得によって規定される」（Curwen, P., (1992) *op.cit.*, p.46）ので，ここでは可処分所得の動きを中心に個人消費の大きさを考えている。
73) Curwen, P., (ed) (1997) *Understanding the UK Economy*, 4 ed, Macmillan, p.49.
74) OECD, (1988) *OECD Economic Survey United Kingdom 1987/88*, OECD, p.10.
75) Glyn, A., (1989) ibid., Green, F., (ed) *op.cit.*, p.77.
76) Green, F., (1989) "Evaluating Structural Economic Change", Green, F., (ed) *op.cit.*, p.16.
77) Glyn, A., (1989) ibid., p.67.
78) Ibid.
79) Ibid., p.68.
80) OECD, (1988) *op.cit.*, p.11.
81) Glyn, A., (1989) *ibid.*, Green, F., *op.cit.*, p.66.
82) *Ibid.*, p.77.
83) Ibid.
84) Colling, T. and Terry M., (eds) *op.cit.*, p.31.
85) Lansley, S., (2011) *The Cost of Inequity*, p.174
86) *Ibid*.

87) *Ibid.*
88) *Ibid.*
89) CBI (Confederation British Industry) による熟練調査は製造業の雇用主を対象に行われ，40年以上の長い歴史を持っている。この調査は，熟練不足に対する長期にわたる動向や回答率の高さから見て，最も信頼しうる調査である (Robinson, P., op.cit., p.98.)。また，対象が製造業に限られているが，P. ロビンソンによると，製造業の熟練不足は，経済全体のそれの代用となりうるとしている。
90) CBI, (1989) *Managing the Skill*, CBI, p.13.
91) Sentence, A. and Williams, N., (1992) "Skill Shortages and the CBI Industrial Trends Survey", Bosworth,D., Dutton, P. and Lewis, J., (eds) *Skill Shortages*, pp.119-120.
92) Senker, P., (1992) "Skill shortages and Britain's International Competitveness", Bosworth, D., Dutton, P. and Lweis, J., *ibid.*, p.10.
93) *Ibid.*, p. 2., Layard, R. Mayhew, K. and Owen, G., (1994) *Britain's Training Deficit.*
94) McNabb, R. and Whitfield. K., (eds) (1994) *The Market for Training*, p.20.
95) Curwen, P., (ed) (1992)., *op.cit.*
96) Robinson,P., (1996) "Skill Shortages and Full Employment", Michie, J and Smith, J., (eds) *op.cit.*, p.104.
97) Dore, R. and Edmonds, J., (1991) *Improving Britain's Industrial Performance*, p.28.
98) *Ibid.*, p.102.
99) P. ロビンソンによると，1987～89年の所得平均増大部分に対する熟練不足の影響は「1.5％ポイント」引き上げたに過ぎないので，あくまで「マージナルなもの」であるとする (Robinson, P., (1996) op.cit., pp.103-104)。
100) Hutton,W., *op. cit.*, p. 8 .
101) Lewis, J., (1992) "Technological and Change and Skill Shortages", Boswoth, D., Dutton, P. and Lewis, J. (eds) *op. cit.*, p.69.
102) Noman, P. and Marginson, (1988) "Skating on Thin Ice?: David Metcalf on Trade Unions and Productivity", *Warwick Paper in Industrial Relations*, No.22, IRRU., p.10.
103) Storey, J., (ed) (1995) *Human Resource Management*, p. 3 .
104) Hutton, W., *op.cit.*, p. 8 .
105) CBI, *ibid*, p.18.
106) Payne, J. (1991) *Women Training and the Skill Shortage*, p. 2 .
107) 『フィナンシャルタイムズ』'00, 10/ 5 .
108) Rainbird, H., (1990) *Training Matters*, p.13.
109) 毛利健三 (1999)「雇用政策」毛利健三編『現代イギリス社会政策史』東京大学出版会，79頁。
110) Rainbird,H., *op.cit.*
111) Prais, S., (ed) (1990) *Productivity, Education and Training*, p.17.
112) Rainbird, H., *op.cit.*, p.13.
113) 『1988年白書』については，毛利健三，前掲論文，74-77頁を参照。

114) Prais, S., (ed) *op.cit.*
115) Chapman, P., (1994) "Investing in Skills", Buxton, T., Chapman, P. and Temple, P., (eds) *Britain's Economic Performance*, p.160.
116) DTI, (1996) *Competitiveness; Creating the Enterprise Centre of Europe*, p.42.
117) Campbell, A. and Warner, M., (1992) *New Technology, Skills and Management*, p.199
118) Wells, J., (1993) "The Economy after Ten Years", Healey, N., (ed) *Britain's Economic Miracle*, p.100.
119) Wells, J., (1989) "Uneven Development and Deindustrialisation in the UK since 1979", Green, F., *op,cit.*, pp.25-28.
120) 消費支出の分析も Ibid., p.40. によっている。
121) *Ibid.*
122) Bazen. S. and Thirlwall, T., *op. cit.* の第2章を参照。
123) Wells,J., (1989) op.cit., p.102.
124) Wells, J., (1989) op.cit.,p.41.
125) Curwen, P., (eds) *op.cit.*, p.45.
126) Daly,M., (1991) "VAT Registrations and Deregistrations in 1990", *Employment Gazette*, November., p.583.
127) DTI, (1988) *DTI the Department for Enterprise*, Cm. 278, p. 2.
128) 1980年代後半に日系企業の直接投資が注目を浴びた。1988～90年に約80の製造業会社がイギリスに進出した。しかし，それを過大に評価することは危険である。1988年末で日本対英直接投資の資産（簿価の純資産）は4％に過ぎず，第1位は40％を占めるアメリカであった（Curwen, P., (eds) *op,cit.*, p.193)。
129) 1980年代の貿易外収支は一貫して黒字で安定し，1982年の30億2200万ポンドと1986年の68億800万ポンドの範囲で変動している（CSO, (1991) *Pink Book* の表1.1を参照）。
130) Wells, J., (1989) op.cit., p.47.
131) この期間製造業製品の貿易収支が赤字に陥りそれが継続しているとき，世界市場におけるイギリス輸出シェアが増大し，1950年以来続いたシェア低下に歯止めがかかり，一部には逆転したのではないかと言われた。これこそ，イギリス独自の生産性上昇方法と，そこから生まれる生産と消費の乖離の問題の表れである。
132) 投資や輸出入に関する数字は，Britton, A., (1993) "The Economy the 1980s", Healey, N., (ed) *op.cit.*, p.44. の表2.1からのものである。
133) Bratton, J., (1992) *Japanization at Work*, p. 3.
134) 以下で述べる3つの方向以外にも重要なものがある。例えば，脱工業化である。GDPに製造業が占めるシェアは，「1979年の28.4％から1984年の23.8％に劇的に低下していた」(Barker, T. and Forssell, O., "Manufacturing, Services and Structual Change, 1979-1984", Driver, C. and Dunne, P., (1992) *Structural Change in the UK Economy*, p.14.)
135) Gosling, A. and Lemieux, T., (2004) "Labor Market Reforms and Changes in Wage Inequality in the United Kingdom and the United States", Card, D., Blundell, R. and

Freeman, R., (eds) *Seeking a Premier Economy*, p.275.
136) DSS, (1992) *Households below Average Income;A Statistical Analysis 1979-1988/89*, HMSO. pp. 1 - 2.
137) CSO, (1988) *Annual Abstract of Statistics*, No.124, p.54.
138) *Ibid.*, p.45.
139) Johnson, C., *op.cit*, p.233.
140) 北部地域は北東，北西，そしてヨークシャーとハーバーサイドの各地方で，中部地域は東ミットランド，西ミットランドの各地方で，南部地域は南東と南西，東アングリアの各地方であり，周辺地域はスコットランドとウェルズ地方である。南部地域と，それ以外を北部地域として大雑把に捉え「南北分裂」と呼ぶ。
141) 就労者数は，Central Statistical Office, (1994) *Annual Abstract of Statistics*, No.120, と No.121 (1995) を使用している。
142) CSO, (1988) *op.cit.* と CSO, (1994) *Annual Abstract of Statistics*, No.130. を使用する。
143) CSO, (1986) *Annual Abstract of Statistics*, No.122, p.225.
144) Wells, J., (1993) *op. cit*, p.99. J.ウェルスは1980年代後半のシェアについて少し注釈をつけ，1980年代は少しシェアが上昇しているかもしれないが，うんざりするほど聞かされた経済的奇跡からすると無視しうる程度の大きさであるとしている。

第2章
日本の対英直接投資とイギリスの資本蓄積

はじめに

　本章では，日本からの対英直接投資が1979年以降，特に1980年代後半から1990年代半ばまでの期間でイギリスの資本蓄積に与えた影響を取り上げる。前章で明らかにしたように，イギリスの生産性上昇と資本蓄積，特に製造業のそれは1979年以降，産出高一定・雇用減少を通じて生産性上昇が実現されるという独自なメカニズムを持っていた。そのような蓄積にとって対英直接投資，特に日本の投資がどのような意義を持つのかを明らかにするのが，本章の狙いである。

　海外直接投資（以下，FDIとする）は，通常，ホスト国にとって3つの主要な利点を持っている。第1は，対内直接投資を受け入れることで，新しい生産方法や技術がホスト国に持ち込まれ，それによってその国の地元企業に競争力がもたらされ（当然であるが，競争に敗れ，消滅する企業も存在する），その国で先端の新しい生産方法の導入と普及が図られ，新しい経済発展の可能性を生むという利点である。第2は，そのホスト国へのFDIによって雇用が新たに生まれ，ホスト国に雇用増加をもたらすという利点である。この点は，FDIが「雇用のエンジン」と言われ[1]，そのためにホスト国の政府は自国の雇用創出の役割を対内FDIに期待する。第3は，国内生産で賄えない国内消費向けの財やサービスを，従来は輸入によって賄っていたのが，FDI形態で進出した多国籍企業がホスト国で生産するようになれば，ホスト国にとって輸入がそれだけ削減され経常収支の赤字が減少することになる。さらに，その多国籍企業が輸出に貢献する事態になれば，輸出による黒字がホスト国にもたらされ経常収支の黒字化にも貢献するという利点である。これら

表2-0-1 UKの製造業部門における外国所有企業 (年間平均)

(%)

	1973〜79年	1981〜89年	1990〜97年
総付加価値	17.4	18.5	23.9
純資本支出	18.1	22.2	30.9
全雇用	12.8	13.8	17.4

出所：Pain, N., (2001) *Inward Investment, Technological Change and Growth*, p.11. より作成。

の諸利点から対内直接投資や多国籍企業の進出は「経済成長のエンジンである」と言う。

これらの利点を踏まえると，前章で見たように，独自の脱工業化を進行させ，そこから製造業の雇用減少や経常収支の赤字問題を抱えるイギリスにとって，対内FDIはそれらの諸問題の緩和や解消の上で大きな効果を持つと考えられる。実際に，製造業における在英外国企業が占めるシェアは1970年以来高まっている。それがイギリス製造業に占める大きさは，1990〜97年の年間平均で見ると総付加価値で23.9％，純資本支出で30.9％，そして雇用全体で17.4％を占める（表2-0-1）。2006年末の対英直接投資残高のGDP比率は44.6％で，それらは大きな存在であり，その中でアメリカが13.5％を占め，日本がわずか2.5％であるのと比べるとその存在はずば抜けて大きく，他の諸国を上回る[2]。製造業部門ではもちろんのこと，経済全体にとっても対英直接投資の存在はイギリス経済に欠くことができない水準となっている。上で述べた諸利点を狙って，サッチャーをはじめ歴代政府は海外からの直接投資導入に積極的であった。新労働党政府も社会民主主義の立場からするとその導入が問題をはらむことを認めながらも，これらの諸利点を考えると外国投資を引き付け続けることができるように，それに合わせた経済政策——例えば，公的支出，税，そしてビジネス規制——をあえてとってきた[3]。

このようなイギリスにおける対内直接投資に対する高い評価や期待に対して，1980年から1990年代半ばまでの期間に日本の製造業投資が急増し，ジャパナイゼーション（以下，日本化とする）とアカデミックやジャーナリストの世界で騒がれた。この日本の対英直接投資はイギリス経済の資本蓄積——第1章で展開した資本蓄積——にとってどのような意義を持つのか，特に，イ

ギリスの製造業衰退やそこでの雇用削減に対してどこまで効果があったのかを本章では主に取り上げ，検討する。

1 1980年代のFDIの全体的な動き

　日本の対外直接投資が急増し，注目され始めたのは1980年代である。その特質を明らかにするために，本節で，まずその期間の世界におけるFDI全体の流れの大きさとその特徴を簡単に指摘する。

　周知のように，フランスのあるジャーナリストの指摘から1960年代にFDIの存在が世界で注目されるようになった。それは1960年代のFDIがGDPの増大率の2倍の速さで増大したからである。だが，1970年代に2回起こった石油や他の商品の価格の急上昇とそこから生まれた経済攪乱で，1970年代のFDIの増大は比較的抑制されたものであった。それが再び急増大するのは，1985年のプラザ合意と新しい為替相場の下で攪乱が収まった1980年代半ば頃である。それはGDPの増大率の4倍以上の速さで増大し[4]，1980年代後半のその急増ぶりは目を見張るものがあった。1980年代のFDIの増大を対外と対内投資に分けてそれらの動きは個別に見ても，両方ともがFDI全体の動きと同様な動きを示し，1980年から増大し，とりわけ1980年代後半で著しい増大が起こっている。ただし，両者の間の大きさの比較では，対外投資が対内のそれをほぼ一貫して上回っている。

　表2-1-1によると[5]，1980年の世界の対外直接投資ストックの総額は5100億ドルであったが，1985年には6700億ドルに，そして1992年には1兆8300億ドルとなっている。対内直接投資ストックでも同じような増大趨勢が見られ，上の各年の大きさはそれぞれ4800億ドル，6850億ドル，そして1兆7000億ドルである。各期間における対外FDIストックで見たその増大の大きさは，1980〜92年では3.6倍，その内1985〜92年では2.7倍であり，また対内FDIストックでもそれぞれの期間に3.5倍，2.5倍となって急増している。

　1980年代に急増したFDIの特徴を取り上げると，第1は，対外と対内の両方のFDIの圧倒的大部分が先進国間（とりわけ，アメリカ，イギリス，日本，

表 2-1-1　海外直接投資ストック：1980年・85年・92年

	対外 FDI（10億ドル）			対内 FDI（10億ドル）		
	1980年	1985年	1992年	1980年	1985年	1992年
アメリカ*	220	251	487	83	185	411
カナダ	23	36	78	52	59	107
ドイツ	43	60	180	37	37	135
UK	79	107	231	63	63	199
ネーデルランド	40	50	118	20	25	78
フランス	14	19	138	16	20	108
イタリア	7	18	54	9	19	49
スイス	22	24	72	9	11	33
日本	20	44	240	3	5	23
9カ国合計	470	610	1600	290	420	1140
他の工業諸国	25	40	160	70	80	230
途上国	8	20	75	120	185	320
世界	510	670	1830	480	685	1700

注：*オランダ領アルチン諸島の金融投資を除いている。
出所：OECD, (1995) *Foreign Direct Investment, Trade and Employment*, p.114. より作成。

ドイツ，フランスのG5諸国）で行われていることである。途上国への対外FDIでは，1980年で80億ドル（1.6%）に過ぎず，1992年でも750億ドル（4.9%）である。途上国への対内FDIでは対外のそれと同程度にまで先進国への集中とはなっていないが，それでも対内FDIにそれが占めるシェアは1980年と1992年の各年で25%（1200億ドル），19%（3200億ドル）に過ぎず，やはり対内FDIでもその圧倒的多数は先進国間で行われている。「20世紀の前半において投資全体の4分の3が途上国に向けられていた[6]」ことや，日本のFDIの多数が1980年代初期までアメリカやヨーロッパ以外の地域であったことを踏まえる（図2-1-1）と，1980年以降のFDIの地域的な分布の形相はまったく以前と変貌している。

第2は，1980年代の対内と対外FDIの両者においてアメリカが占める比重が大きく低下し，アメリカの対外FDIにおけるそれまでの主導的な地位

図2-1-1　日本のFDIの地域別の年間フロー比率

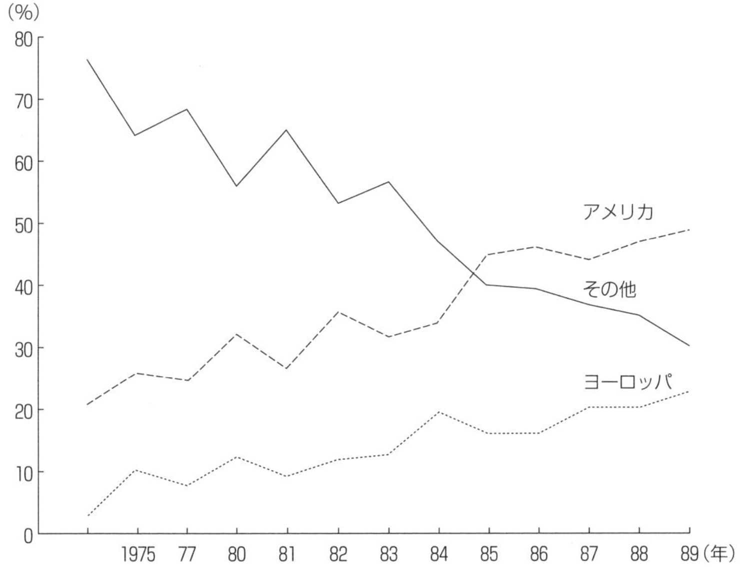

出所：Mason, M. and Encarnation, D., (1994) *Dose Ownership Matter?*, p.181.

が揺らいだことである。対外FDIでアメリカが1980年代前半にはその前の1978～80年時期と比べて半分近くまでその量を低下させた。1970年代までのアメリカのフローで見た対外FDIは対内のそれを上回っていたのに対して、1980年代には両者の関係が逆転し、アメリカはFDIの純資本輸入国となった。それに対応するかのようにアメリカ以外の先進国の、例えばイギリスや日本の対外FDIがアメリカのそれを上回る事態となった。特に1988～89年には日本の対外FDIが上で見たG5諸国の全体の「ほぼ3分の1」[7]を占める大きさまでになり、その地位はずば抜けて大きいものになった。対外FDIの大きさの各国順位のトップがアメリカから、1970年後半以降アメリカに次ぐFDI供給者の位置を占めていたイギリスが、1980年代に対外FDIの純資本輸出者となり、1980年代半ばに一時的にトップに立ち、そして後半には日本へとその首位の座を引き渡している（図2-1-2）。このように1980

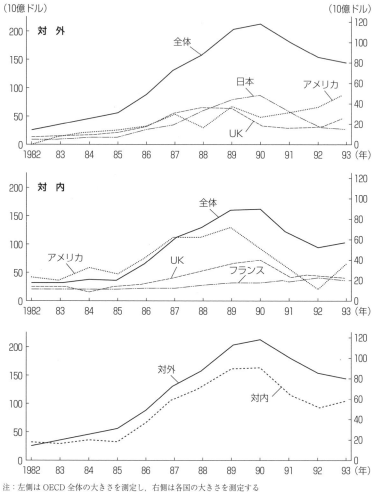

図2-1-2　OECD諸国の直接投資の流れ：1982〜93年

注：左側はOECD全体の大きさを測定し、右側は各国の大きさを測定する
出所：OECD, (1995) *Foreign Direct Investment, Trade and Employment*, p.11.

年代には対外FDIを主導する国が変動し、これらの変動は1980年代以前には見られない特徴の1つである。イギリスは1980年代前半に純資本輸出国となったが、1990年代にはドイツとフランスが純資本輸出国となるに従い、

ヨーロッパにおける有力なFDIの供給源としての地位をドイツやフランスによってとって代わられた。

第3は，対外FDIの産業別構成とその意義が著しく変化していることである。1970年代までは製造業を中心とするFDIであり，日本の場合を見ても，金融サービス部門のそれは製造業の直接投資に追随する次元の性格であった。だが，1980年代半ばからは，金融サービスを中心とするサービス部門へのFDIが製造業のそれの増大の動きから自立して変化し，独自に増大している。この動きを明確にさせたのは，1980年代の「欧州単一市場」形成への動きと1990年代の情報と金融部門の急成長――いわゆるアメリカの「ニューエコノミー」と呼ばれる経済発展――である。この産業構造の変化は，1990年代に対外と対内FDIの両面でアメリカが再び世界をリードすることを意味する。2010年時点ではアメリカの対外と対内の両方のFDIは他の国を圧する大きさとなっている。[8]

2 ヨーロッパへの日本直接投資

前節では，1980年代，特にその後半にFDIは急増し，それ以前と異なる潮流が生まれ，その潮流の主導的役割の一端を日本の対外FDIが担ったことを指摘した。本節では1970年代からの日本の対欧州直接投資の動きを指摘し，その中で日本の対英直接投資の特徴を見る。このような迂回的な手順を踏むのは，イギリス経済が持つ市場の魅力にひかれて日本企業の対英投資が行われたというよりも，ヨーロッパが次第に統合され，ECやEUとして大きな市場が形成され，その大きさの魅力にひかれて日本の投資が行われ，その過程の中でECの構成国であるイギリスが多くの国の中から主要な投資対象国として日本によって選ばれたからである。

2.1 対欧FDIの特徴(1)：市場追求型

日本の対欧直接投資の第1の特徴は市場追求型FDIで，直接投資が輸出と強く結びついていることである。日本の対外FDIの主流はアメリカ向け

である（図2-1-1参照）が，それは1970年代と1980年代の日米貿易摩擦を回避するという狙いを主に持ち，他方，アジア向けの日本の直接投資は「低賃金」を求める投資であった。[9] それに対して，ヨーロッパおよびEC（当時）向けのそれは，ヨーロッパ諸国が日本の対欧輸出攻勢に対処するための関税障壁や「反ダンピング」法の適用を試みる動きを避けるためという投資動機を持ち，ヨーロッパの市場を従来通り確保し，さらにそれを拡大する狙いを持つ日本企業の投資——市場追求型投資——である。

　日本のヨーロッパへの直接投資は当初から輸出と密接な関連がある。その対欧FDIは1960年代末の日本の高度成長後半期の対欧輸出の増大に伴って始まった。当時の製造業の投資はヨーロッパでの現地生産を行うためにというよりも，日本の商品をヨーロッパに輸出するために，製造業者と総合商社の両者がその流通とサービスのネットワークを構築するために直接投資が行われた。1970年代初期からFDIが増加し始めた。これは，1971年のニクソン・ショックによる固定為替相場の崩壊と円の切り上げとそれに伴う日本の賃金上昇，そして1969年に始まった日本政府の資本自由化と海外プロジェクトに対する政府の外貨管理の緩和などの影響を受けている。当時の日本からの輸出品は比較的「精巧な（sophisticated）」商品（例えば，オーディオ機器，カラーテレビ，ベアリングなど）が多く，しかもそれらに対する需要が今後も拡大されると予測されたために，日本の輸出にヨーロッパ側が大きな脅威を感じ，そこでヨーロッパの多くの諸国が輸入抑制的態度を示した。それを克服するためにそれらの輸出商品を中心に日本現地生産が始まった。それゆえ，1972年は投資元年と呼ばれる。[10] 当時の投資企業の代表例は1966年のYKK（1972年に生産開始），1973年のソニーのUKプラントの建設である。これらはそれ以前と異なる日本の直接投資の局面が出現したことを表している。しかし，この時期の直接投資はこれらの実例とは異なり，現地企業とのジョイント・ベンチャー形態でヨーロッパ参入が行われることが圧倒的に多く，また従来のような販売やサービス提供の拡大に伴う直接投資も増大していた。

　1980年代に入ると局面が変化する。ECへの日本のFDIストックは1980年代に急増する。特に後半にそうである。1980年のそれは40億ドルであった

表2-2-1　日本のFDIのECにおけるシェア

(10億ドル, %)

	1980年	81年	82年	83年	84年	85年	86年	87年	88年	89年	90年
ストック全体											
額	4.0	4.8	5.6	6.5	8.2	10.0	13.4	19.6	28.0	38.0	55.3
世界における比率	11.1	10.5	10.4	10.6	11.5	12.0	12.6	14.1	15.0	16.4	17.7
製造業											
額	0.8	1.0	1.2	1.4	1.7	2.0	2.4	3.2	4.6	7.7	12.2
世界における比率	6.5	6.8	6.8	7.1	7.8	8.3	8.4	8.8	9.3	11.6	15.0
フロー全体											
額	0.5	0.7	0.8	0.9	1.7	1.9	3.3	6.3	8.3	14	13.3
製造業額	0.2	0.2	0.1	0.2	-0.7	0.3	0.3	0.8	1.5	3.0	4.5

出所：Mason, M. and Encarnation, D., (1994) *Does Ownership Matter?*, p.180.

が，1985年に100億ドルとなり，1990年に553億ドルとなっている（表2-2-1）。それは13倍以上の増大である。日本の製造業投資で世界の中でECが占めるシェアは6.5％から15.0％に増大している。しかし，FDIフローの大きさは1980年が5億ドルで，その内の製造業の大きさは2億ドルであった。それが占めるシェアは40％であった。1985年にはそのシェアは16％に低下し，1990年は1985年より増大しているが，1980年よりもより低い34％であった。

このように1980年代になると，対ヨーロッパ，特に日本の対EC向けFDIが急増加した理由として，複数の主要な要因が指摘されうる。その1つは，1979年の第2次石油ショックによって，ECへの輸出が急増したことである。第2次石油ショックによって日本の石油支払い代金が急増し，そのために1979年と1980年に日本の経常収支が赤字となり，円の実効為替相場が約12％下落した。その結果，1979～81年に日本のECへの輸出はおおよそ60％増大したのに対して，輸入は20％未満の増大に過ぎなかった。日本の貿易黒字は拡大し，そこでの輸出商品項目も多年にわたってECにとって懸念を抱かせる商品（自動車，カラーテレビ，ベアリングなど）に加えて，新しい産業か

らの商品（オフィス設備や数値制御機械）が含まれていた。ECはこれらの商品に対する統計的な手法による監視体制をとり，ある水準を超える輸出に対して日本政府にその是正を要請した[11]。これは輸出に対する一種の自主規制である。日本の輸出攻勢の背後にある保護主義の高まりを克服するために，日本企業は欧州市場を確保する直接投資をせざるをえなくなった。

　もう1つの大きな要因は，1980年代の「欧州委員会」による「単一欧州市場」の形成への動きとその進展である。「単一欧州市場」の形成が1992年末に実現されれば，GDPや人口の規模でアメリカを上回る大きな市場が形成されると当時は予測されていた。EC市場における一定の市場確保は，日本とアメリカの企業にとって至上命令となっていた。「単一欧州市場」の形成は，1980年代後半から1992年までに，ヨーロッパ（またはEC）に向かう日本やアメリカのFDIの急激な増加を説明する上での主要な要因といえる。

　これら以外にも，1985年のプラザ合意を引き金とするそれ以降の急激な円高要因や，この円高にもかかわらず依然として減らない相当に大きい貿易黒字の存在も直接投資の促進要因に挙げられる。

　1985年に「欧州委員会」は，単一の内部市場の形成に関する『単一欧州議定書』を出版し，そこで1992年末までにヨーロッパで現実的な共通市場を創出することを提案した。そしてそのための詳細な法的プログラムをそこで提示した。その「単一欧州市場法」は，加盟国によって1985年12月に合意され，そして1987年7月からその発効に向けた行動が開始された[12]。「単一欧州市場」の形成は，その域内での貿易が非関税の下で行わることを意味するから，その地域以外の国は関税・非関税障壁によってその貿易で不利な状況におかれることになる。

　「単一欧州市場」の形成直前の日本の輸出の主力は圧倒的に製造業製品であり（例えば，1991年で輸出品全体の96.0％を占める[13]），日本の全輸出に占めるヨーロッパへの輸出シェアは1980年の13.9％から1990年の18.8％に増大している。このような輸出の増大と歩調を合わせてECへの日本からのFDIが増加している。1984～1990年に日本の対EC輸出は7.0％増大し，同期間に日本のFDIも7.2％増大している[14]。

2.2 対欧FDIの特徴(2)：組立産業への集中

　第2の急増の日本FDIの特徴は，第1と関連するが，輸出財が製造業の少数の産業に集中していった結果，ヨーロッパへのFDIを産業別分類で見ると，輸出財と関連する部門に大きく偏っていることである。日本のヨーロッパへの，1951年4月から1992年3月までの累積直接投資額は686億3600万ドルであり，その内の製造業では152億3000万ドル（22％）である。[15]製造業における各部門別の投資分布を見る（表2-2-2）と，第1位のシェアが「電機・電子設備」で，全体の31.7％を占め，次いで「輸送設備」が17.2％，そして「非電機機械」が15.5％で第3位へと続く。この3つの部門はいずれも組立産業に属し，全製造業の投資シェアの65％以上を占めている。EC域内の存在する電機／電子や自動車などの主力輸出商品に対する警戒感——フランスやイタ

表2-2-2　ヨーロッパにおける日本の産業別の直接投資分布（1992年3月）

	投資額 (100万ドル)	(％)
製造業		
プロセス産業		
食料生産物	573	3.8
化学と関連生産物	1640	10.9
金属	693	4.5
繊維と衣料	1022	6.7
木材関連	94	0.6
組立産業		
電機・電子設備	4823	31.7
非電機機械	2362	15.5
輸送設備	2618	17.2
他の生産物	1406	9.2
全製造業	15230	100.0
他の産業		
サービス		
小売業と商業‡	8329	15.6
銀行，保険と不動産	35415	66.3
他のサービス	5583	10.5
他の全産業§	4079	7.6
全産業	68636	100.0

注：日本の直接投資額は1951年4月から1992年3月までの累積額である。
出所：Mason, M. and Encarnation, D. (1994) *Does Ownership Matter?*, p.60. より作成。

リアは脅威と感じていた——，輸出抑制措置（反ダンピング法の適用）に対する対抗策として FDI が行われた。

2.3 対欧 FDI の特徴(3)：イギリスへの投資集中
2.3.1 低い労働費用

　第3の特徴は，EC における日本の FDI への投資先としてイギリスが大きい存在を示していることである。1989年末でヨーロッパにおける日本の製造企業は501社であるが，その内133社（26.5％）がイギリスに存在していた。[16] それに続くのがフランスとドイツで，それぞれ95社と89社であった。なぜ，イギリスが日本企業によって選ばれたのか。その理由は，単純に英語圏であるという理由を別して（これは相当に大きな理由となっている）も，それ以外に多くの理由が挙げられる。その中で最も有力なものは，「単一欧州市場」域内に進出することを前提にすると，イギリスの低い労働費用にある。日本の多国籍企業はその域内で生産の効率性を最大限に実現できる場所を立地の最適地として選ぶ。その視点からすると，EC 域内の各国における労働費用や賃金水準が問題となり，それを基準に投資先が選ばれる。その結果，日本企業の投資は，相対的に低い賃金・労働費用であるイギリスに大きく集中することになったが，それに対して多くのアメリカ所有のそれは相対的に高い賃金であるドイツに立地している。[17]

　労働時間当たりの全労働費用（社会的費用を含む）で見ると，1971年にイギリスは先進諸国の中で日本（日本はイギリスの3分の1未満の労働費用である）を除いて最低のクラスに位置し，アメリカの半分に過ぎない水準であった。1980年代前半には，日本の賃金上昇で日本水準さえも下回るようになり，文字通り先進国の最低賃金国となった（表2-2-3）。ヨーロッパの主要国と比較しても，1971年には既にイギリスは他のヨーロッパ諸国のほとんどの国よりも低かった。イギリスは最も「安価な労働」の国であった。1970年代を通じてイギリスの貨幣賃金は劇的に増大し，アメリカ，日本，そして西ドイツよりもはるかに，より速く上昇し，フランスやイタリアとは大雑把に言って同じぐらいの増大であった。1980年代にはイギリスの増大率が緩慢化してい

表2-2-3 製造業の労働費用に関する国際比較：1971〜89年

	時間当たりの全労働費用 （社会的費用を含む）			自動車産業の労働費用 （時間当たり労働費用： ドイツマルク）
	1971年	1980年	1989年	1990年
ノルウェー	151	153	168	—
西ドイツ	151	165	167	41.87
スウェーデン	178	170	160	43.72
フィンランド	95	109	147	—
デンマーク	144	148	136	—
ネーデルランド	145	160	136	31.83
カナダ	204	113	133	—
ベルギー	130	176	132	31.83
アメリカ	236	126	131	32.07
日本	69	80	128	28.64
イタリア	116	108	125	31.67
オーストリア	93	106	122	—
フランス	102	121	114	26.01
UK	100	100	100	25.58
アイルランド	—	80	93	—
ギリシア	—	—	50	—
ポルトガル	—	—	40	—
スペイン	—	—	—	28.43

注：1989年は暫定的な推定である。
出所：Strange, R., (1993) *Japanese Manufacturing Investment in Europe*, p.146.

たものの増大を続けた。そのような貨幣賃金の上昇にもかかわらず，雇用主が負担する賃金以外の労働費用が他のEC諸国よりも低かった影響で，1989年では主要な工業化された国の中でイギリスが最低の労働費用となり，それを下回る主要なヨーロッパ諸国はアイルランド，ギリシャそしてポルトガルだけになった。『フィナンシャルタイムズ』が指摘するように，労働費用の格差はその中の非賃金部分の大きさの相違から生まれている。「UKで賃金

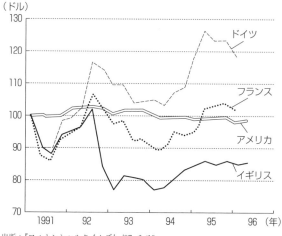

図2-2-1　製造業の単位労働費用（ドル基準）

出所：『フィナンシャルタイムズ』'97, 6/19.

に支出される100ポンドごとに，雇用主が非賃金費用を18ポンド余分に付け加えなければならないが，しかしドイツでは，この追加費用は32ポンドであり，スペインは34ポンド，フランスは44ポンドである」[18]。1990年代に入っても，この安価な労働費用国としての位置づけという点でイギリスには変化が生まれていない（図2-2-1）。この低労働費用の流れは，1990年の世界の自動車産業における労働費用に関する資料によっても確認される（表2-2-3）。この資料は，イギリスが世界の有力な自動車生産者の内で最も安価な労働費用国であることを指摘し，そして労働費用が安価であるスペインとイギリスの2カ国が，ヨーロッパ自動車産業における主要な投資プロジェクトを引きつけ，実際に大きなシェアを占める，としている[19]。

2.3.2　積極的なFDI受け入れ政策

　この低労働費用以外に日本の対英直接投資を増大させた主要な要因は，イギリス政府がFDIの受け入れ政策を積極的に推進したことである。「1970年代半ばから政府の政策は，外国資本をイノベーション，雇用，生産性改善の

源泉として，そして新しい労働慣行や労使関係の改革の源泉としてみなし，それの流入を支持[20]」していたのである。それらの諸政府の中でもサッチャー政府は特に熱心で，1979年に政権につくと直ちに行動を起こし，政府は為替管理を放棄した[21]。それは，イギリス経済の貧弱な経済実績が低い生産性と硬直的な賃金にあるとサッチャー政府は考え，イギリス所有企業の生産性を大きく上回る外国の多国籍企業の流入を特に歓迎したからである。そのために，政府は労働組合のパワーを低下させ，容易に解雇と雇用ができる労働市場の規制緩和政策を推し進め，既存の「労使関係の変容者[22]」としての多国籍企業が活動しやすい経済環境――日本企業の独自な経営様式をイギリスの労働者が受け入れうる環境――を作った。その諸政策から生まれた大量失業者[23]とその長期的存在は低賃金化する大きな要因となり，一部の地方経済の疲弊を生んだ。この疲弊から脱出するために，地方政府も海外からの直接投資を呼び込むことに熱心となった。保守党の次に誕生した新労働党政府でも対内FDIがイギリス経済を繁栄させるという考えを受け継いだ[24]。

3　イギリスの対内FDIの趨勢

本節では，イギリスの対内FDIの発展を3つの段階に分けて検討する。

3.1　第1段階　1950〜60年代：突出したアメリカの対英直接投資

対英直接投資の第1の段階は1950年代と1960年代である。イギリス経済は，周知のように戦後世界で最も開放的な経済であるので多くの国が投資対象国にしていたが，その中でアメリカの対英投資が飛び抜けて大きい存在であった。戦前や戦後の比較的早い段階から，アメリカから大量のFDIがイギリスに，特に製造業に流れた。1929年にアメリカが保有する対英直接投資全体の55.3％が製造業であり，それは戦後でも増大を続け，1950年には63.8％，1955年には67.7％にまで上昇した。イギリス経済もアメリカからの対内FDIを受け入れ，それによってイギリス経済は戦後再建されたのである。その大きな存在は粗っぽい言い方をすれば，戦後のイギリス経済基盤を

創り出したぐらいの大きさである。

　戦前の1940年には，すでにアメリカから233社がイギリスに進出し，その投資残高は5億3000万ドルに上り，そのうち製造業は2億7500万ドルに達した。そして1950年代の戦後復興期に入ると，主要な資本主義国で一斉に経済再建が始まったために，各国でドル不足が起こった。アメリカ以外の先進国で対外FDIを行いうる国はほとんどなく，先進国に対するアメリカの直接投資はイギリスに大部分投資された。アメリカ企業がこのように戦争直後からイギリスに積極的に投資したのは，アメリカ企業にとってイギリスが戦後復興に動くヨーロッパ大陸諸国とその市場への玄関口として位置づけられていたのみならず，戦前からイギリスが維持していた「大英連邦」圏へのアメリカ企業の輸出基地としてイギリスを位置づけていたためでもある。

　他方で，イギリス政府もアメリカからの海外直接投資や多国籍企業の受け入れに比較的寛容な態度を示していた。イギリスがそのような態度をとる主な経済的理由は，第1次世界大戦までではポンドが基軸通貨であり，ロンドンが当時の，そして現在はニューヨークと並ぶ世界の金融センターであるからである。また，イギリス経済の戦後経済再建と発展にとってアメリカのドルが必要であったことや，アメリカで誕生または普及していた諸商品（自動車，テレビ，冷蔵庫など）をイギリスが生産する上で，アメリカ企業の技術や資本の力を必要としていたからでもある。

　イギリス経済再建の出発年となる1950年の，在英のアメリカ子会社（その関連会社を含む）の出資額（簿価の資産価値）は，表2-3-1によると3億300万ポンド（イギリスのGNPに対する比率で2.6％）で，それ以降もほぼ一貫して増大した。1960年のその大きさは11億5400ポンド（5.0％）で，1970年には33億4800万ポンド（7.5％）となり，1950～70年で出資額が11倍の増大となっている。同期間にそれの対GNP比率が2.6％から7.5％に上昇していることを見ても，戦後イギリスの再建にアメリカの対英投資が大きな影響を与えていたことは明らかである。

　この対英FDIの流れの中で指摘されるべき点は，1970年代まではアメリカからの直接投資が他の国からのそれと比べてずば抜けた大きさを占め，し

かもそれの中心産業は製造業で
あったことである。イギリス製
造業がアメリカ方式である大量
生産・大量消費を原則とする
フォード生産方式で再構築され
ていったのも当然であった。そ
の方式による生産物は，当時で
は先端の経営技法で作られた新
生産物であったために，イギリ
スの輸出に大きく貢献した。ア
メリカ型の生産システムである
フォードシステムがイギリス製
造業に根づき，その成果はイギ
リス資本主義がアングロ・サク
ソン経済としてアメリカ経済と
しばしば同質なものとして一括
して取り扱われ，日本やドイツ
の資本主義と対比される根拠に
もなった。これは，アメリカの
対英直接投資がイギリスに新生
産方法をもたらしたことを意味している。

表2-3-1　1950～95年のイギリスにおける
アメリカ直接投資出資額

年	出資額（100万ポンド）	UKのGNPに対する比率（%）
1950	303	2.60
1957	705	3.60
1960	1154	5.00
1965	1943	5.70
1970	3348	7.50
1975	6883	7.10
1980	11994	6.00
1985	23583	6.60
1990	37711	6.84
1991	42668	7.41
1992	56333	9.41
1993	73729	11.64
1994	77645	11.63
1995	79205	11.31

注：出資額はアメリカの親会社または関連会社によって所有
　　されているUKのアメリカ子会社簿価の純資産として定
　　義されている。
出所：Dunning, j., (1998) *American Investment in British
　　Manufacturing Industry*, p.288.

　また，雇用者においてもアメリカ子会社の存在は大きい。イギリスの全製造業の雇用者にアメリカの対英投資のそれが占める比率は1963年に5.3％（雇用者40万6200人）となり，それ以降も雇用者数は増加を続け，1977年には10.3％（同71万1800人）を占めるに至った。この期間，対内FDIの「雇用エンジン」としての役割がアメリカ企業によって十分に果たされていた。

3.2　第2段階　1970年代～80年代半ば：低迷する対英直接投資

　第2の段階は1970年代から1980年代半ばまでである。この期間の対英

表2-3-2 対英海外直接投資額 (100万ドル)

	投資額
1971～80年累積額	40503
1981年	5891
1982年	5286
1983年	5132
1984年	-241
1985年	4960
1986年	7311
1987年	13863
1988年	18206
1989年	28043
1990年	33804
1981～90年累積額	122255

出所：OECD, (1992) *International Direct Investment Policies and Trends in the 1990s*, p.17.より作成。

FDI 全体量は増加しているが，1980年後半からの10年と比べると低調な増大であった。それが再び急増加するのは1980年代半ばからである。OECD によると（表2-3-2），1971～80年期間におけるイギリスへの累積海外直接投資額は405億300万ドルであったが，1981～90年のそれは1222億5500万ドルとなり，1980年代の対内 FDI のそれの増加は1970年代の3倍である。一見すると，1980年代にそれが急増しているように見える。だが，各年ごとの対英 FDI の流入額には大きな変動幅が存在した。対英 FDI は1980年に436億ポンド[27]で，1981年から1983年まで300億ポンドから340億ポンドの間で変動していたが，1984年は極端に減少してマイナス18億1000万ポンドとなっている。しかし，1985年には再び45億400万ポンドとなり，1980年水準に戻っている（表2-3-3）。したがって，1984年を別にすると，対英 FDI は1980年代前半において停滞している。1980年代に見られた対英 FDI の急増は，実際には，1980年代後半に集中的に起こっているのである。

このような1970～85年の直接投資増大の相対的な低迷は，アメリカの対英投資の低い増大に起因している（1980年代前半のレーガン政権下で，アメリカは世界最大の債権国から世界最大の債務国に転落する）。アメリカの米系子会社の出資額は1970年の33億4800万ポンドから1980年には119億9400万ポンド，1985年には235億8300万ポンドと一貫し増加しているが，対英投資の GNP 比率でそれの大きさを見ると，それは1970年にはピークの7.5％となり，それ以降低下し始め，1980年に6.0％，1985年に6.6％であった（表2-3-1と GDP 比率では図2-3-1を参照）。この期間では相対的にアメリカの対英投資の重要

表 2-3-3　1982〜89年の対英海外直接投資額

(10億ポンド)

年	1982	1983	1984	1985	1986	1987	1988	1989
直接投資額	30.27	33.86	−1.81	45.04	58.37	94.49	120.06	185.67

出所：COS, *Annual Abstract of Statistics*, 1994年版, p.234.

性が低下している。また，ECからの投資は増加するが，その額は小さい。アメリカの対英投資の増大が前段階と異なり相対的に低い伸びを示したことが，対英直接投資のこの期間の低調な増加という全体的な流れの決め手となっている。

3.3　第3段階 1985〜95年：増加する対英直接投資

　第3段階は1985年から95年の期間である。1985〜89年の期間に対英直接投資は450億400万ポンドから1856億7000万ポンドへと4倍以上の増加となり，「前例のない水準[28]」にまで達した。1990年代初期にはイギリス経済の厳しい不況を反映して，1990年の1715億5000万ポンドから次年度には841億8000万ポンドへと下落し，それ以降はその水準で低迷していたが，1995年には再び1000億ポンド台に乗せ1265億4000万ポンドとなった（表2-3-4）。イギリスにおける海外からの投資ストック[29]は1994年に「1986年に520億ポンド近くから1310億ポンドにまで上昇し，1995年に1600億ポンドとなり，10年前の「3倍以上の水準[30]」となっている。

　1997年以降でも対英FDIは再び目覚ましく急増し，1997年には2029億6000万ポンド，1999年にはその倍以上である5126億6000万ポンドとなっている。これは第4の段階である。1980年代後半期とほぼ同じ程度である4倍の増加が1990年代後半に起こっている。したがって，2000年まで「実質の対英直接投資が特に急増する時期が2つあり，その1つは1980年代後半であり，もう1つが1997年以降[31]」である（図2-3-1）。後者の増加は前者と同じように，新たな対内直接投資の潮流の誕生である。それは2000年代に入っても続き，「2007年のUKにおける対内FDIのストックは1兆3480億ポンドとな

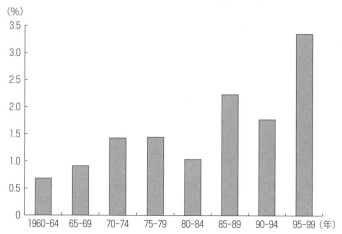

図2-3-1　GDPに対する対英直接投資の比率（年平均）

出所：Pain, N., (2001) *Inward Investment, Technological Change and Growth*, p.8.

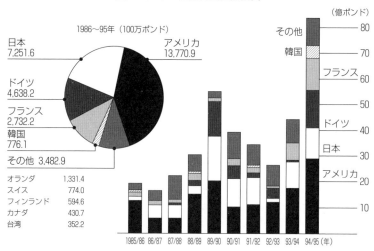

図2-3-2　国別対英直接投資

出所：『フィナンシャルタイムズ』'96, 6/12.

表2-3-4 1990～99年の対英直接投資

(10億ポンド)

	1990	1991	1992	1993	1994	1995	1996	1997	1998	1999
投資額	171.55	84.18	88.16	98.71	60.46	126.54	156.62	202.96	426.22	512.66

注：直接投資額は純投資額である。
出所：ONS, (2001) *Overseas Direct Investment 1999. the Economy*, MA 4, p.60.

り，1990年の6倍」となっている。

1985～95年の第3段階の対英FDIの主要な国を見ると，従来のイギリスへのFDIは，アメリカからの投資が圧倒的多数を占め，比較的少ない投資時期であった1995年でも「約46％がアメリカから」であった。第3段階の投資のピーク時期にさせた1980年代後半の急増は，「ヨーロッパ投資の3分の1以上をイギリスに投資していた」日本の積極的な対英投資が主要な要因である。しかし，日本の投資は製造業よりも金融部門が主流であり，しかも1990年代に入ると日本のバブル崩壊に伴ってそれは低下した。日本に代わって韓国や台湾からの投資が増え，1992年からはEU諸国から，特にドイツやフランスからの対英FDIが増大している（図2-3-2）。

3.3.1 アメリカの復活

1985～95年の第3段階に顕著になった点が3つある。まず第1は，アメリカの対英直接投資の地位が1990年代に入ると復活してきたことである。表2-3-5によると対英直接投資の地域別分布では，アメリカの対英直接投資シェアは1978年の60％近くから1988年には40％近くに下げたが，1990年代に入ると再び増大させ，1998年には50％近くにまで回復させている。つまり，1970年代に現れていたアメリカの相対的な地位低下の歯止めが1990年代にかかり，再びアメリカの重要性を増したのである。また，イギリスのGNP比に対するアメリカの対内直接投資の比率でその重要性を測ると，それは1970年の7.5％から1980年の6.0％にまで低下しているが，1985年に6.5％に押し戻し，それ以降一貫して増大し，1990年代には1993年から2桁となり，1995年

表2-3-5　UKの対内海外直接投資ストックの産業別・地域別構成（%）

部門別	製造業	エネルギー	他の非製造業	
1968	58.6	29.7	11.7	
1978	46.3	29.4	24.3	
1988	32.8	27.2	40.0	
1998	31.8	15.6	52.6	
地域別	アメリカ	西ヨーロッパ	アジア	その他
1968	66.8	21.8	0.1	11.3
1978	59.5	29.7	1.2	9.6
1988	39.4	39.8	5.5	15.3
1998	49.2	35.7	5.1	10.0

注：エネルギー投資は外国の電力，ガスそして水道供給企業を含む。
出所：Pain, N., (2001) *Inward Investment, Technological Change and Growth*, p.9.

に11.3%となっている。

3.3.2　製造業からサービス業へ

　第2は，投資の産業別分布にも変化が起こったことである（表2-3-5）。1970年代までは対内FDI全体に占める有力な産業は製造業であった。1978年には46.3%を製造業が占め，非製造業（エネルギー部門を除く）は24.3%に過ぎなかった。1993年でも直接投資の産業別の構成は製造業が40.3%を占め，エネルギーや金融サービスがそれぞれ30.7%と23.2%である[36]。このように，依然として最大の投資は製造業であり，製造業投資が対英FDIの中心を占めている。この時期に対英投資をしている「多国籍企業はサービス志向の企業よりもむしろ伝統的な製造業企業」[37]である。ところが，第4段階の1998年になると，逆に製造業が31.8%に低下し，非製造業が過半数の52.6%を占めるようになった。製造業への投資が少数派に転落している。これは，アメリカが1990年代に入ると上で見たように，対英直接投資額を増加させているにもかかわらず製造業への投資額のシェアを低下させ，サービス業，特

に金融,銀行そして保険への比重を
より高めた結果である。[38]

製造業への対英直接投資全体は,
1984年の156億9400万ポンドから
1995年に414億4900万ポンドへと2.6
倍もの巨大とも言える増大であっ
た。[39] だが,アメリカの製造業への対
英直接投資が100億7400万ポンドか
ら185億4600万ポンドという1.8倍の
増大に留まったために,そこでのア
メリカが占める比率は64.2％から
44.7％に低下した。アメリカにとっ
てヨーロッパ地域における投資対象

表2-3-6　1993年のUKへの対内直接
投資ストックの部門別分類

(10億ポンド)

農林漁業	0.1
エネルギー	30.7
製造業	40.3
建設業	0.4
流通,ホテル,ケイタリング	8.9
運輸とコミュケーション	1.2
金融サービス	23.2
その他	15.1
合　計	119.9

出所：OECD, (1996) *OECD Economic Surveys United Kingdom 1996*, p48.

としてのイギリス製造業の魅力が低下し,対英直接投資のシェアを低下させ
たのに対して,より資本集約的で高賃金であるドイツ製造業への投資を増大
させている。アメリカのイギリス製造業への投資の相対的な低下を補い,
2.6倍（1984～95年）もの巨大な増大となったのは,日本やヨーロッパからの
対英直接投資であった。特に日本の製造業投資は,従来のフォードシステム
の生産方法にとって代わる新しい生産方式であるリーン生産体制をイギリス
にもたらす（この過程がジャパナイゼーションと呼ばれる）と期待されていた。

このような製造業への対英投資をリードする国が変わりながらも,製造業
への対英投資は在英投資の中で大きなシェアを占め続けている。例えば,
UKにおける対英FDIストックの産業別の分布を見ると,1993年の総額は
1199億ポンドである。その内の403億ポンド（34％）が製造業で,次のエネ
ルギー部門が307億ポンド（27％）,そして金融サービスが232億ポンド（19％）
となっている。これら3部門で全体の94％を占めている（表2-3-6）。
『OECD経済サーヴィ1996UK』によると,「単一欧州市場」の形成が真近に
迫ったことも一部に作用し,1980年代の対英直接投資の多くは「製造業やエ
ネルギー（主に石油）で起こり,金融やビジネス部門でも投資の爆発が起こっ

た」としている。上で指摘したように，1970年以前にアメリカの対英直接投資がイギリス経済の再建と発展——特に製造業のそれ——に決定的な影響を与えていたのと同様に，1990年代のそれは非製造業——特に，1980年後半のビッグ・バンによる金融や情報をめぐる知識ベースのサービス部門——の確立と発展に決定的に大きい影響を与えた。

3.3.3 対米純資本輸出国となったイギリス

第3の点は，製造業のFDIでイギリスがアメリカとの関係で純資本輸出国となったことである。「1950年と1975年との間では，対米製造業へのイギリスの直接投資は，対英製造業へのアメリカの直接投資額の増大よりも相当に速く増大していた」。だが，1985年頃になると両者は均衡し始め，1990年に入ると，明らかに逆の動きが趨勢となった。1995年のイギリスの製造業におけるアメリカへの超過投資額は290億ドルに上る。1985〜95年期間の製造業におけるアメリカの対英投資は125億6000万ドルから278億6500万ドルへと2.2倍の増加に過ぎなかったが，それに対してイギリスの対米直接投資は118億8400万ドルから568億9700万ドルへと4.8倍の増加であった。その結果，イギリスは対米直接投資がアメリカの対英のそれを上回り，純資本輸出国となった（表2-3-7）。1970年代や1980年代ではイギリスは全体として見れば対外FDIが対内FDIを上回り，資本輸出国であった（表2-3-8）。そこで，製造業部門のそれでも全体的な流れに組み入れられ，イギリス製造業にとってアメリカが1950年代や60年代のような特別な意味を持つ国でなくなり，さらに上で提示した対内直接投資の多くの利点は，少なくともアメリカの対英直接投資においては失われたことをイギリスの純資本輸出国化は意味する。したがって，1990年以降のアメリカの対英FDIが持つ意義は新たに検討されなければならない。粗っぽい言い方をすれば，イギリス製造業は，アメリカ式のフォードシステムにとって代わる新しい生産と経営方式を持つ海外資本を求め，対内直接投資を受け入れる契機を待っていた。言い換えれば，1980年代以降イギリス製造業は，新しい成長モデルを求めて新しい海外からの対英FDIを求めていたのである。

第2章　日本の対英直接投資とイギリスの資本蓄積　113

表2-3-7　1950～95年のイギリス製造業へのアメリカ資本とアメリカ製造業へのイギリス資本の出資　　　　　　　　　　　　　　　　（100万ドル）

年	イギリスでのアメリカ直接資本の出資額	アメリカでのイギリス直接投資出資額	イギリス／アメリカの比率（％）
1950	542	337	1.61
1957		510	1.79
1960	2164	722	3.00
1965	3306	839	3.94
1970	4909	1391	3.53
1975	7555	1883	4.01
1980	13893	6159	2.26
1985	12560	11884	1.06
1990	22967	42365	0.54
1991	23591	42259	0.56
1992	20328	42208	0.48
1993	23619	42485	0.56
1994	26742	48427	0.55
1995	27865	56897	0.49

出所：Dunning, j., (1998) *American Investment in British Manufacturing Industry*, p.289.

4　イギリス経済に対する外国企業の影響

　本節の狙いは，1985～92年までのイギリス製造業部門における外国所有企業の存在の大きさを確定し，それのイギリス経済への影響とその経済におけるそれらの存在の大きさを見ることである。この期間は，1985～89年の好況・繁栄局面と対英投資の急増という時期と，1990～92年の深刻な不況局面と対英投資の低迷という時期の2つの相対立する局面からなる。この2局面における6つの項目（企業数，雇用，純産出高，1人当たりの産出高，純資本支出，年度末の価値）の動きに沿って外国企業とイギリス企業の両者の実績を比較することで上述の狙いを果たす。

表2-3-8 OECDにおける外国直接投資

(10億ドル,全期間の数字)

		1976〜80年	1981〜85年	1986〜90年	1991〜95年	1995年 GDP
アメリカ	流出	82.2	42.8	130.3	292.9	6954.8
	流入	37.6	92.9	266.8	204.9	
日 本	流出	10.1	25.5	160.4	103.4	5114.0
	流入	0.6	1.7	1.6	5.2	
U K	流出	39.1	46.1	140.5	127.1	1101.8
	流入	27.8	21.6	108.7	85.8	
フランス	流出	9.6	13.5	83.4	116.0	1537.6
	流入	11.2	10.8	40.4	95.0	
ドイツ	流出	18.7	21.1	71.9	110.3	2412.5
	流入 a	5.9	3.8	13.5	18.3	
	流入 b	13.8	22.1	71.5	92.3	
ベルギー	流出	2.9	1.0	21.1	33.7	269.2
	流入	6.3	5.6	23.4	49.1	
デンマーク	流出	0.9	1.0	5.5	12.6	173.3
	流入	0.9	0.4	3.0	13.4	
イタリア	流出	2.2	8.4	20.4	31.4	1087.2
	流入	2.7	5.3	19.4	16.3	
スウェーデン	流出	3.0	7.0	41.2	25.3	230.6
	流入	0.5	1.5	7.0	30.5	

出所:Barrell, R. and Pain, N., (1999) *Innovation, Investment and Diffusion of Technology in Europe*, p.22.

4.1 イギリス企業と外国企業の比較(1985〜92年)

1985〜92年は2つの相対立する景気局面を持つ時期にもかかわらず,先の6つの項目の大部分(企業を除く)で一貫した増大趨勢を示している(表2-4-1)。例えば純産出高では,外国企業のそれは1985年の172億7930万ポンドから1989年の284億3080万ポンドへと1.6倍の増大である。1990〜92年の不況期でも311億1570万ポンドから337億4910万ポンドに増加し,1.1倍となっている。したがって,外国企業の産出高シェアは1980年代前半では「18%か

表 2-4-1　UK における外国企業

	企業	雇用(千人)	純産出高(100万ポンド)	1人当たりの産出高(ポンド)	純資本支出(100万ポンド)	年度末の価値(100万ポンド)
1985年						
外国企業全体	1515	677.7	17279.3	25519	1844.0	7891.9
UK企業全体	127430	4872.8	91706.1	18937	8423.4	41340.1
外国企業シェア	1.2%	13.9%	18.8%	1.4倍	21.9%	19.1%
1989年						
外国企業全体	1356	724.1	28430.8	39264	3875.9	11091.1
UK企業全体	139879	4873.6	132355.2	27157	14066.5	50016.2
外国企業シェア	1.0%	14.9%	21.5%	1.4倍	27.6%	22.2%
1990年						
外国企業全体	1443	775.1	31115.7	40144	3844.7	12023.4
UK企業全体	132940	4808	138984.4	28907	14258.0	50969.8
外国企業シェア	1.1%	16.1%	22.4%	1.4倍	27.0%	23.6%
1992年						
外国企業全体	1507	784.2	33749.1	43035	3820.5	12435.4
UK企業全体	130936	4341.3	139679.7	32175	12045.8	50012.0
外国企業シェア	1.2%	18.1%	24.2%	1.3倍	31.7%	24.9%

注：シェアと倍率は櫻井が計算した。
出所：Report on the Census of Production, Summary Report, 各年版より作成。

ら19％で安定的[42]」であったが，その後半から増大し，18.8％から24.2％へと「1985年から1992年までの間に5％という急上昇[43]」を遂げている。

雇用者も1985〜92年で一貫して増加している。1985年の外国企業の雇用者は67万7700人で，1989年には72万4100人となり，この間に4万6400人が増加している。同期間のイギリス製造業雇用全体はほぼ横ばいであったから，外国企業のそれのシェアは13.9％から14.9％に増大した。1990〜92年の間でも77万5100人から78万4200人に増加し，シェアも16.1％から18.1％に増大している。特に1990〜92年は不況期であるために，製造業全体が46万6700人の大量の減少が生じたために，外国企業が9100人というわずかな雇用増である

にもかかわらず，2.0％のシェアの増大を示している。M.カッセルによると[44]，1995～96年で海外からの新しい直接投資によって「4万8000を超える職」が創出され，1993年からは「11万4000の職を創出し，2万8500を超える職を確保している」。そして「1979年以来では80万以上の職が外国からの投資によって創出され，確保」されているとする。

純資本支出では，1985～89年で外国企業とUK企業全体の両方で大きな支出増大を示しているが，前者が後者を上回る増大であったために，純資本支出全体に外国企業が占めるシェアは21.9％から27.6％に上昇している。しかし，1990～92年には外国企業のそれが38億4470万ポンドから38億2050万ポンドとなりほぼ横ばいであったが，UK企業全体は142億5800万ポンドから120億4580万ポンドに下落（22億1200万ポンドの減少）した。その結果，外国企業が全体に占めるシェアは27.0％から31.7％に上昇した。1992年には「イギリスの製造業投資の31.5％」[45]を外国企業が行っている。

1985～89年の1人当たりの産出高（生産性）を見ると，外国企業は2万5519ポンドから3万9264ポンドに増加（1.53倍）し，UK企業全体は1万8937ポンドから2万7157ポンドに（1.36倍）増大している。1990～92年では，外国企業が4万144ポンドから4万3035ポンドに増加（1.07倍），UK企業全体は2万8907ポンドから3万2175ポンドの増加（1.11倍）である。

唯一増加していないのは企業数である。製造業における外国企業数[46]は1985年に1515社であったが，1980年代後半における外国投資の「前例のない」増加にもかかわらず企業数は増加せず，1986～89年の間は1300社から1350社の間で変動し，1989年に1356社となっている。したがって，全企業に占める外国企業の比率は1985年の1.2％から1989年の1.0％に低下している[47]。1990年代に入ると，1992年の企業数は1990年水準（1443社）よりも増加し1507社となり，その全企業のシェアが1.1％から1.2％に増大しているが，1992年では企業数もその比率で1985年水準に達していない。1980年代後半の「前例のない」投資の増大を体験したにもかかわらず，このように企業数が減少しているのであるから，巨大な外国企業が主に進出していることが推定される。

4.2 イギリス企業の特徴

上記のような外国企業とイギリス企業全体の比較項目のそれぞれの動きの中で明らかになった重要なことは次の点である。

第1は，1985～92年で外国企業がイギリス製造業においてほとんどすべてにおいてシェアを増大させている。1992年の外国企業が占めるイギリス製造業における最大のシェアを占める項目は純資本支出で，それは30％を超え，それに続く項目は年度末価値で25％，次いで純産出高が24％を占めて第3位で続いている。雇用でこそそのシェアが18％と低い水準で留まってしまっているが，外国企業は経済発展の鍵を握る産出高や投資支出の大きさで25～30％を握っている。1980年代後半における海外直接投資の「前例のない」増加にもかかわらず，それらを担う外国企業数は1985年に1515社（全体に占めるシェアが1.19％）から，1989年に1356社（同0.95％）に減少している。だが，1990年代の不況期になると外国企業数は1990年の1443社（同1.08％）から1992年に1507社に増加しているのに対して，イギリス企業数は2000社余りを減少させている。その結果，1992年の外国企業数もそのシェアも1985年水準とほぼ同じであるにもかかわらず，1989年からそのシェアは1.20％に増大させている。

1980年代後半からの海外直接投資の増大は少数の外国大企業によって担われたことは間違いがない。1986～93年にイギリス製造業における上位100社に占める外国企業数は「18から35[48]」へとほぼ2倍に増加している。その結果，「イギリスの上位100社の中で3社に1社は非イギリス所有者[49]」となっている。ごく少数の外国の大企業のパワーが強化され，それがイギリス製造業の命運を大きく左右する構造となってしまっている。

第2は，外国企業とイギリス企業とで資本蓄積の方法が異なっていることである。特に，1990～92年期の不況における資本蓄積方法は著しい相違を見せる。同期間でイギリス企業は企業社数の減少，産出高横ばい，雇用者減少，純資本支出減少の中で，生産性が11.3％上昇している。それに対して外国企業は，企業数増，産出高増，雇用増，純資本支出横ばいの中で，生産性は7.2％の上昇であった。生産性上昇の大きさでイギリス企業が外国企業を

上回っているが,それを引き起こした大きな要因は雇用減少である。その生産性上昇メカニズムは,企業の「消滅」や事業所のスクラップ・縮小化→産出高横ばい・雇用者削減→生産性上昇である。それに対して外国企業では大きな産出高の増大である。そのメカニズムは参入企業の増大→資本投下の増大→雇用増大率を上回る産出高増大率→生産性上昇である。不況期のイギリス企業における生産性の上昇が産出高の増大に基づかない資本蓄積方法で生み出されているために,不況に続く景気回復過程で投資を拡大することが困難となり,景気回復期でも固定資本の投資による生産性上昇のメカニズムとなりにくく,企業は回復期にも再び雇用者削減→生産性上昇の行動をとってきた(第1章参照)。重要なのは,単に生産性の上昇を比較するのではなく,産出高の増大を伴う生産性上昇であるかどうかであり,言い換えれば,生産性上昇が実現されるメカニズムである。

　第3は,高い生産性を持つ外国企業がイギリス企業に高い生産性を移転できるのかが重要で,両者の生産性比較それ自体はあまり有意義さを持たないことである。海外からの大量の直接投資が製造業に向かい,これがイギリスにおける生産性上昇の重要な一要因であることは確かである。外国企業が投資を行う分野は必ず自分が競争上の優位に立てると考えている,または自分が得意としている分野か,それとも今後急速な成長が見込まれる分野であって,それらの分野に彼らは集中的に投資を行う。外国企業がイギリスに参入すると,イギリス企業は生産性でその外国企業との競争に敗れて市場から退出する場合があるが,同時に,その外国企業の持つ技術を採用したイギリス企業も現れる場合もある。後者の場合では,外国企業とイギリス企業との生産性格差は縮小しイギリス全体の生産性は上がる。

　生産性において外国所有企業はイギリス所有の企業よりどのぐらい高いのか。J. ダニィングによると,1963年から1993年までの30年間イギリスにおけるFDIの主力であったアメリカ企業の子会社の生産性はイギリス企業のそれより32%から59%高い[50]。また,1981～90年における外国企業とイギリス所有企業を比較したM.ランスバリーら[51]によると,1980年代初期段階で外国所有企業の生産性はイギリス所有のそれよりも25%高く,しかもそれからの

10年を検証すると「1981～90年の10年にわたり外国企業が59％上昇し，国内企業は41％の上昇であった」[52]。1980年代に両者間の生産性格差は拡大しているとする。1980年代後半に限っても外国企業もイギリス企業もともに生産性を上昇させているが，両者の生産性格差は1985年に34％，1989年に46％であったために，その期間に生産性格差は拡大している。したがって，イギリス所有企業よりも外国所有企業は参入時においてより高い生産性を持ち，参入後もより高い生産性を維持している。つまり，外国企業は「より高い生産性とより大きい生産性増大」[53]を体験しているのである。しかし，1990～92年にその格差は縮まり[54]，1992年で外国企業とイギリス企業の生産性格差は34％となっている。しかしながら，先に見たように，イギリス企業が外国の優れた生産性を生む生産技法を移植した結果としての生産性上昇ではなく，雇用減少からの生産性上昇である。したがって，これは，生産性上昇格差を一時的に縮めるが，決してイギリス製造業が外国企業に競争で勝ち残る成長への途ではなく，長期的には格差を拡大し，イギリス製造業の崩壊への途を脱出する契機とならなかった。

　第4は，イギリス製造業に参入した多国籍企業の商品生産は大量生産で，差別化される商品タイプに偏っていることである。『OECD　経済サーベィ1996UK』は多国籍企業が進出する部門を調査し，その部門と生産性上昇の関連を述べている。製造業を生産量で大規模か小規模か，そして生産物で差別化か同質か，という2つの基準で生産物を区分けし，それぞれを組み合わせて4種類（大量・差別化，大量・同質，少量・差別化，少量・同質）の産業グループに分類し，次に，1986～92年で外国の多国籍企業がそれぞれのグループ内部でUK製造業の純産出高に占める比率とそれの生産性上昇との関連を検討している。

　そこで第1に指摘されているのは，1986～92年の期間で4つの産業分類の中で，多国籍企業が純産出高に占めるシェアを増大させる大きさ（シェアの上昇率）のグループ間の順位と，生産性上昇率におけるグループ間の順位とがそれぞれ符合していることである。これは，外国多国籍企業がイギリス企業よりも高い生産性を保持しているので，外国多国籍企業のイギリスへの投

資参入,または蓄積が積極的に行われているグループ部門ほど,その部門における生産性上昇が高まり,そして純産出高におけるそれらのシェアも上昇させていることを示唆している。外国多国籍企業が純生産高におけるシェアで最大の増大を示しているのが大量・差別化商品グループであり,1986年の26.7％から1992年の37.0％へと10.3％ポイントの増大である。同期間のこのグループの生産性上昇は61.3％で,4グループの中で最大である。その対極に位置するのが大量・同質の産業部門である。その部門の外国多国籍企業の産出高シェアと生産性の両方の上昇の大きさは同期間にそれぞれ3.8％と41.2％に過ぎず,これら両方の増大率は4つグループ中で最低の伸び率である。

　イギリスで活躍する外国多国籍企業の中では大量・差別化グループがより多く普及しているが,これらのグループは,その生産物が輸出に向けられる部門に投資を集中化させる傾向がある。1986年から1992年におけるそれらの純産出高シェアを最大に伸ばしたのはコンピュータ部門における外国の多国籍企業であり,それらは48％から76％へと28％ポイント増大させている。それに続くのが自動車部門で,48％から61％となり13％ポイント増大している。OECDによると,どちらの部門も輸出志向である産業に属し,大量・差別化商品生産グループに属する。そして,これらの大量・差別化商品グループである情報産業や自動車産業は,相対的に多くの雇用を必要とする産業であり,国内の雇用増加に大きな貢献をしている。

　外国多国籍企業の参入・資本投下は次のような循環を繰り返す。外国直接投資→イギリス企業を上回る生産性上昇→産出高増加・雇用増加→資本蓄積の拡大→産出高シェアの上昇である。それらの一部の商品は輸出向けとして生産され,国内景気を浮上させる。このように外国資本のイギリスへの投資と資本蓄積は,雇用減少を媒介にした生産性上昇を起こすイギリス企業の資本蓄積様式とは大きく異なる。このような外国の直接投資は産出高増と雇用増を伴う生産性上昇であり,しかも競争力のある製品が輸出に向かい貿易収支を改善することになるなら,当然のことながらイギリスにとってこれらの多国籍企業のイギリス進出は歓迎されるべきことである。イギリス政府は,

今後も海外からの投資の「流れは続く[57]」動向を期待して,『1996年競争力白書』の中でイギリスを「欧州の企業センター[58]」にしようと呼びかけている。

5　日本の対英直接投資

　1985年から1990年代前半までイギリス製造業への日本の対英直接投資が増加するにつれて,それがイギリス経済や企業に与えた影響は"ジャパナイゼーション"(以下,日本化とする)と呼ばれ,注目を浴びた。評判となった根拠の1つは,1970年代までのアメリカから学んだフォードシステムにとって代わる新しい生産と経営の技法(大量・差別化された商品生産)を日本の直接投資がもたらすのではないかという期待であった。そこで本節では,その期待や評価がどれぐらい正しいのかをアメリカやECからの対英直接投資と比較しながら見ていく。

5.1　イギリス製造業部門における外国企業の中の日本企業の位置

　1970年代初めから,それ以前にはしばしば採用されたジョイント・ベンチャーという形態ではなく,100％日本資本形態(または圧倒的比率を占める)の日本企業の進出が増加してきた。この動きは日本の投資の第2波と言われ,1966年のYKKがその先駆者である[59](生産は1972年から始める)。1970年代に入ると徐々にその数が増加し,主要な会社としては1973年のソニー,1974年の松下電機,1979年の三菱電機,1981年の東芝などが挙げられる。電機部門が中心で,その他の製造業部門は無視しうる大きさであった。

　1980年代後半になると投資は急増し,自動車関連がその主流を占めた。ニッサン自動車の進出は1984年に,ホンダ(ただし80％所有)は1987年に,そしてトヨタは1989年である。産業別で日本の企業進出を見ると,電機エンジニアリング,輸送設備(自動車),そして機械エンジニアリングの3つの産業が大部分である。1984年では電機エンジニアリング(58.7％)が特に大きかった。

　1990年は依然として電機エンジニアリングが第1位(49.4％)であったも

表2-5-1　UK製造業における外国子会社の純簿価値の産業別分布：1968～95年

(%)

	食料,飲料,タバコ	化学	金属	機械エンジニアリング	電機エンジニアリング	輸送設備	製紙	その他の製造業	全体	純簿価(100万ポンド)
1968年										
アメリカ	12.6	13.2	5.0	25.2	11.3	18.7	2.5	11.5	100	1556
西側ヨーロッパ	12.0	15.2	4.1	14.6	31.1	1.7	2.6	18.7	100	474
全体	13.4	14.2	7.7	20.8	14.5	15.6	2.7	10.9	100	2263
1971年										
アメリカ	11.3	12.2	4.5	25.8	13.7	17.6	2.7	12.2	100	2128
西側ヨーロッパ	12.7	23.7	3.1	9.5	23.6	1.1	2.0	24.3	100	739
全体	12.3	14.5	8.1	21.5	14.7	12.1	2.9	13.9	100	3180
1978年										
アメリカ	12.6	16.3	1.2	25.8	15.1	15.0	2.6	11.4	100	5420
西側ヨーロッパ	18.4	17.0	13.8	9.8	15.5	nsa	4.4	21.1	100	2148
全体	14.1	16.1	4.6	21.8	14.4	10.7	5.0	13.7	100	8819
1984年										
アメリカ	15.4	19.9	1.7	17.4	17.2	14.2	4.4	9.8	100	10074
西側ヨーロッパ	12.8	23.3	15.7	10.3	19.1	2.4	4.5	11.8	100	3995
日本	neg	neg	neg	neg	58.7	neg	neg	neg	100	104
全体	15.2	20.7	6.4	15.2	16.8	9.8	5.1	10.8	100	15694
1990年										
アメリカ	13.5	17.9	3.3	13.6	17.2	23.1	5.7	5.6	100	24217
西側ヨーロッパ	14.4	19.1	4.9	11.9	14.8	5.0	12.9	16.9	100	11138
日本	neg	neg	neg	11.5	49.4	31.5	neg	7.6	100	676
全体	12.1	16.1	3.7	11.7	15.3	15.7	16.8	8.5	100	40491
1995年										
アメリカ	16.1	19.3	0.9	20.7	17.4	9.0	5.2	9.5	100	18546
西側ヨーロッパ	18.0	11.7	6.5	10.2	22.0	4.1	12.6	16.8	100	13244
日本	neg	neg	neg	20.9	41.5	19.5	neg	11.6	100	1039
全体	15.2	12.5	3.3	13.0	18.2	6.3	21.0	10.5	100	41449

出所：Dunning, J., (1998) *American Investment in British Manufacturing Industry*, pp.296-297.

のの,輸送設備が続き (31.5%),機械エンジニアリングは第3位となっている (11.5%)。これら3者で90%以上を占め,1995年には,機械エンジニアリングと輸送設備の順位は逆転するが,上位3社のシェアは依然として圧倒的大きさで80%を超えている (表2-5-1)。

このような製造業の一部に特化した日本企業の対英進出は1970年代に始まったが,1980年代の対英FDIの急増ぶりから「注目を引き始めた」。日本の対外直接投資はドルベースで表示すると (表2-5-2),1971～80年の累積投資が180億5200万ドルであった。それは,1980年代に急増し,1979～81年の101億7700万ドルから1988～90年の1263億6400万ドルに増大し,12倍となっている。日本の対英直接投資の1985～87年の年平均の増大率は5.7%,1988～90年が9.4%,そして1991～93年で8.2%である。

1980年代の日本の対英製造業のFDI (純投資) は,1981年に4400万ポンドであったが,1984年に1億400万ポンド,1988年に6億7600万ポンド,そして1994年に15億7900万ポンドへと順調に増加している (1981年の約36倍。表2-5-3)。在英の製造業の日本企業数は1981年に17社で,1985年でも31社に過ぎず,1988年でも38社であった。ところが1980年代末になると急増し,1990年には3桁の104社となり,1992年には117社と急増加している (表2-5-4)。企業数は1981～92年で19倍となり,1985～92年の投資 (年度末価値) は8190万ポンドから8億8160万ポンドへの増大 (10倍以上) である。日本企業数の増加,投資の拡大につれて雇用者も増加している。1977年に1100人,1981年に3000人であったが,1985年に6300人,1992年には5万8000人へと増加している。1981～92年で日本企業の雇用者は19倍に増加している。

このような日本企業の投資や雇用の2桁の増加は「注目」を浴びる高い水準であるが,アメリカまたはECからの対英投資と比べると,その急増加にもかかわらず対英投資全体に占める大きさは格段に小さい。最初に投資額で見ると,1984年の日本の対英FDIシェアはその全体の0.4%に過ぎず,最も大きい1994年でも4.0%である。同年のアメリカのそれはそれぞれ64.2%と46.4%であるのと比べると,日本投資の小ささがわかる。2番めにイギリス内部の各国の企業数で見ると,1985～92年期間におけるアメリカは777社か

表2-5-2 日本,アメリカ,ECの対外直接投資:1979〜90年

	1979〜81年 (百万ドル) (%)	1982〜84年 (百万ドル) (%)	1985〜87年 (百万ドル) (%)	1988〜90年 (百万ドル) (%)
日本から				
アメリカ	3620 (35.6)	6031 (42.7)	20171 (49.9)	65791 (52.1)
E C	1101 (10.8)	1982 (14.0)	7876 (19.5)	26566 (21.0)
その他	5456 (53.6)	6104 (43.2)	12404 (30.7)	34007 (26.9)
合 計	10177 (100.0)	14117 (100.0)	40451 (100.0)	126364 (100.0)
アメリカから				
日 本	1306 (2.5)	1106 (5.7)	2623 (4.2)	3180 (3.8)
E C	23313 (44.7)	11653 (60.5)	23844 (37.9)	35848 (42.3)
その他	27555 (52.8)	6490 (33.7)	36419 (57.9)	45676 (53.9)
合 計	52174 (100.0)	19249 (100.0)	62886 (100.0)	84704 (100.0)
ECから				
日 本	152 (0.2)	155 (0.3)	226 (0.2)	1533 (0.6)
アメリカ	25681 (32.3)	30515 (51.6)	70687 (54.7)	84433 (33.5)
EC内部	8193 (10.3)	7830 (13.2)	23961 (18.5)	66542 (26.4)
その他	45527 (57.2)	20624 (34.9)	34434 (26.6)	99261 (39.4)
合 計	79553 (100.0)	59124 (100.0)	129308 (100.0)	251769 (100.0)
供給源別シェア				
日 本	10177 (7.2)	14117 (15.3)	40451 (17.4)	126364 (27.3)
アメリカ	52174 (36.8)	19249 (20.8)	62886 (27.0)	84704 (18.3)
E C	79553 (56.1)	59124 (63.9)	129308 (55.6)	251769 (54.4)
全 体	141904 (100.0)	92490 (100.0)	232645 (100.0)	463837 (100.0)

出所:Pearce, R. and Papanastassiou, M., (1996) *The Technological Competitiveness of Japanese Multinationals*, p.4.

ら624社へと減少させているが,1992年でも依然として在英外国企業全体では41.4%のシェアを占めている。逆に,EC企業では同期間に364社から458社に増加させ(1.3倍),それが占めるシェアも24.0%から30.4%に増大させている。日本の増加は17社から117社であるから,その増加(7倍近い増加)ぶ

表2-5-3 UK製造業へのアメリカ，西側ヨーロッパ，日本そして全海外直接投資額　（100万ポンド，（　）は比率％）

年	アメリカ	西ヨーロッパ	日本	全体
1965	1117	300	—	1643
	(68.0)	(18.3)	0.0	(100.0)
1968	2128	474	—	2263
	(68.8)	(20.9)	0.0	(100.0)
1971	2128	739	—	3180
	(66.9)	(23.2)	0.0	(100.0)
1974	3129	1171	—	4701
	(66.6)	(24.9)	0.0	(100.0)
1978	5420	2148	不明	8118
	(66.8)	(26.5)	不明	(100.0)
1981	8160	2850	44	12188
	(67.0)	(23.3)	(0.4)	(100.0)
1984	10074	3995	104	15694
	(64.2)	(25.5)	(0.7)	(100.0)
1987	12115	4806	298	19779
	(61.2)	(24.3)	(1.5)	(100.0)
1988	22509	11138	676	40491
	(55.6)	(27.5)	(1.7)	(100.0)
1992	18420	12528	1272	39538
	(46.5)	(30.2)	(3.2)	(100.0)
1994	16122	13586	1579	39938
	(46.4)	(34.0)	(4.0)	(100.0)
1995	18546	13244	1039	41449
	(44.7)	(32.0)	(2.5)	(100.0)

出所：Dunning, J., (1998) *American Investment in British Manufacturing Industry*, p.291.

りには目を見張るものがあるが，対英進出の外国企業数全体で見た場合，日本企業はアメリカやECに大きく見劣りし，1992年のそのシェアはわずかに

表2-5-4　日本企業のイギリス製造業への進出

年	企業数	雇用 (千人)	純産出高 (百万ポンド)	1人当たり産出高 (ポンド)	純資本支出 (百万ポンド)	年間の資本増大 (百万ポンド)	年度末価値 (百万ポンド)
1985	31	6.3	112.0	17,741	34.8	13.7	81.9
86	28	7.8	146.5	18,819	39.8	54.7	135.1
87	33	10.5	226.5	21,577	86.7	53.4	210.8
88	38	17.5	448.7	25,609	213.4	99.0	351.4
89	86	27.2	797.7	29,326	359.4	38.5	477.5
90	104	40.9	1,758.0	42,990	344.8	62.2	697.3
91	115	56.6	2,137.0	37,725	856.0	12.1	775.4
92	117	58.0	2,546.9	43,904	813.6	54.7	881.6

出所：CSO, *Report on the Census of Production, Summary Volume*, 各年版より作成。

7.7%に過ぎない。全イギリス企業数が1992年に13万936社であることを考えると，日本企業の存在はまさに無視しうる大きさである。3番めに製造業部門の純産出高で見ると，1985～92年に日本企業は1億1200万ポンドから25億4690万ポンドへと生産を増大（22倍）させている。しかしその大きさは，1992年の外国企業の全純産出高の7.5%に過ぎない。それに対してアメリカの子会社が占める純産出高シェアは51.2%である。4番めに雇用を比較すると，これもほぼ同様の結果となる。1992年でアメリカとEC企業の雇用が外国企業に占めるシェアはそれぞれ47.8%と24.3%に対して，日本企業は7.4%である。これはイギリス全体の雇用(434万1300人)で見ると1.3%に過ぎない。

1995年における製造業部門の在英外国企業は2397社（イギリス製造業全体の企業数の1.4%）で，アメリカが36.4%を占め，次いでドイツが10.7%，ネーデルランドが6.7%，フランスが6.3%と続き，その次に日本が5.8%となる。同年の雇用では在英外国企業は71万8400人（イギリス製造業雇用全体の17.2%）で，各国の雇用シェア順位は，アメリカ企業が第1位で45.0%，次いでドイツが10.9%，そしてフランスと日本が7.2%である。[62]「UK製造業における産出高と雇用の両方に対して，日本所有の企業の直接的な影響は比較的小さく，依然としてアメリカやEC所有の企業のそれに大きく下回っている」[63]と

表 2-5-5　1983年と1995年の UK 製造業における外国所有企業の雇用

	企業数	外国企業数が占める比率(%)	雇用者(千人)		外国企業が雇用に占める比率(%)	
	1983年	1995年	1983年	1995年	1983年	1995年
UK の全企業	17万227社			4184.2		
外国企業全体	2397	100.0	736.0	718.4	100.0	100.0
フランス	151	6.3	31.3	51.4	3.8	7.2
ドイツ	256	10.7	24.0	78.4	3.3	10.9
ネーデルランド	161	6.7	36.6	38.8	4.1	5.4
スウェーデン	127	5.3	17.1	23.6	2.3	3.3
スイス	153	6.4	38.7	43.1	5.3	6.0
アメリカ	873	36.4	459.5	323.1	62.4	45.0
カナダ	118	4.9		36.4		5.1
日本	138	5.8	3.7	51.7	0.1	7.2
その他	420	17.5	125.1	71.9	18.7	10.0

出所：Edwards, P., (ed) (2003) *Industrial Relations*, p.86.

言われるように，投資規模，会社数，産出高そして雇用量のどれをとっても，アメリカや EC 諸国の在英外国企業と比べると日本のそれの存在は極めて小さく，基本的にイギリス経済に大きな影響を与える水準ではないようにさえ見える（表 2-5-5）。

5.2　製造業部門の日本企業の独自性

このように日本の製造業部門における対英 FDI は，対英 FDI 全体に占める大きさからすると極度に小さい規模であるので，それがイギリス経済に大きな影響を与えるとは通常ならば考えることが困難で，むしろそれへの影響という点を考えれば，アメリカの対英投資を第1に考察するのが自然であろう。しかし，実際には先に述べたように，日本の対英投資が「日本化」として大きな注目を集めた。それは，製造業における日本の在英子会社にはアメリカのそれとは異なる独自性があり，それらをイギリス企業が取り入れるこ

とによってイギリスの経済が持つ欠点を修正または補完し，イギリス企業の競争力を高めると考えられ，イギリス企業側にそれらを利用する狙いがあったからである。

5.2.1 生産性上昇の資本蓄積様式

　その独自性の第1は，アメリカ企業と異なる生産性上昇の資本蓄積様式を日本企業が持っていることである。第1章で指摘したように，イギリスの大企業は産出高低迷と雇用削減を媒介にして生産性を上昇させる資本蓄積を行った。同様の行動は，実は1980年代の在英アメリカ製造業企業にも見られた（表2-5-6，表2-5-7）。イギリスの純産出高にそれが占めるシェアは1981～86年で12.9％から11.7％に低下させ，同期間には雇用シェアでも9.8％から8.2％に低下させたが，生産性は上昇させていた。1990～92年の不況期にはその資本蓄積方式が特に顕著に現れた。同期間のアメリカ企業の実績を見ると，企業数が18社減少するなかで，純産出高は1990年の173億4050万ポンが1992年には172億7820億ポンドと，6230万ポンド低下している。雇用はそれぞれの年に40万2100人から37万4800人で，2万7300人の減少であるが，他方で生産性（雇用者当たり）は4万3153ポンドから4万6097ポンドに増大している。在英アメリカ企業の生産性上昇は，イギリスの大企業のケースと同様の産出高停滞・雇用減による生産性上昇メカニズムで起こっている。

　それに対して，在英日本企業では，不況期の1990～92年に13社が増加し，産出高は7億8890万ポンド増大し，雇用も1万7100人の増加である。生産性も4万2990ポンドから4万3904ポンドに増大している。特に注目するのは，不況期の同期間の純資本支出が3億4480万ポンドから8億1360万ポンドとなり，4億6880万ポンド増加させていることである。アメリカ在英企業と区別されるこの蓄積で評価される第1は，日本の子会社の高い生産性にある。1人当たり純産出高は1985年の1万7741ポンドから1992年に4万3904ポンドへと2.5倍増大している。同期間の外国企業全体やアメリカのその数字はほぼ1.7倍である（表2-5-7）。第2は，同期間の雇用者の増加の大きさである。日本は5万1700人増であるのに対して，アメリカは4万1500人の減である

表2-5-6　UK製造業における外国所有の子会社と事業所の純産出高：1963～92年

(100万ポンド)

年	(1)アメリカ	(2)EC(EU)	(3)日本	(4)外国企業	(5)UK全企業	(1)/(4)(%)	(1)/(5)(%)
1963	867.2	129.8	—	1105.7	10470.0	78.4	8.3
1968	1479.6	288.5	—				
1973	3028.3	423.2	—	3884.1	25377.0	78.0	11.9
1977	6686.9	1589.4	11.0	9650.6	48578.2	69.3	13.8
1981	9115.9	1721.1	37.1	13099.3	70614.5	69.6	12.9
1985	11272.2	2246.8	112.0	17279.3	91706.1	65.2	12.3
1986	11465.3	2441.0	146.5	17392.2	98183.5	65.9	11.7
1987	12899.3	3177.6	226.5	20298.1	106534.9	62.2	11.5
1988	13920.7	3272.1	448.7	22385.6	120863.9	63.5	12.1
1989	17045.7	4600.9	797.7	28430.8	132355.2	60.0	12.9
1990	17340.5	5378.4	1758.0	31115.7	138984.4	55.7	12.5
1991	15852.1	5642.8	2137.0	30474.9	135208.4	52.0	11.7
1992	17278.2	7082.9	2546.9	33749.1	139679.7	51.2	12.4

出所：Dunning, J., (1998) *American Investment in British Manufacturing Industry*, p.293.

(表2-5-8)。第3に，1人当たりの雇用者報酬は同期間にアメリカで1.8倍に上昇したのに対して，日本の子会社は2.4倍となっている（表2-5-8）。これらの3点から，日本企業が1人当たり生産性の絶対的な水準でアメリカ在英企業を下回っているが，1985～92年の上昇率ではアメリカのそれを大きく上回り，しかも雇用者増加や生産性の伸びとほぼ同じ比率で報酬の上昇を同時に生んでいることがわかる。このことは日本企業の生産性上昇が，投資増加を媒介にした産出高と雇用の増加を伴う資本蓄積の結果である。明らかに，日本企業はアメリカやイギリスとも異なり，純投資主導の産出高増・雇用増の正常な蓄積を行っている。対内FDIに対するホスト国の期待が新生産技法や技術革新を伴う設備投資の増加や雇用の増加を伴う生産性上昇にあるが，それに日本企業は応えているのである。

表2-5-7 UK製造業における外国所有の子会社の1人当たりの純産出高:1963〜92年

(ポンド)

年	(1)アメリカ	(2)EC(EU)	(3)日本	(4)外国企業全体	(5)UK全企業	(1)/(4)(%)	(1)/(5)(%)
1963	2157	1614		2051	1363	105.2	158.3
1968	2772	2279		2693	1954	102.9	141.9
1973	4855	3964		4728	3493	102.7	139.0
1977	9394	11619	9847	9519	6986	98.7	134.5
1981	16046	13505	12519	15265	12170	105.1	131.8
1985	27078	23619	17741	25519	18937	106.1	143.0
1986	29793	26434	18819	28003	20563	106.4	144.9
1987	33565	31691	21577	32491	22802	103.3	147.2
1988	37358	31484	25609	35240	24955	106.0	149.7
1989	43153	34453	29326	39264	27157	109.9	158.9
1990	43125	34752	42990	40144	28907	107.4	149.2
1991	42384	33948	37725	39334	30003	107.8	141.3
1992	46097	37214	43904	43055	32175	107.1	143.3

出所:Dunning, J., (1998) *American Investment in British Manufacturing Industry*, p.294.

5.2.2 グリーンフィールドへの進出

　独自性の第2は,1980年代の日本企業の対英進出が,既存企業の吸収・合併(ブラウンフィールド)という形態ではなく,ほぼ株式100％所有の企業で,しかも投資先がグリーンフィールドを中心としていることである。そのために日本企業が行う雇用はほぼ新規採用であり,統計的に純増の雇用を示す。日系子会社が雇用している大きさは1985年の6300人から1992年の5万8000人へと,急激に増加(9.2倍)する。同期間,アメリカ企業では雇用も減少している(図2-5-1)。

　なぜ,日本企業はグリーンフィールドに進出したのか。[64] その要因の1つは,その投資の狙いに潜んでいる。1980年代の日本の在英多国籍企業の多数は,すでに見たようにECの「単一欧州市場」の創出に伴う貿易上の不利益を避け,従来輸出で獲得していた市場を保持し,拡大する一環としての投

表2-5-8 UK製造業における外国所有の子会社の雇用と雇用者報酬：1963～92年
(a) 雇用者（千人）

年	(1) アメリカ	(2) EC(EU)	(3) 日本	(4) 外国企業	(5) UK全企業	(1)/(4)(%)	(1)/(5)(%)
1963	406.2	80.8	—	539.0	7695.0	75.4	5.3
1968	533.8	126.6	—	703.5	7249.0	75.9	7.4
1973	623.8	106.8	—	714.8	7268.3	87.3	8.6
1977	711.8	136.8	1.1	1013.8	6883.4	70.2	10.3
1981	568.1	127.4	3.0	858.1	5777.9	66.2	9.8
1985	416.3	95.1	6.3	677.1	4842.8	61.5	8.6
1986	394.0	92.3	7.8	621.1	4774.8	63.4	8.3
1987	384.3	100.3	10.5	624.7	4672.6	61.5	8.2
1988	372.6	103.9	17.5	635.2	4843.2	58.7	7.7
1989	395.0	133.5	27.2	724.1	4873.6	54.6	8.1
1990	402.1	154.8	40.9	775.1	4808.0	51.9	8.4
1991	374.0	166.2	56.6	774.8	4506.4	48.3	8.3
1992	374.8	190.3	58.0	784.2	4341.3	47.8	8.6

(b) 1人当たりの雇用者報酬（ポンド）

年	(1) アメリカ	(2) EC(EU)	(3) 日本	(4) 外国企業	(5) UK全企業	(1)/(4)(%)	(1)/(5)(%)
1963	不明	不明	不明	不明	不明	—	—
1968	不明	不明	不明	不明	不明	—	—
1973	2004	1672	—	1951	1673	102.7	99.9
1977	3740	3618	2636	3696	2260	101.2	160.1
1981	6892	6539	4800	6768	5916	101.8	110.5
1985	10068	9247	6667	9941	8259	101.3	112.0
1986	10841	9891	7385	10591	8870	102.4	111.5
1987	11644	10498	8381	11370	9441	102.4	111.2
1988	12759	11212	10131	12334	10233	103.4	109.6
1989	14155	12645	10985	13455	11168	105.2	113.2
1990	15628	13739	11980	14768	12338	105.8	111.4
1991	16922	14789	15023	15999	13401	105.8	110.4
1992	17968	15745	16456	17074	14131	105.2	111.4

出所：Dunning, J., (1998) *American Investment in British Manufacturing Industry*, p.295.

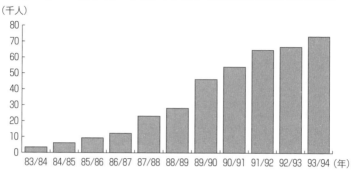

図2-5-1　日本のプロジェクトによって直接雇用されたUK労働者

出所：*Management Today*, May, 1995.

資,「すなわち,防御的な市場—追求投資」として位置づけられる投資を行っていた。これは,日本企業の対英直接投資がヨーロッパ全体の市場規模を念頭において行われ,あくまでイギリスへの進出をヨーロッパ大陸への輸出拠点にするためと位置づけていることを意味する（この点では,1950年代のアメリカ企業と異ならない）。したがって,イギリスが不況であったとしても,投資は継続され,またはイギリス国内の需要を大きく上回る生産規模をイギリスに建設することにもなった。さらに将来のヨーロッパの需要拡大を想定して,あらかじめ生産能力を拡大できる余裕のある広さを持つ工場敷地を日本企業は取得する必要もあった。それには工場立置がグリーンフィールドでなければならなかった。

　要因の2つ目は,日本の対英投資先の大部分が電機産業や自動車産業であることに基づく。この部門の需要の規模や内容は時間経過とともに大きく変動する。日本会社はそれに対応するために多様な商品を作り,プラントを突然拡張しなければならない事態が起こりうると予測していた。例えば,1979年に三菱電機はカラーテレビ生産を開始したが,後に国内消費財のニーズが多様化したためにその需要に対応してビデオテープや電子レンジを生産するためのラインを同敷地で拡大した。このように需要内容の変化でその生産物を迅速に変更する日本企業にとって,工場敷地の広さはフレキシブルな大き

さでなければならなかった。そのためにも日本企業はグリーンフィールドに進出したのである。その結果，在英日本企業はアメリカやECの子会社よりも顧客志向的行動が早急にとれ，地域に対する戦略において秀でていて，より明瞭な市場目的，戦略，そして計画を持つと指摘されるようになる。[67]

要因の3つ目は，いわゆる日本的生産様式の柱の1つであるジャスト・イン・タイム方式（以下，JITとする）から引き出されるものである。JITは無駄をなくすリーン生産を支える中心柱で，在庫を持たない生産を意味している。無駄な在庫を持たない生産が可能になるのは，少なくとも2つの条件が前提となる。1つは労使関係の長期の安定性（ストライキなどの攪乱要因は最も排除されるべき要因）であり，もう1つは在庫を抱えないで時間通りに部品や原材料を確保できる安定した供給体制である。後者の部品や原材料を需要変動に応じて安定的にプラントに供給する方法の1つは，プラントの近郊に材料や部品を供給する関連工場や施設を立地させることである。したがって，企業がプラントを建設する場合，立地については郊外でインフラが整い，しかもそれらの関連会社が後に進出することが可能であるような，今後取得可能な広大な敷地を残していること，それとも周辺にそれが存在することが必要であった。

5.2.3　長期的視点による投資・経営

独自性の第3は，日本の直接投資は低収益しか上げられなかったが，市場確保というより長期的な視点に立った投資が継続して行われたことである。アメリカの在英子会社やイギリス企業は短期的な視点の利潤実績を重視する，それに対して日本子会社は長期的な視点の経営実績により大きい優先順位を与えていると指摘された。実際，1990年代の製造業における在欧日系子会社の収益率は，アメリカ地域の日系子会社のそれに比べると低い（表2-5-9）。

M. マンディとM. ピールら[68]によるイギリス国内企業と日本企業における経営実績の比較分析が存在する。そこでは，企業実績を3つの収益力指標（純利潤マージン，充用資本に対する利益率，そして赤字企業の全体に占める比率）

表2-5-9　日本の製造業海外子会社の収益率（時価）：1984～2002年

年	アメリカ	ヨーロッパ	ラテンアメリカ	中国	ASEAN4	NIES3	世界
1984	1.6	2.1	9.8	6.5	6.5	4.1	3.8
1985～87	3.5	2.0	6.0	3.4	3.5	4.4	3.4
1988～90	2.6	2.2	-0.4	2.7	2.6	4.8	2.7
1991～93	0.6	-1.5	25.4	4.0	3.9	2.1	1.2
1994～96	-2.8	-4.8	-11.5	-6.9	-6.8	0.7	-3.3
1998	3.6	3.0	2.4	0.3	3.0	5.5	3.4
2002	n.a	n.a	n.a	n.a	n.a.	n.a	4.1

出所：Farrell, R., (2008) *Japanese Investment in the World Economy*, p.86.

から，日本の在英子会社（97社）とイギリス国内のそれに対応する産業に属する企業（97社）を比較している。

日本の在英子会社の1991年の平均純利潤マージンは-1.89％であるのに対してイギリス企業は6.73％で，イギリス企業よりも大幅により低い。充用資本に対する平均利益率でも，日本の在英子会社（96社）のそれは-0.26％であったが，イギリス企業（96社）では10.77％であり，平均純利潤マージンと同じ結果が得られる。イギリス国内の企業（72社）の総（営業）平均利潤率は30.1％であるのに対して在英日本企業（72社）は23.5％であり，イギリス企業が「大幅に高い」結果となっている。これらの結果から，日本企業は収益性でイギリス企業より大きく劣っていることになる。また，日本の子会社は1991年と1994年の両年の赤字企業の存在でも，日本企業は国内企業よりも2倍以上の赤字体験があったことを示している。全体的に，3つの利潤に関する変数の各々を要約した統計数値は，1991年も1994年もイギリス企業と比べて日本の企業は比較的貧弱な収益性を示している。

また，1994/95年と1995/96年の2つの期間に製造業で損失を出している企業（破産企業を除く）の大きさも彼らは報告している[69]（表2-5-10）。1994/95年に，日本の在英子会社（サンプル数が159社）の40.3％（1995/96年では34.7％）は損失を計上し，それに対してイギリス所有の子会社（4473社）は18.9％，

他の外国子会社（3293社）が25.8％，そして独立のイギリス企業（2万901社）が22.2％であった。日本の在英子会社が損失を計上している企業が占める大きさは他の外国所有子会社やイギリス企業よりも遥かに高い。同様の傾向は，1995/96年でも起こっている。ここから，

表2-5-10 損失を出している製造業企業：1994/95年と1995/96年（損失企業の比率）

(％，( )は企業数)

	1994/95年	1995/96年
日本の子会社	40.3 (159)	34.7 (98)
他の外国所有子会社	25.8 (3293)	23.1 (2164)
イギリス所有の子会社	18.9 (4473)	17.0 (3278)
独立のイギリス企業	22.2(12976)	19.1 (9967)
全企業	22.2(20901)	19.1(15507)

出所：Phelps, N. and Alden, J. (1999) *Foreign Direct Investment and the Global Economy*, p.168.

日本の在英子会社は両年とも国内企業のそれよりも2倍以上の高い水準の赤字を体験していた。

　しかし，他方で上で示した日本企業とは一瞥すると対立し矛盾するような2つの事象を彼らは指摘する。その1つは，製造業企業の死滅（清算や破産）についてみると，まったく異なる事態となっている。企業実績の悪化にもかかわらず，日本企業（167社）における破たんや閉鎖による消滅企業が生まれた比率は，1994/95年で0.6％，1995/96年では0％であった。同時期のイギリス企業はそれぞれ0.9％と0.5％であった。それはイギリス企業よりも「遥かにより低い」[70]。もう1つ事象は，日系子会社（672社）の賃金がイギリスのそれに対応する企業と比べて高いことである。平均すると，日系企業の売上高はイギリス企業のそれとほぼ同じ水準であったが，その売上高を上げるのにイギリス企業の雇用者は672人が存在したが，日系子会社はその60％に匹敵する405人であった。日系企業の雇用者への1人当たりの平均報酬は1万8563ポンドであったのに対して，イギリス企業では1万6246ポンドであった。だが，他方で日系企業の賃金支払い総額は692万ポンドであるが，それに対応する国内企業では1131万ポンドであり，日系子会社が相当に少ない額に抑えられていることを示している[71]。

　このような対立し矛盾する事象が，なぜ起こるのかに対する彼らの説明

は，悪い実績に対して親企業から子会社へ大きな支援が行われているとか，為替リスクの回避や課税対策から移転価格づけが行われ，子会社の収益が過度に悪化させられた状況となり，真の企業の健全性が隠ぺいされている可能性があるとしている。[72]

　以上のような独自性を持つ日本企業の経営様式をイギリス企業が全面的に模倣することは，明らかに困難である。それの受け入れは，イギリス資本蓄積の特異性（雇用削減による生産性上昇）を全面的に放棄することを意味するからである。そこで，対英 FDI の意義を改めて問う必要がある。そこで節を改めて日本の対英 FDI を評論する。

6　結びにかえて：「日本化」に関する議論

　1980年代後半にイギリス経済で「日本化」と呼ばれる状況が生まれ，多くの関連書が出版された。しかしながら，これまでに指摘したように外国企業の対英 FDI の中で日本の対英直接投資額の大きさやそれが生む雇用の大きさだけを見ると，1995年をとってみても海外直接投資額は2.5％を占めるに過ぎず，雇用でも「1988年では全製造業の雇用の，わずかに１％の４分の１に満たない１万8000人の雇用者を抱える55の日本企業工場があった」に過ぎない。[73] 投資や雇用の数量から見ると，イギリス経済に大きな影響を与えているとはとても言えない。

　だが，「日本化」は注目を浴びざるをえない。その理由の１つは，新しく，先端の生産方法や技法の取得へのイギリス経営者の期待である。戦後のアメリカの対英直接投資の経過とその評価を見ると，それが理解できる。第２次世界大戦後のアメリカの対英直接投資は幅広い分野で行われ，戦後のイギリスの製造業に圧倒的な量の新しい技術・技法がアメリカからもたらされた。アメリカの対英直接投資は，当時の先端の新技術や情報を流入媒体として行われていた。例えば，戦前のフォードの対英進出によってフォードシステムはイギリスに導入された。その結果，イギリスの唯一の量産自動車メーカーであるローバーは，1970年代までは有力な自動車生産メーカーとして存続し

た。この対外直接投資の評価の延長線上に日本の対英製造業投資を位置づけると，日本のその投資はアメリカに代わる「高品質，低費用の財の製造者」[74]として，またリーン生産をもたらすものとして期待された。つまり，それは主に「デモンストレーション効果」と模倣対象——新しい技術・技法をもたらすもの——として認識されていった。だがその蓄積様式が異なり過ぎた。したがって，日本的な生産様式の全面的な採用は不可能であるが，1990年に入ると，その様式が部分的に生産に導入されるようになる。それは第3章で取り上げる「高実績労働組織」として展開されるものである。

部分的に導入された点を簡単にまとめる。

リーン生産は大雑把に言うと，ジャスト・イン・タイムと品質を保持するクオリティ・サークルを2本柱としている（前者がより重要である）。リーン生産の中のジャスト・イン・タイムは単なる在庫システムではない。[75]適切にそれを機能させるために，熟練を持つ労働の存在とそれと円滑に調和して働くフレキシブルな労働の効率利用，生産システムに対する積極的な経営参加，多目的な機械を操作する労働，リード時間の縮小，そして部品供給者との密接な関係の構築など多くの要素の組み合わせの順調な働きが要求される。これは，このシステムが企業内部の労働の管理のみならず，通常企業外の下請け業者や関連取り引き企業者との継続して積み上げてきた密接な関係を媒介にした厳格に管理された複数の要素によって初めて順調に機能するシステムであり，とりわけ，部品や原料の供給者と大規模企業との間の密接で長期的な関係に依存するシステムでもある。

イギリス企業においてリーン生産の中で比較的よく用いられているのは，チーム労働とクオリティ・サークルで代表される品質管理（商品の差別化）に関わる側面である。『2004年労働現場雇用関係サーベィ（以下，WERSと記す)』によると[76]，2004年に労働現場のほぼ4分の3（72％）の中核雇用者内部にチーム労働は存在する。その水準は1998年水準とほとんど変化がない。中核雇用者に割り当てられた公式チームを一部でも持っている労働現場は5分の4（79％）前後に達している。次に，機能的フレキシビリティを高める訓練を含むマルチスキル化は，労働現場の3分の2（66％）で実施されていた。

マルチスキル化も1998年水準とほとんど変化していなかった。マルチスキル化はプラントや機械作業者の内部で最も一般的であり，労働現場の少なくとも75％が訓練され，彼らは機能的にフレキシブルになっている。最後に，「問題―解決グループ」は労働実績や課業関連の問題を解決するために形成され，「継続する改善グループ」として言及される場合もある。J. ギャリーによると，「問題―解決グループ」を利用している労働現場の大きさは，「1980年代初期の大変低いベースから1990年の35％，1998年の38％となり，大幅に増大した」[77]。しかし，『2004年 WERS』によると，1998年から2004年までの間に若干増加したに過ぎない。それは主に中核労働者の労働現場で作られ，「専門職」で44％，「専門関連や技術職」で30％，そして「管理と秘書職」で39％であった。また，非管理者の「問題―解決グループ」は，21％の労働現場で存在したに過ぎなかった。そして，これが永続的な組織であるとしたのは，その内の10％であった。

　『WERS』から明らかにした，「1980年代末と1990年代初期には新しい労働慣行は広範囲に普及してはいない，そしてイギリスの労働現場に大きな程度で浸透していない」[78]という点を踏まえると，2000年代初期まで同様の結論とも言える。

　イギリス政府の立場から日本の対英 FDI を見ると次のようになる。外国子会社はイギリス企業よりも生産性が高い。しかも雇用者の賃金も高く，雇用増加につながり，そしてイギリスの輸出への貢献が増大している。例えば，アメリカ子会社は輸出に大きな貢献をしている（表2-6-1）。1982～94年に，アメリカの輸出は1982年の75億7600万ポンドから一貫して増加し1994年には243億5000万ポンド，その期間で3.2倍となっている。UK 輸出全体にそれが占めるシェアは1982年の18.9％から1994年の21.7％に増大している（ただし，1992年がそのピークで29.0％である）。日系自動車の場合では，日系自動車メーカー3社の輸出は1988年の21万3000台から1996年には91万台へと輸出を増大させた（図2-6-1）。「強力な輸出は UK 自動車生産の全体的な成長を支えている」と高い評価を得ている[79]。この動きは現在まで続き，トヨタ，ニッサンそしてホンダの日系子会社は，2015年にイギリスの生産台数である

表 2-6-1　UK製造業輸出全体に占めるアメリカ子会社のシェア

年	(1) US子会社 (100万ポンド)	1982年=100	(2) UIK輸出 (100万ポンド)	1982年=100	(1)／(2) (％)
1957	296	3.0	2971	7.4	9.96
1966	639	8.4	4772	11.9	13.39
1973	1839	24.2	11589	29.0	15.87
1977	4365	57.6	25824	64.4	16.90
1982	7576	100.0	40087	100.0	18.90
1989	14094	186.0	76361	190.9	18.46
1990	16253	214.5	84166	210.4	19.31
1991	18633	249.5	86062	215.2	21.65
1992	23964	316.3	88796	222.0	28.99
1993	23651	312.2	98090	245.0	24.11
1994	24350	321.4	112078	280.2	21.73

出所：Dunning, J., (1998) *American Investment in British Manufacturing Industry*, p.308.

約159万台の内の半分を生産し，イギリス製造業の柱の1つとなり，輸出でもニッサンはその生産の8割をEUに輸出している。[80)]

　このように，イギリス製造業の新しい資本蓄積において外国資本は不可欠なものとなっている。しかしそれは，外国資本が成長のエンジンとはなっていないが，あくまでもイギリス資本の欠点（雇用の増加や競争力の低下による輸出の困難）を補完する存在として，そしてあまり前進していないが模倣の対象として位置づけられる。

図2-6-1 （1）イギリスにおける日系自動車会社

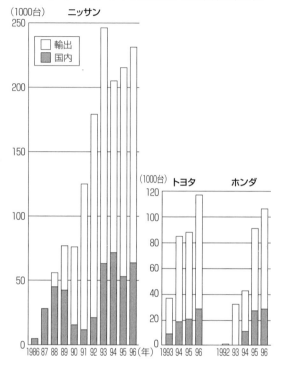

（2）UKの自動車生産

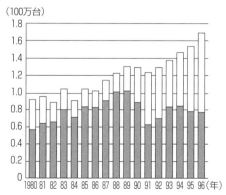

出所：『フィナンシャルタイムズ』'97, 5/21.

1）Alter, R., (1995) "Capital Movement, International and Services Division", OECD *Foreign Direct Investment, Trade and Employment*, p.9.
2）『日本経済新聞』2008年5月18日。
3）Driver, S. and Martell, L., (2002) *Blair's Britain*, p.111.
4）Strange, R., (1993) *Japanese Manufacturing Investment in Europe*, p.1.
5）OECD, (1995) *op.cit.*, p.114.
6）Pain, N., (2001) "The Growth and Impact of Inward Investment in the UK", Pain, N., (ed) *Inward Investment, Technological Change and Growth*, p.5.
7）Strange, R., *op.cit.*, p.3.
8）Moran, T. and Oldenskim. L., (2013) *Foreign Direct Investment in the United States: Peterson Institute for International Economics*, p.9.
9）McCormick, B. and McCormick, K., (1996) *Japanese Companies-British Factories*, p.8.
10）Strange, R., *op.cit.*, p.24.
11）この経過についてはStrange, R., *ibid.*, p.50. を参照。
12）*Ibid.*, p.80.
13）McCormick, B. and McCormick, K., *op.cit.*, p.3.
14）Mason, M. and Encarnation, D., (1994) *Does Ownership Matter?*, p.187.
15）累積直接投資額のうちサービス部門は534億600万ドルであり，製造業のそれを圧倒する大きさのサービス部門への投資が行われている。そのサービス部門では「金融保険」部門が66.3％を占めている。金融部門への直接投資が産業別で多数を占める。1970年代末までは，銀行はヨーロッパにおける日本の製造業への金融支援という役割からヨーロッパに投資を行っていた（*Ibid.*, p.239.）。
16）*Ibid.*, p.239.
17）*Ibid.*, p.135.
18）『フィナンシャルタイムズ』'96, 7/18.
19）Strange, R., *op.cit.*, p.146.
20）Ferner, A., (2003) "Foreign Multinations and Industrial Relations Innovation in Britain", Edwards, P., (ed) *Industrial Relations*, p.82.
21）外国の投資家に影響を与えた唯一のイギリスの法律は1947年の「為替管理法」である。それは，すべての対内投資に対してイングランド銀行とまたは他の政府の部署との相談を必要とし，財務省からの許可が求められた。しかしながら，実際には許可は，数年経つと形がい化し，1979年10月のその法律の廃止以前では大部分形式的なものとなっていた。外国の子会社は1979年以前でもイギリス企業と基本的に同じ方法で取り扱われた（Strange, R., *op. cit.*, p.114.）。
22）Marginson, P. and Meardi, G., (2010) "Multinational Companies", Colling, T. and Terry, M., (eds) *Industrial Relations*, p.207.
23）1979〜82年の大量に生まれた職の喪失の半分は「サッチャー効果」に帰せられる（Martin, R. and Rowthorn, B., (1986) *The Geography of De-Industrialisation*, p.258.）。
24）DTI, (2002) *The Government's Manufacturing Strategy*, p.15.

25) Dunning, J., (1998) *American Investment in British Manufacturing Industry*, p.29
26) *Ibid.*, p.24.
27) ONS, (1997) *Economic Trends, Annual Supplement*, 1997Edition No.23, p.148.
28) Curwen, P., (ed) (1994) *Understanding the UK Economy*. 3 ed, p.204.
29) DTI, (1995) *Competitiveness forging Ahead*, p.161.
30) DTI, (1996) *Competitiveness Creating the Enterprise Centre of Europe*, p.139.
31) Pain, N., *op.cit.*, p.7.
32) Marginson, P. and Meardi, G., (2010) "Multinational Companies", Colling, T. and Terry, M., (eds) *op.cit.*, p.209.
33) 『フィナンシャルタイムズ』'96, 7/18.
34) Curwen, P., (ed) *op.cit.*, p.204.
35) 『フィナンシャルタイムズ』'96, 6/12.
36) エネルギー部門の石油産業についてはイギリスでは伝統的に海外、特にアメリカからの投資が行われ、金融サービスでは1980年代の金融部門の規制撤廃、いわゆる「ビックバン」のために海外からの直接投資が増加している。
37) Cook, M., and Healey, N., (1995) *Growth and Structural Change*, p.36.
38) Dunning, J., *op.cit.*, p.290.
39) *Ibid.*, p.291.
40) OECD, (1997) *OECD Ecomomic Survey 1996 UK*, p.48.
41) Dunning, J., *op.cit.*, p.289.
42) OECD, *op.cit.*, p.54.
43) *Ibid.*
44) 『フィナンシャルタイムズ』'96, 7/18.
45) Bacon, R., and Eltis, W., (1998) *Britain's Economic Problem Revisited*, p.xxxix.
46) 外国企業数とその比率はDunning, J., *op.cit.*, p.292. 表A5より計算した。
47) 1986〜89年で外国企業は56社増加、日本（58社）やEU（21社）が増加し、アメリカが減少（56社）している（Dunning, J., *ibid.*, p.292）。
48) 『フィナンシャルタイムズ』'96, 9/4.
49) 同前書。
50) Dunning, J., *op.cit.*, p.294.
51) Lansbury, M. and Mayes, D., (1996) "Entry, Exit, Ownership and Growth of Productivity", Mayes, D., (ed) *Sources of Productivity Growth*, pp.52-65.
52) *Ibid.*, p.63.
53) *Ibid.*, p.64.
54) R. クルムらによると、製造業部門において外国の多国籍業はイギリス所有企業より生産性が1.34倍高い（Crum, R. and Davies, S., (1995) *Multinations*, Heinemann, p.61）。
55) 大量・差別化産業を、さらに市場が輸出対象となりがちである財の生産部門（多国籍業による国境を超えた企業間取引となりがちである）とそれが低い部門とに2つに分けている。前者にコンピュータ、エレトロニクス産業、自動車などの産業が含まれている（OECD, *op. cit.*, p.56）。

56) 少量・同質的産業も2つに分けられ，競争が激しい部門として繊維が上げられている（*Ibid.*, p.56）。
57) 『フィナンシャルタイムズ』'96, 6/12.
58) DTI, (1996) *op.cit.*, p.6.
59) Strange, R., *op.cit.*, p.99.
60) McCormick, B. and McCormick, K., *op.cit.*, p.1.
61) Dunning, J., (2001) *Global Capitalism at Bay?*, p.287.
62) Ferner, A., (2003) "Foreign Multinationals and Industrial Relations Innovation in Britain", Edwards, P., (ed). *op.cit.*, p.86.
63) Strange, R., *op.cit.*, p.113.
64) グリーン・フィールドがなぜ日本企業に選ばれたのかの理由を，中川香代氏は，そこが農地の産業未開地で，伝統的な労働慣行や労働運動の体験のない若者を日系企業が多く獲得できるからであるとしている（中川香代（2011）「英国における日系企業と日本的経営」林正樹編『現代日本企業の競争力』ミネルヴァ書房，253頁）。しかしこれは正確ではない。日系企業が進出している地域は，高失業者で，地域GDPの伸びがイギリス全体と比べて劣っていて，しかも近くに国道が走っている地域である。それは伝統的な石炭業と重工業や自動車産業が競争で衰退していた地域でもある。そこでは比較的質の高いマニュアル労働者が多く存在し，彼らが就労を優先し新しい労働慣行も受け入れやすい地域が選ばれている。その代表は，西ミットランドのバーミンガム近くにあるテルフォードである。
65) Dunning, J., (1993) *op.cit.*, p.141.
66) Strange, R., *op.cit.*, p.119.
67) Doyle, P., Saunders, J., and V. Wong., (1992) "Competition in Grobal Markets", *Journal of International Business Studies*, 1992年，第3四半期。
68) Munday, M. and Peel, M., (1997) "The Japanese Manufacturing Sector in the UK", *Accounting and Business Research*, Vol.28, No.1. p.25.
69) Phelps, N. and Alden, J., (1999) *Foreign Direct Investment and the Global Economy*, p.168.
70) *Ibid.*
71) Munday, M. and Peel, M., op.cit., p.25.
72) Phelps, N. and Alden, J., *op.cit.*, p.168. この点を今後の課題としたい。
73) Edwards, P., (1993) *Industrial Relations*, p.73
74) Oliver, N. and Wilkinson, B., (1992) *The Japanization of British Industry*, p.5.
75) Thompson P. and McHugh, D., (1990) *Work Organisations*, p.168.
76) Kersey, B., Alpin, C., Forth, J., Forth, Bryson, A., Bewley, H., Dix, G. and Oxenbridge, S., (2006) *Inside the Workplace*, 第4章参照。
77) Geary, J. (2003) "New Forms of Work Organization", Edwards, P., *op.cit.*, p.343.
78) Ibid., p.342.
79) 『フィナンシャルタイムズ』'97, 5/21.
80) 『週刊東洋経済』2016年7月9日号，36頁。

第3章
グローバル下の労働過程とイギリス労働管理

1 グローバル下の労働過程論とは何か

　1980年代以降のグローバリゼーションの進展は，先進国における労働過程を大きく変容させた。本節ではまず，どのように変容させたのかを大雑把に明らかにする。

　本格化してきたグローバリゼーション時代の財やサービスの供給は，世界を舞台に激しい企業間競争の中で繰り広げられる。グローバルな競争において企業が生き残るには，消費者志向の生産を行うよう企業に強要し，それに順応してその競争力を高めるしかない。企業レベルでのその競争力は，世界的な需要の変動に対して，企業が「適切な時期に，適切な価格で適切な品質と量を供給する能力」をどれぐらい持っているのかに端的に示される。このことは，急激な需要変動に応じて，企業が労働の雇用形態，労働組織，そして労働過程——供給側の変化を常に求め，生産変革を遂行していく——で対応させるフレキシビリティを企業活動の中心部に位置づけることを意味する。

　そのグローバルな競争激化の結果，生まれた世界は大別すると2つの陣営に分かれた。新興工業国や途上国の企業陣営は低賃金を武器に，不熟練労働やセミスキルな労働を駆使した低品質で標準化された大量生産の低付加価値生産物の生産を主に担い，他方，それに対抗するために先進国の企業陣営は，途上国で生産が困難である商品生産にシフトしていかざるをえなくなった。先進国の企業は高い質の労働を駆使して，差別化された高い品質の高付加価値生産物を生産する。したがって，先進国の企業では熟練労働（一定の教育・学習や修養期間を経ないとできない具体的な作業を担う労働や，特殊な教育を受けないと手に入らない特別な知識を持つ労働）やマルチスキルな労働と不熟練

労働からなる労働過程が形成される。

　先進国の企業で高品質で差別化された製品を製造する生産過程は，その商品の寿命をできるだけ短命化し，絶え間なく高付加価値の新製品を市場に送り続ける。そこでは，連続するイノベーションが求められる。これは，先進国企業の労働過程で継続的に熟練労働が存在し，しかもその熟練労働に要求される具体的な内容が絶えず変容させられ，労働組織のありようも常に革新される可能性が高い。熟練労働はいわば，それらの新たな生成と消滅を絶えず起こしていることを意味している。そこから，先進国の企業にとってグローバリゼーションとは「新しい熟練を労働力が吸収しないならば，技術進歩からの果実の大部分を刈り取ることが困難となる[3]」時代ということになる[4]。

　先進国の企業がとる労働過程での戦略は，一方で熟練労働に対する絶え間ない新陳代謝を追求し，労働の質的な上昇を常に求める。同時に不熟練労働に対しては，途上国の不熟練労働の低賃金と競争できるように常に賃金の引き下げを求め続け，そして差別化された商品を生産することである。

　このように先進国の労働過程はグローバルな競争に晒されると，熟練と不熟練労働からなるように方向づけられるが，それを実現させるには，別の大きな契機が必要となった。それは1980年代のマイクロエレクトロニクス技術や1990年代の情報技術である。コンピュータや情報技術は，それに携わる労働者にそれに関する新しい知識や情報を常に学習させ，発展させる必要性を生み，このことの遂行程度は企業にとって競争上の死活問題となる。その結果，ハイテク時代の企業はより高等な教育を受けたより質の高い労働を絶えず求め，労働現場次元でも労働者に学習させ，その能力の発展を促す[5]。この視点から労働過程で労働者に知識を与え，熟練労働が形成されることが，その過程の不可欠の要素となっている[6]。同時にこれは途上国の低価格商品に対抗するために，低賃金への圧力を強め先進諸国に共通する非標準雇用形態の労働の増大として現れるのである[7]。

　それでは，1970年以降のグローバルな経済の進展の中でイギリスの労働過程は，どのような課題を背負って上の過程が貫徹され，熟練と不熟練の二重の労働からなる労働過程を形成しているのか，それを解明するのが本章の課

題である。そしてそのような二重の労働過程の確立は不熟練な労働からのみ成り立つ労働過程では論じられない，それ独自の課題はイギリスではどのように論じられているのかを見る。

　熟練労働は，労働市場において資本が必要なとき，不熟練労働と比べて容易に手に入れることが困難な労働でもある。したがって，熟練労働を不可欠とする労働過程は，不熟練な労働のみからなる労働過程とは次元の異なる新しい問題を抱えることになる。この問題は何であり，どのように資本はその問題の解決を図っているのか。熟練労働を含む労働過程か，そうでない労働過程かについては，従来の議論の流れでは，労働の断片化・単純化を求めるフォーディズムとそれを有効としない生産であるポスト・フォーディズムとの相違としてしばしば取り上げられてきた。この議論の重要な争点の1つは，熟練労働を内包する具体的な作業を組み入れた生産過程の新たな論点は，熟練労働で形成される価値の大きさ――形成された価値――とその熟練労働力の価値――賃金――との関係である。

　この課題に応えるために，本章はイギリスにおける労働の二重化に焦点をあて，第2節では，『資本論』で展開されている不熟練労働からなる労働（生産）過程で，形成される価値と賃金との関連がどのように把握されているのかを明らかにする。第3節では，H.ブレイヴァマンの『労働と独占資本』を取り上げる。というのは，彼は初めて熟練労働と不熟練労働からなる労働過程のケースを想定して，熟練労働の存在が生産過程でどのような独自な問題を抱えているのかを明らかにし，不十分とは言え，その解決の方法――熟練の解体と不熟練労働化――を示したからである。

　次に第4節で，ブレイヴァマンの所説の限界（抵抗概念がない）を批判するという狙いで，1970年代に彼の所説と対抗する形で戦略として熟練の形成論を展開――労働過程の熟練労働と不熟練労働を，中心と周辺労働として具体化――したA.フリードマンの所説を取り上げる。第5節では，1980年代のJ.アトキンソンらの「フレキシブルな企業」モデルを取り上げる。彼のモデルは中心と周辺という概念を受け継ぎながら，雇用削減から生産性上昇という資本蓄積の要請に応え，しかもグローバリゼーション下の企業の変容とい

う視点（フレキシビリティを企業の中に組み込む）から労働過程がどのように変容していかなければならないのかを雇用形態の多様化と企業活動のフレキシビリティ化という対応を内包する全体像を示した。その影響力は現在でも大きい。そこで第6節では，1980年代にアトキンソンらが強調したフレキシビリティを企業が現実に受け入れた1990年代のイギリスのフレキシビリティの多様化・深化を見る。第7節では，1990年代に先進国に普及した「高実績労働組織」について取り上げる。「高実績」をあげる熟練労働がどのように組織化されているのかが展開される。そこにおける形成された価値と賃金支払い制度との関係や，それを受け入れるときの労働組織の特徴を主に取り上げる。

以上からは，現在のイギリスの労働過程（論）や雇用関係（論）がどのような課題や進展の方向性――労使関係から雇用関係へ――をもち，そしてどのように具体的に展開されたのかを見ることにもなる。本章は1990年代以降のイギリス生産過程の変化がどのように展開されたのかを具体的に示すことでもある。

2　不熟練労働から成り立つ生産過程
――マルクスの生産過程論――

不熟練労働からのみ成り立つ労働過程論は，マルクスが『資本論』で想定する労働過程と共通である。そこで，本節ではマルクスの「生産過程論」（ここでは『資本論』第2章から第4章を指す）に依拠しながら，不熟練労働からなる資本主義生産における生産過程では，形成される価値，労働力の価値（賃金），そして労働過程の具体的な労働内容との三者の関連がどのように展開されるのかを概説する。

2.1　労働の二重性と生産過程

マルクス経済学において評価されるとすれば，それは剰余価値の存在，労働搾取を証明したことである。商品・労働の二重性を指摘し，それに基づいて初めて体系的にこれらの証明を行った。マルクス自身が述べているよう[8]

に，彼が経済学体系の中で最大の貢献の1つであると自負するのは，商品・労働の二重性の発見である。これは商品の使用価値と価値の二重性であり，労働の次元では，使用価値を形成する具体的有用労働と価値を形成する抽象的・人間労働の二重性の展開である。ここで強調されるのは，価値は使用価値によって担われているが，使用価値は価値を規定するものではないという点である。両者は徹底して区別されるべきものである。労働次元で言えば，これは，価値の形成やその量に具体的な労働の形態(労働の具体的中身)はまったく関連しないことを意味する。

このような立場に立ったとき，労働力の価値（賃金）と生産過程で形成される価値との関係，剰余価値の発生の秘密を初めて解明することが可能となる。したがって，この二重性把握こそが資本主義の本質解明を可能にしたという理由から，マルクス自身が上記のような評価をするのである。

「生産過程論」では大雑把に言って2つの場面で，商品の価値と労働の二重性の重要性を指摘している。第1場面は，労働力商品の取引の場としての労働市場においてである。ここで現れる労働力商品が他の商品と異なる性質は労働力商品の使用価値が価値を形成する点にある。それに対してその価値は労働力の再生産に必要な労働量（生活手段商品に含まれる労働量）によって決定される。労働市場ではその能力の売買が価値通りに行われても，実際に形成される価値の大きさは，その能力が使用される生産過程で決定される。そこで，形成価値の大きさと労働力商品の価値の大きさのそれぞれの決定は空間的・時間的次元（生産過程と生産過程外部）で異なり，その決定原理もまったく異なる。したがって，その量も当然異なる。いわば，商品の二重性の視点では，商品の価値はその使用価値によって担われている限りにおいてのみそれと関係を持つに過ぎず，両者の価値の大きさ（労働力の価値と形成される価値）の決定過程はまったく無関係に行われる。

第2の場面の労働の二重性は，生産過程において現れる。労働の具体的側面は自然に対する人間労働の働きかけを媒介にして財を生産するが，その中で原料や機械などの生産手段の価値が新生産物に移転される。それと同時に，労働の抽象的な人間側面は新しい価値を形成する。ここでは，労働の二

重性論が価値移転過程と価値形成過程として論じられている。そこで，形成された価値の大きさは，具体的な労働の側面（労働の中身）とは無関係であることが指摘される。

ここで問題となるのは，形成される価値の大きさは具体的な労働の側面と関わりなく決定されるのかどうかの証明である。個々の労働者には個性があるので，不熟練労働力が形成する価値の大きさは，個々の労働者レベルで見ると格差が存在する。いわば，それの大きさはバラバラで不定である。しかしながら，企業が多数の労働者を雇用する場合，不熟練労働者が形成する価値については各個人の個性が相殺されて平均という概念が形成され，企業にとって平均の一定の確定された価値の大きさとして形成される価値が存在するようになる。もし平均を下回る価値形成を行う労働者であるならば，企業はその労働者を直ちに解雇し，労働市場から平均以上の価値を形成する労働者を改めて確保するであろう。

労働市場には大量に不熟練労働者が存在し，企業はそこから不熟練労働者をいつでも自由に調達できる環境の下では，企業が採用する雇用者が形成する価値の大きさ——当然，個人的に相違があるが——は雇用者全体を平均で見ると，おのずと一定量の大きさに落ち着く。平均を下回る価値しか形成しない個別の労働者は企業によっていつも排除され，その補充が市場によって行われる。その結果，形成される価値は不熟練労働の平均という形で把握される。したがって，そこでは，マルクスは労働の具体的な有用側面と形成される価値の大きさは無関係であるとした。

2.2 労働の二重性と資本の管理

前節でマルクスの生産過程論には労働・商品の二重性が貫徹していることを確認した。本項ではそれと管理との関係を取り上げる。

生産過程では，労働の二重性は，具体的有用労働が新生産物を形成しながら，生産手段の価値を新生産物に移転し，同時に人間的抽象的労働の側面で価値を形成する。資本家は利潤追求の点でどのような財を生産するのかに関心は持たない。しかしながら，資本家の管理・統制は労働過程でも行われ，

労働の具体的な労働仕様の側面も含まれている。労働仕様が移転される価値に影響を与えるからである。つまり，他の資本と比べて移転される価値が大きくなれば，費用の上昇となり競争戦で不利となり，逆の場合は逆の結果となるからである。いわば，資本家は価値移転という視点から，財生産の具体的な仕様に対して労働者を指導し，統制する。資本家は「労働が秩序正しく進行し，生産諸手段が合目的的に使用され，したがって原料が少しも無駄遣いされず，労働用具が大切にされるように」[9]見張るのである。

　それに対して抽象的労働の次元で問題となる，形成される価値に対する資本の統制は，使用価値が形成された価値の担い手である限りで，具体的な労働仕様と関連しているとはいえ，具体的労働の次元と区別された2つの独自な側面を持つ。その1つは，労働をサボタージュしないように労働時間や強度を管理・統制する[10]。資本家は「労働者が自分の仕事を秩序正しく，ふさわしい強度で遂行する」[11]ように見張る。もう1つは，たとえ標準労働日が設定された後でも，労働時間が延長できないかと労働者を統制する。資本家は1日の労働力の使用（価値形成）権を購入し，それを徹底して消費する考えである。そこで，資本家は購入した時間が無駄に使われていないか，さらに種々の口実を設けて労働時間を延長できないかを模索する。それに対して労働者は，販売したのは1日の使用権であるが，それはあくまで労働力の順調な再生産を前提にした使用権の販売である。そこで，労働日の延長は，当然その再生産を不可能にする点が存在する。そこで，その点を下回って労働時間は設定されるべきであると，労働者は当然の権利として主張する。このように労働力商品の消費時間をめぐる両者の利害は対立する。価値形成をめぐる統制は，資本家側は労働消費に向けた統制を求め，それに対して労働者は抵抗をするので，管理・統制を媒介にした階級闘争を生むことを意味する。いわば，労働時間をめぐる統制は階級闘争である。

　マルクスは絶対的剰余価値の増大（剰余価値率の上昇）を労働の形態的包摂とし，相対的剰余価値（労働日一定の下での剰余価値率の上昇）を労働の実質的包摂としている。形態的包摂は，一定の労働の具体的な仕様を前提（生産力一定）としているので，労働力価値は一定で労働時間の延長による剰余価値

の生産である。そこでは、これは労働能力の消費の延長であるから個別資本の次元では階級闘争が必然化させられる。それに対して相対的剰余価値生産の剰余価値率の上昇は、個別資本家の技術革新を出発点にし、それの普及による生産力の上昇を媒介にして生活手段商品の価値の低下による必要労働時間の短縮を生み出す。実質的な包摂は、生活水準を低下させることなく、また労働力の消費も一定でありながら、剰余価値率を上昇させる。この上昇は階級対立を生む必然性を持たないし、また階級闘争を媒介にしないで資本の競争によってのみ実現される。それゆえ個別資本にとって、相対的剰余価値生産はまさに労働の実質的な包摂になっていると言える[12]。

2.3 賃金と労働の内容との関係（根本的対立を隠ぺいする諸現象）

　本項では、以上の形成された価値と賃金との本質的関係を踏まえた上で、マルクスは剰余価値の存在を隠ぺいする現象を2点取り上げている。つまり、形成された価値と労働力の価値、そして労働の具体的な中身との関係が「企業家の意識層」[13]の下ではどのように理論として展開されるのかを見る。

　マルクスによると剰余価値は、形成された価値から、個別資本家にとって所与となっている労働力の価値を差し引いた部分であると定義されている。したがって、剰余価値それ自体の増大は、形成された価値の増大か、労働力の価値の低下の結果であるに過ぎない。この概念自身の内部にそれを増大させる独自な論理は存在しない。したがって、ここから導かれるのは、賃労働者と資本家とは利害が対立していることである。

　生産の諸要素のすべてが資本家の所有物であるから、そこから生産された生産物の価値――形成された価値も――はすべて資本家の所有物である。この立場から、古典派経済学は2つの独自の生産物価値と賃金関係の現象を提示した。その1つは、資本の増殖率は利潤率として、投下資本に対する剰余価値として、剰余価値率とは別である資本増大率の定式を提示する[14]。もう1つは、賃金が総生産物価値の一部から分配される価値であることを提示する。「労働者と資本家とが生産物をそのさまざまな形成諸要因の割合にもとづいて配分する協同関係、という偽りの外観」[15]を表示する。前者の定式が、

可変資本のみが価値を生むという労資の根本的な対立を隠ぺい表現するのに対して，後者の定式は，形成された価値を労資間で分けあうという点で分配上の対立が表現されるが，同時に両者が協力して価値を形成するという労資の間の「協同関係，という偽りの外観[16]」をも表現する。

　もう1つの隠ぺいする現象は，労働力の価値が市場で支出された労働の対価である賃金として現れることである。資本家が市場で購入するのは，その商品の使用価値（支出される労働量）であり，支払うのはそれに対する対価（支出労働の対価）である。また，労働が生産過程で支出された後で賃金が支払われるので，この現象はさらに強化される。労働力の価値が生産過程で支出される労働量とは関わりなく，労働力が生産に入る前に決定されているにもかかわらず，あたかも生産過程で支出された労働量（単に，何時間働いたという労働量）に対する対価として賃金は現れ，労働の価格という概念（労働力の価値÷支出される労働量）が成立する。したがって，経営者の意識では，形成された価値――支出された労働量――は賃金の増減と連携するという把握の下で「できるだけ少ない貨幣で，できるだけ多くの労働を手に入れよう[17]」とする賃金制度を追求する。経営者は産出高（形成する価値）に対する賃金費用の関連を単位労働費用という概念で把握し，それの上昇は経営の悪化・企業競争力の低下とみなし，逆の場合は逆とみなす。労働の対価とする賃金制度は，労働によって形成された価値の一部としての利潤の存在は隠ぺいされ，それは別の要因（例えば，企業家の労働の管理からのように）から生まれるとされる。労働の価格概念の成立は，前者では剰余価値が賃金として支払われるように見え，利潤がどこから生まれているかを不明にさせる。そこでは，支出された労働量・利潤を含む形成された価値の大きさの対価が賃金であると認識する。

　さらに，労働に対する対価という考えの延長線上に，目に見える形で労働，つまり具体的な労働（例えば，糸をつむぐ労働）に対する対価として賃金を把握する見解が生まれる。その場合，労働の価格は職務に対する支払いということになり，賃金が労働力の再生産の価値によって規定されるという点がまったく現れないことになる。実際，具体的な労働の対価として労働市場

で成立する。したがって，作業が異なれば，その対価である賃金も異なり，作業間の相違が賃金格差として当然に存在することが受け入れられる。

3　熟練労働を含む労働過程論と形成される価値
――ブレイヴァマンの労働過程論――

　前節で，不熟練労働からなる生産過程で形成する価値と賃金，労働の内容と賃金の関係を取り上げた。本節では，熟練労働と不熟練労働からなる労働（生産）過程では，それらの関係がどのように変化するのか，またどのような論点がそこで新たに提起されるのかを論じる。そのためにH.ブレイヴァマンの1974年に誕生した不朽の労作『労働と独占資本』を取り上げる。というのは，彼の労働過程論は熟練労働と不熟練労働の労働過程を想定し，そこでの不熟練労働からなる労働過程では問題とはならない，新しい論点を提起しているからである。

3.1　ブレイヴァマンが提起する新しい課題と解決

　彼が強調する労働力商品の独自性は2点ある。その1つは，資本家が購入するのは労働ではなく，「両者が協定した一定時間の労働する力」(強調は原文のママ)[18]，つまり一定期間で使用できる労働能力であり，ここから資本家の狙いは，生産過程における「労働力に内在する潜在力から労働の最大限の有用効果を引き出すこと」[19]であるとする。第2の独自性は，動物の活動と人間の労働を比較して，人間労働が持つ固有性，つまりそれは自然に働きかけるときに現れる労働の目的的意識性にあるとし，労働の独自性は財生産上の労働における構想（頭脳）と実行（肉体）の統一の側面であるとする。

　それではなぜ，彼はそれらの独自性を，特に後者を強調するのか。それは，彼の論理の展開の中で明らかとなるが，ここで指摘された構想と実行を統一させる労働とは熟練労働であり，構想と実行の統一を失い実行のみを担う労働が不熟練労働であるとしているからである。つまり，彼が最初に想定する労働過程は構想と実行を統一させた労働――熟練労働――から出発して

いる。このようなマルクスとは異なる生産過程を論理の出発点におくことから生まれる現代の生産過程が抱える難点とその解決の1つを、彼は提示する[20]。

労働力の消費過程で資本家が抱える最大の課題は、購入した労働能力からどれだけ剰余価値の増大を引き出せるかである。だが、それは単純に実現できないと考えている。その実現を妨げる障害は熟練労働の存在による形成される価値の不確実性にある。労働市場で資本家は労働者と合意した一定の「協定した」労働使用権（一定の労働時間）を購入したにもかかわらず、生産過程での使用（消費）で生み出される価値量が彼の期待した大きさを獲得できず、「その成果は確実でないし確定されたものではない」[21]点にある[22]。それを確定することが、資本にとって行うべき生産過程の中心課題であり、管理の発展もそれを「確定」するためにあるとする。いわば、生産過程における価値形成の大きさの不確実性を克服するのがブレイヴァマン理論の出発点であり、そのためには資本家の統制が必要であるとする。言い換えれば、彼の理論的核心部分は、剰余価値の生産の不確実さを克服する点にある。

それでは、労働力が生み出す価値の大きさを不確定にし、生産過程で労働をできるだけ多く引き出す資本家の狙いを妨げているのは何か。それは、財の生産における労働の仕様に関する知識を労働者、特に熟練労働者が独占していることである。したがって、熟練労働と不熟練労働からなる生産過程では、労資の対立の主要な論点は、マルクスのように労働時間をめぐってではなく、熟練労働者が持つ知識・熟練をめぐって起こる。

上で述べた生産における難点を克服するためにブレイヴァマン理論は、熟練労働者が持つ使用価値生産上の知識・熟練をどのように資本の側が奪い、集積するのかに経営者の果たすべき課題をおく。その結果、彼の理論の特徴の第1は、生産過程の労資対立の中心部が価値形成の次元ではなく、労働過程――具体的な労働仕様が現れる次元である――におかれている点にある。第2に、この労働の仕様は労働者の頭脳の働きである構想に内部化されているので、この構想部分を労働者から奪い取り、資本の側に移すことが資本家にとっての課題、いわば統制の課題内容となる。したがってそこでは、管理

は，価値の管理側面が大きく後退し，主に具体的な作業の管理側面として展開されることになる。第3に，生産過程の出発点でマルクスと異なり，2種類の労働者を想定する必要がある。それは，熟練労働者——熟練・知識や構想を保持している者——と不熟練労働者——それらを資本によって奪われた者——である。この2種類の労働者の存在という論理的前提の下で，「成果」の不確実性を克服するために，熟練労働者が持っていた熟練・知識そして構想力を資本が奪う過程が，独占資本主義の管理過程であり，その歴史が現代労働過程の発展史であるという[24]。

この統制過程論の典型はテイラー主義で具体化されているとし，テイラー主義の以下の3つの原理で表現されるとする。第1の原理は，熟練労働者が持つ知識をすべて集め，分類し，集計化し，そして定式化，公式化することで，いわば「労働者の技能から労働過程を引き離すこと」[25]（強調は原文のママ）である。第2の原理は，引き離された労働者が持つ構想力や知識は，資本側に集められ独占的に管理することである。この段階では，構想と実行の統一であった労働のうち構想部分は「資本の一部になってしまっている」[26]（強調は原文のママ）ので，資本側が労働の仕様，つまり熟練労働を解体する研究，例えば，時間研究や動作研究として考案し，研究する。労働者は生産用具の統制権を失うのみならず，「遂行様式にたいする統制権をも手放す」[27]。第3の原理は，「知識にたいするこの独占を，労働過程の各段階とそれの遂行様式を統制するために用いることである」[28]（強調は原文のママ）。

このような3つの原理が経営者の戦略として労働過程で適用され，実行されると，熟練労働は解体され，資本が抱える障害を取り除くことができるとする。これらの原理の適用は「意識されていなかった資本主義的生産の傾向を意識的なものに変え，組織的なものにする」[29]ことを意味し，さらに，労働の形式的従属から実質的従属への統制の進化であり，資本主義労働過程の法則を経営戦略として実現できると考えられている。したがって，テイラーの原則による剰余価値の増大は，労働強化によるものも認めているが，基本は生産力の上昇によるのではなく熟練労働力の価値低下によるものである。

3.2 ブレイヴァマンの労働過程論の評価

本項ではブレイヴァマン理論の長所と難点を指摘したい。

評価されるべき第1は，労働過程を分析するときは労働の本来的な特性（労働は構想と実行の統一）から出発しているが，分析対象となる現代の労働過程では知識を持つ労働と知識を奪われた労働，そして現代の労働の変容を後者への移行である不熟練化過程としている点から，事実上，労働過程は熟練労働と不熟練労働からなると想定していることである。

そして，第2の評価される点はそのような労働過程で新しく生じる解決すべき課題を提起していることである。熟練労働を含む労働過程では，使用価値生産上の労働仕様——知識・ノウハウや器用さ——を熟練労働者が独占的に持っているので，「一定の労働時間の労働」の購入にもかかわらず，そこから起因する剰余価値・産出高の大きさが不確実となり，そのためにそれらの増大を制約し，妨げることを明示し，この見地から，熟練労働から生まれるこの不確実さを克服するという経営課題を新たに提起したことである。マルクス理論によると，不熟練労働過程では形成される価値の大きさと労働の具体的な側面とは無関係であったが，ブレイヴァマン理論の労働過程では，それらは密接に関連する。というのは，熟練労働は，労働仕様を遂行するために，高度な知識や器用さなどを身につけるための修養期間や高等な教育期間を必要とする。そこで熟練労働は通常，不熟練労働より生産的で，「一定の労働時間」により多くの価値を形成すると考えられているからである。[30]

第3の評価点は，熟練を知識として把握し，1990年代から世界的に急激に普及した情報技術の進展によって唱えられた知識社会論を自身の理論に内包する論理的な枠組みを提唱していることである。

しかしながら，ブレイヴァマン理論の長所として評価できるのはここまでである。彼の理論上の弱点や詰められるべき論点が多くある。その第1は，労働過程でどのようなメカニズムから熟練労働が生まれたのかが展開されていないことである（熟練労働は人間労働が本来的に持つものとして想定されているだけで，所与の存在として労働過程に措定されている）。

第2は，上で述べられた課題を解決する論理が不十分である点である。そ

の解決の道筋は，資本が構想——労働仕様——を労働者から奪い取り，資本が設計した仕事から創出された職務に基づいて労働者を作業させること，つまり労働を不熟練化させることである。この点ではテイラーの論理を彼は支持する。テイラーの論理では，価値増大の追求が請負制度という出来高賃金制の下では生産物量のクラフト熟練家による調整によって妨げられると考えられていたので，資本は熟練を奪うことに邁進する。その具体的な過程は，資本による作業の断片化から生まれる動作研究や時間研究の遂行を媒介にして労働の作業量・使用価値量の標準化を定め，その標準量の実現を通じて形成される価値量を確定することを意味する。そこでは明らかに，支出労働量・形成された価値の大きさは生産された使用価値量と関連させられている。テイラーの考えを支持するブレイヴァマンも，資本主義生産における形成価値の不確定は，労働時間の大きさの確定によってではなく——これは労働力の取引で一定と想定されている——，商品の使用価量の確定によって解決されるとしている。例えば，テイラーやブレイヴァマンにおいて，形成される価値の不確定が克服されるのは，一定の時間で従来ならば1人当たりの生産量がX量であったものが，テイラーの3つの原理を適用することで3X量に増産され，その商品が従来の価格通りに実現されるケースである。このケースでは確かに，形成された価値も確定されて3倍になる。しかしながら，形成された価値・産出高量が使用価値量を媒介にして測定されるには多くの条件が前提となる。まず1つ目は，生産力水準が一定であること，より厳格に言うと，技術水準や労働仕様が変化しないことである。さらに2つ目として，生産物の価格が一定であることである。少なくともこれらがなければ，使用価値量の変化は形成された価値（実現された価値）と結びつかないからである。その結果，テイラーの考えを適用したときに生まれる剰余価値の増加は労働強化が行われたケースと言える。

　3つ目は，熟練労働と不熟練労働からなる労働過程から不熟練労働のみからなる労働過程にテイラー原理の適用で移行するとき，剰余価値率が必ず増大するのか，つまりその移行は必然的であるのかという点である。マルクスの場合は，資本主義生産過程は基本的に不熟練労働を前提にして構成され，

展開されているので，ブレイヴァマンが指摘する価値形成に対する熟練労働の労働仕様を媒介にした障害は存在しない。しかしマルクスは，歴史上のある時期に出現した資本主義的マニュファクチュア様式が，熟練労働と不熟練労働の2層から組織されていることを指摘した上で，そこでの「労働の生産性は，労働者の熟練技に依存するのみでなく，彼の道具の完全さにも依存する」ために，熟練労働の存在によって，一方で「資本はマニュファクチュア労働者が自由に使用できる全労働時間を自分のものにすることに成功していない」とし，その存在がブレイヴァマンと同様に価値増殖を妨げているとしている。しかしながら他方では，その労働様式で形成された熟練労働者が経験を通じて「目的とする有用効果を最小の力の支出で達成するすべ」を獲得しているとも指摘している。したがって，マルクスの場合，ブレイヴァマンと同様に熟練労働の存在が剰余価値の増大に対する障害となっていることを認めているが，同時に最善の生産方法で労働仕様を行う「すべ」を熟練労働者は持っているので，そこでは最少費用で生産することができるとしている。これは，熟練労働の効率的な不変資本の使用によって価値移転部分を最少にし，それで生産費用を低下させることが可能となるのみならず，熟練労働が労働生産力を上昇させ剰余価値の増大の要因ともなっていることを意味する。

　マニュファクチュア生産では，熟練労働の使用により高い労働費用をもたらすが，より大きい価値を創り出す。それに対して熟練労働の解体と不熟練労働に代替された生産は，労働力の価値の低下により労働費用は減少するが，同時に形成する価値量も低下する。両者の生産方法を比較して，後者の剰余価値率が前者のそれを上回る必然性はない。特に，現在のように生産の差別化や独占価格の成立の下での生産ではそうである。したがって，このことは，熟練労働から不熟練労働への代替も存在するが，逆のケースも存在する可能性を示唆している。経営戦略という視点からすると，構想と実行の分離による熟練労働の解体，熟練労働から不熟練労働への一方的な流れであるブレイヴァマンの不熟練化命題を資本主義生産固有の基本法則であると定式化することは一面的であり，この流れと逆の経営戦略もある条件の下で存在

することを意味する。この点を指摘したのは，イギリスでは次に取り上げるA. フリードマンである。

4　経営戦略による熟練創出の労働過程論
――フリードマンの労働過程論――

　本項では，1970年代のイギリスの労働過程の二重化論を取り上げる。
　A. フリードマンは1977年に出版した『産業と労働』[35]で2つの異なるグループ――熟練労働と不熟練労働――からなる労働過程を体系的に展開した。これは，彼がマルクスとは異なる理論的枠組みでイギリスの現実の労働過程を分析することを意味する。[36]
　彼の労働過程分析の論理的な枠組みは，彼の提示する労働過程が「持続的に，高利潤を獲得する」という経営者の狙いを実現することを前提にしている。経営者が資本主義経済の変動・変化――独占段階到来，景気変動そして労働者の抵抗など[37]――に応じて複数の経営戦略を展開する必要に迫られるという問題意識の下で，彼は労働過程の変容を取り上げている。彼が提示する労働者に対する経営戦略は，基本的に2つ――「直接的な統制」戦略と「責任ある自律性」戦略――である。前者は不熟練労働を対象にする経営戦略で，この戦略によって労働の不熟練化過程が進行する。ブレイヴァマンはその過程を資本主義の基本法則として把握したのに対し，フリードマンはそのように把握するのではなく，複数の経営戦略の単なる1つの過程に過ぎないと把握する。後者の戦略は，資本家の職務設計による職務拡大や権限委譲による職務の豊富化などによって労働者に知識や自律性を賦与し，労働の熟練化を促進するという経営戦略である。[38]両者の戦略は明らかに両極端に位置し，まったく対立した戦略であるが，しかし同時にそれらは両立もしうるとする。
　それでは，なぜ対立する2つの経営戦略が必要とされ，それらは両立しうるのか。それは労働過程で充用される労働者に2つの質の異なるグループが存在するからである。経営者にとって，労働過程で2つの種類の労働者を必

要とする理由は2つある。第1に，資本主義生産が需要の変動に対して硬直化したとき，または経済的な逆境に見舞われて「安定した，高利潤を確保すること」が困難になるとき，経営者はそれを確保するために労働者を2つに分ける。つまり，経営者は，苦境に陥った状況でも企業の生産に欠くことができない労働者グループとそうでない労働者グループとに分け，後者グループを需要の変動に弾力的に対応するのに必要な雇用調整の対象労働と考え，その労働供給をフレキシブルに取り扱うことができるからである。ブレイヴァマンが強調する「構想と実行の分離」の進行過程においても，技術労働者を中心とする生産に欠くことができない層とそうでない層が生まれるとしている。第2に，独占段階に存在する熟練労働者，または資本に対する強い抵抗力を持つ独自の労働者グループが労働者の中に生まれる。これらのグループは，景気後退で生産物需要が縮小する中でも資本がレイオフすることが困難な労働者である。経営者は，生産の中心部に位置する者と彼らとは反対に位置し，「安定した，高利潤」を確保するために積極的にレイオフの対象となりうる抵抗力の少ないグループとに労働者を区分するから2つの戦略を必要とするのである。

経営者によって区分される，これらの2種類の労働者グループのうち前者は「中心」労働者，後者は「周辺」労働者と呼ばれる。この区分の基準は「安定した，高利潤」を企業が確保することができる上で「本質的」存在であるかどうかという点におかれ，本質的と見られる者は「中心」労働者として位置づけられ，反対に経済リスクが高まる環境で高い利潤確保に役立てるため雇用調整される労働者は「周辺」労働者とされる。「中心」労働者には「責任ある自律性」経営戦略が適用され，「周辺」労働者には「直接的な統制」経営戦略が適用される。

このような彼の理論で評価されるべき点が3つある。第1は，労働過程の労働者を「中心」と「周辺」という2分類で把握し，それぞれを熟練と不熟練からなる労働とし，そこから労働統制の経営戦略を「直接的な統制」戦略と「責任ある自律性」戦略という2つのタイプを提示したこと，さらに両戦略が共存関係にもなりうることを示したこと，つまり各々の労働者グループ

に対する多様な戦略の下での経営者の統制形態を指摘したことである[41]。第2は，ブレイヴマンは熟練労働をあくまで前提として存在を認めていたに過ぎない熟練労働が，フリードマンでは，熟練労働の存在のみならずそれが必然化される論理，または熟練労働が資本にとって必要とされる論理を説いていることである。第3は，彼が提示した「責任ある自律性」戦略概念が，イギリスで1980年代後半から顕在化する熟練養成問題や雇用者の経営参加問題などの新しい論点を労働過程論次元で解明するための理論的枠組みの出発点となりえたことである。つまり，それは，労働者への権限委譲や経営参加からもたらされた自律性は資本の統制を拡大するのか，そうでないのか（搾取の拡大か，それとも資本への抵抗の成果）という論点であり，1990年代以降では，労働過程における雇用者参加（例えば，チーム労働）の自律性をどのように把握するのかという論点を提示するきっかけを創ったことである[42]。

　しかし同時に，大きな欠陥を彼の理論は持っている。第1に，彼の説では，2種類の労働が生まれる根拠に労働過程の機能の役割よりも労働者の抵抗概念がその中心部に位置づけられていることである。というのは，彼の理論に従うと，経済環境の変化によって経営戦略を適用させられるとき，高い失業水準を抱える労働者グループ（「周辺」）はそれに対する抵抗が小さく，企業の狙いである「高利潤」を比較的円滑に実現することができるが，逆の場合では，「中心」グループの抵抗が激しくなるので，そこにレイオフなどを持ち込むと大きな経営の攪乱要因となり「高利潤」実現に大きなリスクを生むことになるからである。抵抗の大きさがグループ分けの根拠となっている。

　抵抗概念を彼が重視したのは，彼が自説を展開する上で大いに刺激を与えたブレイヴマン理論を意識してのことである。ブレイヴマン理論に対する批判の中心の1つは，階級闘争や抵抗概念がないというものである[43]。そのために，フリードマンが抵抗概念を労働過程論に入れることはブレイヴマンの理論を超え，抵抗概念を自説の中に包摂することは労働過程論の具体化を大きく前進させることを意図していたのである。しかしながら，フリードマンのこの意図を別にして，労働過程に抵抗を入れたことは，彼にとって大

きな失敗であった。彼の抵抗概念は本来，資本主義一般の次元で存在するものである。したがって，そこで論じられている抵抗を媒介にして成立した経営戦略概念も資本一般次元でも通用する概念となっている。そのために，彼の労働の二重化論は，1973年の石油ショック以降，労働者の抵抗が強く，頻発するストライキの中で顕在化した過剰労働力に企業がどのように対処するのかを示す1つの処方箋としての側面を持つフリードマンの所説であるにもかかわらず，グローバリゼーションの中の労働過程の変貌やそこから生まれる二重の労働者グループ成立の根拠を不明瞭にさせた。

第2に，第1と関連するが，抵抗から一部の労働グループが自律性を経営者から獲得し，熟練労働が生まれるという彼の論理は事実と合致しないことである。1980年代以降の雇用者の参加や熟練（自律性）の増大，つまり「責任ある自律性」の進展はイギリスにおける労働組合の組織率低下，そのパワーの低下，そして彼らの抵抗力の低下の進行を同時に引き起こしている。それゆえ，労働過程で熟練労働の存在を資本が必要とする論理は資本一般の抵抗概念を媒介にするのではなく，別の論理——グローバリゼーション——から説明されるべきであると我々は考える。

5　グローバリゼーションから展開された二重の労働力からなる労働過程論
―― アトキンソンの「フレキシブルな企業」モデル ――

5.1　「フレキシブルな企業」モデルに要請される課題

本節では，1980年代前半に主にJ.アトキンソンらによって積極的に展開された労働の二重化論を取り上げる。この理論は現在も大きな影響を与えている。

1979年の第2次石油ショックの勃発による深刻な景気後退とサッチャー政権の誕生という2つの大きな変化を契機にして，1980年代に入ると第1章で明らかにしたように，イギリス経済，特に製造業は劇的に変化した。当然，労働過程も大きく変化せざるをえなくなった。その変化の1つは，製造業の雇用縮小とその裏面である大量の失業の存在である。第2は，労働組合のパ

ワーの大きな後退と経営者の権限の増大，そして両者間の力関係の転換である。それは，1970年代に失われていた経営者が持つ固有の経営権限が大きく回復され，経営戦略という概念が現実味を帯びるに至ったことを意味する。経営戦略として具体的に展開された内容は，不況によって企業内部で顕在化した過剰労働力の存在に対する対処策と，グローバルな市場変動の下で展開される労働組織や企業の再編の方向を示す戦略であった。そこでの多くの経営理論は，固定資本投資を軸とした資本蓄積論ではなく，雇用主の労働利用戦略論として展開された。[44]

そのような理論的な流れの中で最も影響力のあるのは，1984年頃から精力的に展開されたJ.アトキンソンらの「フレキシブルな企業」モデルである。[45] この理論もフリードマン理論と同様に，やはり労働過程において二重の労働力の存在を想定している。しかし，その二重の労働力を生む根拠は，フリードマンのように労働者の抵抗ではない。上で指摘したように，労働者の抵抗パワーは1980年代半ばには急激に弱体化したからである。この時期に経営者にとって最大の課題となったのは，需給ギャップによる不況をグローバルな視点でどのように克服するのか，つまり需要に対応する生産体制をどのようにうまく創るのかである。そのためには，企業は，まず企業内の過剰労働力をうまく整理しなければならない。そして同時に，急激に変動する需要——先進国に求められる高品質の生産物需要——に適合する財やサービスを企業が迅速に生産できる労働組織を創り出すことである。過剰労働力の整理と需要に適合する迅速な労働組織の創出という２つの課題を同時に実現する生産システムの構築に，経営者は迫られた。経営者のそれらの要望に応える鍵を握る概念はフレキシビリティであった。アトキンソンはフレキシビリティ概念を駆使して，あるべき１つの企業モデルを創出した。

彼の理論では，企業における機能の視点から労働力が２つに区分される。１つは，高品質の生産物を生産し，市場の不安定な変動の中でその生産を継続するために企業がどうしても確保する必要がある，生産に不可欠な機能を担う労働（力）である。もう１つは，高品質の生産の必要度という点で企業にとって比較的低い機能を担い，したがって比較的容易に取り換えのきく労

働（力）である。前者に対して企業は品質改善や新製品の生産のために労働力の熟練度を高めるように配慮し，後者には市場の需要変動に対応してその労働量を調整できる対象として位置づける。そこで，前者の労働者は中核労働者と，後者のそれは代替可能な周辺労働者とされる。いわば，彼の理論では，企業は中核の労働力には多様な熟練を求め，機能的フレキシビリティを，他方周辺労働力には雇用調整である数量的なフレキシビリティを追求する。生産上の機能の重要性の度合いを基軸にして労働編成を行い，グローバルな市場で求められる質の高い差別化された商品を弾力的に生産できる熟練の中核労働を確保し，他方でグローバル市場の急激な需要変動に対応する労働の数量的変動調整を周辺労働に求める。

彼は上で指摘した2つの課題に応えるために二重の労働を媒介にして，グローバル時代のあるべき企業像をアトキンソン・モデルとして展開したのである。このフレキシビリティ概念は現在イギリス企業論を論じる上で，またはそれ以降の企業組織や労働市場を展開する上で不可欠なものとして見られている[46]。そこで，「フレキシブルな企業」理論でフレキシビリティはどのように位置づけられているのかをさらに詳しく見る。

5.2 企業理論にフレキシビリティを内包化させる必然性とそれの実現化

アトキンソンは，企業がフレキシビリティを導入せざるをえない契機を3つ挙げる。第1の契機は，競争の激化の中で生き残るためにどうしても必要となる生産性上昇である。第2は，生産物の多様化と生産物市場の不確実性の増大に対処する必要性である。第3は，技術革新の加速化を進める必要性である。これらの3つの必要性の契機から，企業はフレキシビリティを積極的に活用しなければならない。第1の契機が生まれた状況は，競争激化の環境下で1980年代前半のように「投資が縮小しているとき[47]」で，しかも企業が「競争力の増大を経営の優先項目[48]」として設定している場合である。このような状況では，企業は「労働生産性の上昇と単位労働費用の低下[49]」を図り，そして「現在と将来の市場環境に見合う，より高い生産性の強化とその維持を行う政策と慣行を発展させる必要性[50]」に迫られる。第2の契機を生む，生

産物の多様化と差別化や生産物市場の不確実性の増大は，ますます予測しがたい需要変動に企業側の供給体制を対応させる「マニィング慣行を発展させる必要性」[51]を迫る。第3の契機を生む技術革新，特にマイクロエレクトロニクスのような先端技術が急速に普及している下では，一方で「労働の単純化」[52]が広範囲に広がるが，他方では「設計，保守そして関連するその他の職種」[53]部門で，労働の「熟練と複雑性の水準の引き上げ」[54]を企業は要請される。そこで「今日の技術に合致するような新しいマニィング慣行」[55]と「明日の技術にふさわしい慣行を迅速に導入できるような新しいマニィング政策と戦略」[56]を企業は必要とする。このように企業は，新しいマニィング慣行・戦略の実施を通じて人員整理と労働再編にフレキシビリティを一層適用していくことを迫られるとアトキンソンは言う。

　この新しいマニィング戦略による人員整理が第1次石油ショック以来，フリードマンの説にみられるように追求されたが，1980年代に入ると追求する企業を取り囲む経済環境が激変した。1980年代初期の大量解雇から失業率が急速に上昇し，1980年代半ばまで10%以上で高止まりする状況であった。失業率の高水準化と失業の長期化，そしてそれに伴う労働組合パワーの弱体化という労働市場を取り巻く新しい環境が生まれ，労使関係のパワーバランスの根本的な転換が生じた。新しいマニィング戦略の実現を妨げていた従来からの大きな「抑制要因」[57]が大きく弱体化した。これらを背景に労働者は，企業が要求する多様な職務の遂行を「受け入れる傾向」[58]が一層強くなり，企業は必要とする種類の労働を「一層確実に確保できる」[59]ようになった。この高水準の失業率は「内部労働市場」[60]にも影響を与え，労使の力関係を逆転させ，新しいマニィング慣行を労働者が受け入れる条件が整ってきた。その表れの1つがアトキンソンの「フレキシブルな企業」モデルの雇用主の労働利用戦略である。

5.3　「フレキシブルな企業」モデルにおけるフレキシビリティ

　熟練と不熟練という二重の労働からなる「フレキシブルな企業」モデル（図3-5-1）では3種類のフレキシビリティ[61]が提示される[62]。

5.3.1 機能的なフレキシビリティ

企業が追求するフレキシビリティの第1は，機能的なフレキシビリティである。これは，企業にとって「業務量，生産方法，そして／もしくは技術の変化によって要求されてくる課業に適合できる従業員の熟練を，企業が配置し調整する能力[63]」の獲得を表す。ここで対象となる労働者は商品の差別化を図る企業戦略やイノベーションから必要となる熟練や知識を持つ，またはそれらの知識が企業からの訓練によって与えられる雇用者である。彼らはこのような背景で選別され雇用者であるので，比較的安定し長期にわたった雇用保証が与えられ，通常正規雇用形態をとっている。企業にとって必要となってくる熟練の水準は，質的にも量的にも多様で大きな変動幅がある。一部の熟練労働者は非常に高い熟練や知識を保持する者であり，または別の一部はその企業特有の熟練を備えている者であるが，両者とも企業にとって外部労働市場から容易に手に入れることができない労働者グループである。そのような人々は「中核」労働者または「中核」（労働者）グループである[64]。つまり，中核労働者は高い水準の職務保証を与えられながら，高い企業特有の熟練を持ってイノベティブで，変容する課業を遂行する労働者から成り立っている。

図 3-5-1 「フレキシブルな企業」モデル

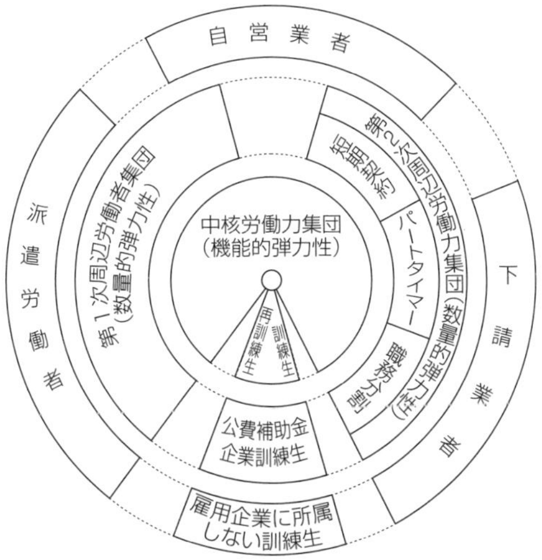

出所：Atkinson, J., (1985) "Flexibility, Uncertainty and Manpower Management", *IMS Report*, No.89, p.16.

5.3.2 数量的なフレキシビリティ

　第2は，数量的なフレキシビリティである。これは，商品に対する需要が変動するのに対応して「企業が労働者の人数，もしくは労働時間の水準を調整できる能力」である。「数量的なフレキシビリティを実現することができるのには2つの方法がある[65]」。1つは，業務の外注化・下請け化や雇用契約形態の多様化である。需要の変動に対応して雇用者数を企業が調整できるようになるには，企業が外部契約や労働者との多様な雇用契約形態を使って解雇と雇用を相当に頻繁に行い，フレキシブルにそれらを駆使しなければならない。この方法の中で有力な1つの雇用形態はパートタイムやテンプラリー労働などである。もう1つは，フレキシブルな労働時間の運用である。市場の変動に対応して「超過勤務や新しい交替勤務，そしてフレキシブルな労働時間[66]」を駆使することである。一時的な需要変動や景気変動に応じて，企業がその雇用量や労働時間量を変動させる上で対象となる雇用者は周辺労働者である。図3-5-1が示すように，「中核」を取り囲んでいる人々が「周辺」（労働者）グループと呼ばれる。

　「周辺」労働者は熟練水準が相対的に低く，企業特有の熟練も保持していないので，彼らは外部労働市場の競争に直接晒されている。したがって，企業は彼らを利用して「数量的なフレキシビリティや財務的なフレキシビリティをより簡単に実現[67]」することができる。これに対して「中核」労働者はより長期的な雇用保証やより多くの昇進の機会が与えられていることの代償として，長期的な視点に立った（再）訓練・昇進制度の受け入れや短期的な職種移動や職務管轄領域の変更などの容認の強要を通じて彼らの労働に多面的・多機能化な働き（マルチ・スキル化）を課すように要求されてくる。つまり，企業は彼らを機能的なフレキシビリティの対象と位置づけ，他のグループや外部労働市場から「切り離[68]」されるように努め，彼らに対しては独自の異なった扱いを行う。賃金においても，企業は彼らに対する賃金にインセンティブの要素を与え，「変動しうる賃金制度[69]」を適用し，課業実績（例えば，利潤関連賃金）に基づく賃金システムを採用して機能的なフレキシビリティを促進するように働きかける。

5.3.3 賃金のフレキシビリティ

　第3は，財務（賃金）上のフレキシビリティの追求である[70]。上の二重化された労働に対するマニング戦略は，需要変化に対する企業に対応能力を増大させる。しかしながら，このことが実際に円滑に実現するには，企業が財務的にもフレキシブルとなる必要があるとアトキンソンは言う。つまり，賃金のフレキシビリティは企業の収益に応じて賃金水準を調整する能力，そして雇用者の行為に応じた賃金水準を調整する能力を企業が持つことである。「中核」（熟練）労働者の賃金は内部労働市場で決定され，「周辺」労働者のそれは外部労働市場で決定されるから，次の「2つの理由」[71]からそれぞれの次元で賃金に対してフレキシブルな対応を企業は行う。

　その1つは，イギリスの賃金は硬直的に推移していることから，賃金水準は高い失業率を示す「外部労働市場の需給を反映」[72]させているとは言いがたい。そこで，市場メカニズムを媒介にして労働の需給関係を賃金水準に反映させる企業行動を要請するのである。つまり，「外部労働市場」メカニズムを駆使して「周辺」労働者の硬直的な賃金を弾力化させ，企業は賃金水準を引き下げ，労働費用を削減できる。マニング戦略としてのフレキシビリティが，その基底に賃金費用を最少化しようとする通常の企業の試みを内包する。

　もう1つの理由は，「内部労働市場」で決まる「中核」労働者の賃金に対してフレキシブルに対応する企業の必要性である。「中核」労働は熟練労働であるから，その賃金支払い制度が，外部市場で形成される単なる職務に対する賃金ではなく，その職務を身に付けた費用――熟練形成に支出された費用――を考慮する賃金支払い制度へと変更せざるをえなくなる。これは，企業の立場からすると，熟練労働のどの機能（労働の中身）がどのように企業実績の上昇に貢献するのかに応じて，つまり個々人の労働業績に基づいた賃金・報酬システムへ移行させることを意味している。同時にこの業績に基づいた賃金システム――業績関連賃金――がもたらすインセンティブな働きが従来からの職務領域の区分けを曖昧にし，熟練労働が弾力的に働くことを可能にし，機能的なフレキシビリティを一層促進する。

上で見たように 2 種類の労働力とそれらのフレキシビリティは,「しばしば新しい雇用形態[73]」や労働組織と結合している。機能的なフレキシビリティを遂行する「中核」の熟練労働は, 長期雇用に守られ,「新しい賃金システムや新しい訓練・再訓練政策の導入[74]」を容認し, 従来の職務領域区分にこだわらず新しい職務に携わる。いわば, 中核労働は高い水準の職務保証を与えられ, 高い企業特有の熟練を持ち, そして企業の都合で新たな働き方（チーム労働, ローテーション労働など）への挑戦も求められ, 多様な課業を遂行し, そしてその多様な課業の遂行のための訓練をさせられる。それに対して,「周辺」の不熟練労働は, ほとんど学習する必要がなく, したがって訓練の機会をほとんど与えられず, 自律性をまったくと言ってよいほど必要とされない働き方である。それゆえに, 企業のキャリアで昇進しうる好機をほとんど持たない非常に退屈な職務を担い, 雇用形態では景気変動に即応できるように「年間労働時間制, ジョブシェアリングそしてペイシェアリング[75]」などに基づいた短期の雇用契約や弾力的な労働量提供を可能にする契約制度の下で雇用され, それらが賃金システムと結びついている[76]労働者グループである。

　企業内部で 2 種類の労働力に財務格差がつけられることから, 彼らに対する金銭的な待遇もまた企業の財務的な側面を一層フレキシブルにする。企業内部の両者の労働者グループ間の賃金「格差[77]」を大きくする方法, つまり中核・熟練と周辺・不熟練の労働力の賃金「格差」を拡大させる方法によって, 企業の賃金に関わる財務状況を改善させる方法が追求されている。実際に, 第 1 章で述べたように, 1980 年代前半では大量の雇用者を削減することで労務費用全体を低下させながら, 個々の雇用者の賃金の上昇を可能にし, 1980 年代後半では, 下請け化や大量の非標準雇用（有力なのはパートタイム雇用）を利用することで賃金低下を誘導し, 同時に正規雇用の賃金の上昇を可能にした。1980 年代を通じて賃金は上昇しているが, 企業は雇用者に支払う総賃金額を削減することに成功している。これは, 賃金格差を媒介にした財務的能力の改善, つまり企業の財務フレキシビリティが高められていることになる。

5.4 「フレキシブルな企業」モデルの特徴と問題点

上で概説した「フレキシブルな企業」の特徴には次のような点がある。

5.4.1 新しい形態の労働組織の創出

第1は，このモデルは，企業はブルーカラーとホワイトカラーに雇用者を階層的に分化させる従来までの「オーソドックスな階層的構造を破綻[78]」させ，労働過程の機能に基づいて「中核」と「周辺」の雇用者を2種類に分化させて「新しい形態の労働組織[80]」を創り出したことである。「新しい形態」を持つ企業はそれぞれの機能を担う雇用者各々に異なるフレキシビリティを求める。さらに，それぞれの機能を担う雇用者は，雇用契約次元でも正規と非正規の雇用形態というように二重の区別が行われる。労働が生産過程で熟練と不熟練という区別であるから，賃金の決定メカニズムでもその水準次元でも両者は区別される[81]。アトキンソン理論では，機能の相違（中核と周辺），雇用形態の相違（正規と非正規），そして賃金決定の相違（内部労働市場と外部労働市場）があり，それらの各々が三位一体の関係として，つまりこれらの3つを1つのセットとして把握している[82]。フリードマン理論も企業内部の雇用者を「中心」と「周辺」に区別し，労働の二重構造として把握され，それぞれに対する管理戦略として「直接的な管理」と「責任ある自律的管理」が区別され，展開された管理モデルではあるが，雇用形態の区別の論理を労働の二重化論に内包していない[83]。つまり，「フレキシブルな企業」モデルは「中核」熟練と「周辺」不熟練，「正規雇用」と「非正規雇用」，そして「高賃金」と「低賃金」という三者を一体化した「労働組織の新しい形態」を提示しているのである。雇用形態の多様化や熟練形成が現在，労働市場や企業の労働現場で内包された問題の焦点の1つとなっていることを見ても，フリードマン理論よりもアトキンソンモデルが現実的説得力をより持ち優れていることは明白である。

5.4.2 人件費抑制を企業全体で追求

第2の特徴は，第1のそれと関連するが，上の「3つのフレキシビリティ

形態すべてを企業が一貫して明瞭に追求[84]」するとしたこと——3つのフレキシビリティが共存する論理を示している——である。競争で生き残るために，企業は高品質の差別化された生産物を生産するために必要となる「中核」労働者を確保する。その中核労働者は「徐々に増加する給与ベースで雇用されているのに対して，周辺の者は標準に遂行された労働単位に対して支払われる可能性が高い[85]」雇用である。これは，低賃金である「周辺」労働者やパートタイム労働の調整などの雇用形態の多様化や下請け化，外注化等の外部契約の手法を通じて労働費用の削減で中核労働者の雇用による人件費用の上昇を相殺し，労働費用総額を低下させる可能性を，つまり人件費を企業全体で抑制する方法を提示している。

5.4.3 過剰労働力の解消

第3は，アトキンソンモデルが企業内部に存在する過剰労働力を解消する論理の延長線上に位置づけられ，「基本的なマニング戦略の一部として[86]」明確に位置づけられる。しかしそのモデルは，単なるマンパワーの「合理化」という視点からのみ行われてはいない。そこでは，その機能的フレキシビリティによる生産性上昇の契機も含まれているので，従来のマニング戦略とは異なる。このモデルよる過剰労働力の解消論は，単純な「合理化」論から生産性上昇を伴う解消論に「取り替わられ[87]」ている。従来までのように，労働組合との生産性条項の合意を媒介にして生産性追求やその実現を図るという企業にとって外部との追加部分として生産性上昇の追求が位置づけられるのではなく，機能的なフレキシビリティという企業の戦略的な中心部としてそれが位置づけられ具体化されている。中核労働が熟練上昇により生産性上昇を求め，周辺労働の数量調整で雇用費用削減を追求する戦略であることは明確である。

5.4.4 長期的視点の経営モデル

第4は，「フレキシブルな企業」では「中核」労働の中に（再）訓練が明確に位置づけられていることである。長期的な訓練を与えられる「中核」労

働者は長期にわたる雇用保証や昇進を含むステータスを企業によって与えられた労働者であることが示唆され,「周辺」労働者が短期的で,訓練の必要のない,企業の都合によって解雇と雇用を繰り返される労働者であることが明確にされている。

このような労働力に対する把握を企業全体の財務的なフレキシビリティの観点から見ると,従来しばしばイギリス企業の特徴として指摘される[88],短期的で功利的な視点からの経営とは異なる,長期的な視点の経営を含むモデルが提示されている。また,このモデルの中核部分が（再）訓練を内包することで,グローバルな競争（特に不熟練労働からなる途上国との競争）で先進国の企業が生き延びるのに熟練が不可欠な要素であることを認識し,グローバルな時代の企業モデルとなりうる要件を内包している。と同時に,イギリス経済の衰退の原因として考えられる低生産性の打開を図る契機を含むモデルとなっている。

5.5 アトキンソンモデルに対する批判：その難点や不十分な点
5.5.1 企業戦略としての低い採用

アトキンソンモデルに対する批判の第1は,このモデルが現実の企業行動を反映したものであるとする見解に対する批判である[89]。アトキンソン自身は,1980年代前半の企業が「明らかに3つすべての形態のフレキシビリティを一貫して追求して」いる現状を踏まえて,このモデルを提起し,それは,企業が「現在向かっている組織的構造を表現している[90]」とする。つまり,「イギリスの大部分の企業[91]」がマンパワー管理政策を支持し,その実現に努めているが,このモデルは進行する企業政策の変化を反映させたものであるとする。したがって,このモデルは「雇用主が自分たちの環境と希望に沿う方法で労働を利用するためにフレキシビリティを追求している事実を反映[92]」した産物であるとする。

しかし,批判者は,企業調査からこのモデルを多くの企業が採用していないとする。例えば,「1983～87年雇用主による労働利用戦略」に関する第1回調査報告（以下,「報告」とする）では,経営戦略に基づいた労働利用を行っ

ている企業は35％で，しかもそれらの中で「中核」／「周辺」モデルに基づいている企業はさらにその33％に過ぎない[93]としている。したがって，「報告」はアトキンソンモデルに従って企業戦略を展開している企業はせいぜい10社に1社程度であるとし，しかも，たとえフレキシビリティ導入による労働の効率利用を企業が実施しているとしても，その大部分は，「意識的な戦略によって導かれているというよりも，むしろ実利的でご都合主義[94]」的な態度によって実施されおり，戦略として行われていないと批判する。

5.5.2 労働現場における「機能上の区別＝雇用形態の区別」の不確立性

第2の批判は，企業の機能上の区別である「中核」と「周辺」という区別と雇用形態の「標準」と「非標準」という区別との間が厳格に結びつけられて把握されていることに対するものである。A.ポラートによると，サービス部門の多くの企業では中核機能でも非正規労働者が担っていると指摘し，アトキンソンモデルが指摘する中核機能が正規雇用，周辺が非標準雇用という直線的な結びつきが現実と合致しないと批判する。

この批判は正しい認識である。例えば，1990年代と2000年代前半のパートタイム労働の企業への浸透と熟練労働の存在の大きさについて『1998年WERS』[95]では，製造業でパートタイム労働を使用していない労働現場が36％にのぼり，他方，労働現場の雇用者全体の半分を超える者がパートタイム労働であるとしている労働現場はわずかに1％であった。製造業の労働力全体のパートタイム労働が占める大きさは4％で，『2004年WERS』でも同じく5％を占めるに過ぎなかった[96]。逆に労働現場の熟練労働の存在で見ると，『1998年WERS』は，それが存在しない労働現場は4％に過ぎず，熟練労働が半分を超えるそれは37％を占めていると報告している。製造業の労働現場では圧倒的に熟練優位であり，パートタイム労働は少数派である。それに対して，サービス部門は製造業と著しく異なる。その部門ではパートタイム労働を利用する比率が高く，全労働現場でパートタイム労働が占めている大きさが47％である。「ホテルとレストラン」部門ではパートタイム労働利用が最高で，労働現場の雇用者全体の半分を超えるパートタイム労働者を使用し

ているという労働現場が55％（『2004年WERS』では53％）に達していた。『2004年WERS』でも「ホテルやレストラン部門における労働現場のほぼ3分の1で，労働力の4分の3以上がパートタイムで働いた」と指摘されている。このように，サービス部門において熟練労働の存在が半分を超える労働現場はわずかに7％であった。

　これらの事実を踏まえるとアトキンソンモデルで指摘された企業内部の労働の二重化は，一般化しうる水準で企業の職場に存在するとは言いがたく，その労働の二重化を言うならば，製造業では熟練労働が多く（熟練労働の一部をできるだけ周辺労働とするように努めている），サービス産業ではパートタイム労働のような周辺労働の圧倒的な量で成り立っているので，部門間の労働の二重化過程となっているか，または製造業企業に見られる契約や外部化を媒介にして熟練労働の一部をできるだけフレキシブルな労働にする労働の二重化である。

5.5.3　モデルの想定を越えた現実

　イギリス企業がアトキンソンモデルを企業戦略として積極的に採用するようにならなかったのは事実である。1980年代前半の需給不一致から製造業では，大量の余剰人員が生まれ，それの人員削減の戦略としての「マンパワー計画」を必要とした。その課題に応える点にそのモデルの意義があった。そこでは，商品市場の需給不一致を解消するために，機能の中核部分は「数量的に安定し」，労働「市場から隔離された」層として位置づけられ，そうでない「周辺」機能の労働供給の変動で需給不一致を調整することが意図されていた。

　だが，第1章で見たように，1980年代半ば以降も製造業は産出高が停滞し，雇用削減で生産性を上昇させるメカニズムを推進したために，企業の立場からすると継続的に製造業は余剰人員を抱え続けた。そして2000年代でもそのメカニズムは働き，雇用の減少に対する歯止めがかからなかった。いわば，不況・好況にかかわらず長期にわたって，製造業では余剰人員を見つけ雇用削減を行い，その削減を媒介にして生産性を上昇させる手法が繰り返し

使用され，遂行された。現実は，そのモデルの想定を超える余剰人員が存在したことになる。たとえ企業はその機能を基準にして雇用削減対象となる者（周辺）とそうでない者（中核）とを区分する基準を持っていたとしても，現実は中核機能を担う者も雇用削減対象となり削減され，周辺労働にもさらに進んだ雇用形態の弾力化を企業に求めた。現実の雇用削減が「フレキシブルな企業」モデルで想定される削減を超えるフレキシビリティを企業に要求している。それは，製造業とサービス業の両方で外注化が採用されたことにも現れている。

6　グローバリゼーション下の労働の二重化とフレキシビリティ

本節では，1990年代以降から2000年代半ばまでのグローバリゼーションの進展の中で，どのようにイギリスにおけるフレキシビリティが具体的に二重化した労働において展開されていったのかを見，その深化を明らかにする。

6.1　「マンパワー戦略」によるフレキシビリティの多様化

「1970年代末以来，イギリスの労働市場はよりフレキシブルとなっている」[97]。だが，そのフレキシブルの中身は1980年代と1990年代以降とでは質的に異なる。既に見たように1980年代では，製造業企業の一部では正規雇用形態にある中核機能の労働力に訓練と雇用保証を与え，企業再生と競争力をつける戦略をとった。しかしながら1990年代では，企業は中核機能を担う労働者に職務ローテーションを伴う職務管轄領域のフレキシブルな変更を要求する。と同時に，彼らの一部の者に対して「周辺」労働と同様のフレキシブルな雇用形態（有期契約雇用など）に晒す戦略を企業はとっている。いわば，1990年代には「周辺」労働が活性化され，フルタイムや正規雇用と中核機能との関係が十分に重なり合わなくなった状況が生まれた。

そこで「周辺は幾種類ものグループを含む」[98]ようになり，中核的機能の一部を担う周辺労働者が存在するようになる。第1の周辺グループは退屈な職務を実行するフルタイム雇用者から成り立ち，このグループは学習の可能性

をほとんど持たない，自律性もほとんどなく，そして昇進の好機もほとんど持たない。第2のグループは，フルタイムまたは正規（regular）ベースではないけれども，企業に定期的（regular）に雇用される者のグループである。このグループの典型はパートタイム労働であるが，他に非標準の雇用形態であって，幾種類もの契約を結ぶ労働者なども入る。第3のグループは，求職派遣や雇用者派遣エージェンシー出身で雇用される労働者，または自営業者や下請け業者を出身とするグループである。この第3は，特化された職務と日常的な職務の両方を行うために雇用され，数量的にも機能的にもフレキシビリティの適用を受け企業に貢献するグループである。

このように多様な契約の下で労働が遂行されるようになったために，1990年代以降の労働市場も多様化してきた。従来であればフルタイムとパートタイムの区分は，週労働時間が30時間を満たすかどうかを基準にして行われ，前者が「標準」雇用，後者は「非標準」雇用とされた。しかし現在では，「非標準」雇用に多様な契約が付け加わるケースが存在する。例えば，有期契約での就労がフルタイムであったり，パートタイムであったりする。または，派遣労働契約下の就労であったりもする。少数であるが，労働時間を決めない「ゼロ時間」契約で就労するケースも普及してきた。労働現場次元で非標準労働の全体的利用と多様な契約の重なり合いや広がりが見られる。その普及内容を要約すると，「労働現場の約5分の3は，契約者と1つの他の形態の非標準労働の両方を使用し，そして3分の1を若干下回る労働現場は，契約者のみを使用している。ごく一部では，契約者を使用しないで，幾つかの形態の非標準労働を使用している，そして労働力の5％はいかなる種類の非標準労働もまったく利用していなかった」[99]。

このような多くの契約労働や非標準形態の雇用を創り出した要因は，激しい需要変化に対応する企業の能力向上要求——マニング戦略——と生産性上昇の追求である。このような多様な働き方を媒介にして，従来の中核労働に「周辺」労働者が浸透し，フレキシビリティの深化を生み出した。『1998年WERS』によると，「唯一ゼロ労働時間契約に就いている労働者を例外として除くと，労働力の熟練水準と非標準労働形態の各々との間でプラスの関

係があった」と報告していることから明らかなように，熟練労働が非雇用形態で供給されている。このプラスの関係の証として，熟練労働者が多数を占める労働現場の38％はテンプラリー労働を使用していたのに対して，熟練労働がまったく存在しない労働現場では，それの使用は15％に過ぎなかったという点を取り上げ，労働現場でテンプラリー，有期契約の労働者，そしてフリーランスの利用が大きければ大きいほど，そこでの熟練労働者の存在もより高くなっているとしている。非標準労働でこれらの異なる契約の各々を駆使するのは，雇用主が中核機能における数量的なフレキシビリティを推し進める手段としてそれらを考える，つまり，労働に対する需要における短期的な変動の流れの中で労働力のサイズを雇用主が調整する能力を高めるためである。

　このように1990年代の企業，特に製造業は雇用削減の「マンパワー戦略」（労働費用削減・効率性）を立て，同時に生産性上昇を実現するフレキシビリティを絶えず求める。具体的には，企業は機能上のフレキシビリティ（チームワーク労働や労働のローティションを含む労働のマルチスキル化）と雇用調整を伴う数量的なフレキシビリティの両方の適用を中核機能部分の労働者に求め，その結果，上で見たように彼らの一部は「周辺」労働に転化していった。また，短期的な需要変動に対する労働調整を可能にする別の方法として，課業間で雇用者を移動させることも行われている。そのとき，経営者は機能的なフレキシビリティ（マルチスキル化）の実現として言及している。その場合，雇用者は他の職務をすることができるために，公式的に訓練を与えられているケースもある。『1998年WERS』によると，労働現場で機能的なフレキシビリティを実現するために訓練させられた人々が多数存在しているという回答が4分の1を少し下回り（23％），逆にまったく存在しないが29％で，そして少数存在するが29％であった。

6.2　企業の内部・外部で進展する機能的・数量的フレキシビリティ

　次に，企業の外部と内部のフレキシビリティの深化を見る。外部のフレキシビリティは，外部の企業や労働者との契約を媒介にして需要の谷とピーク

のそれぞれの変動に供給を一致させるために、企業が振り向けられた労働の大きさを調整する能力、つまり外部との契約——例えば、外注、下請け業、自営業、そしてテンプラリー・エージェンシー労働者またはテンプラリー労働者との契約——を媒介にして遂行される仕事の量を調整する組織の能力である。それに対して、企業の雇用者との契約に基づいてフレキシビリティを確保するのが内部フレキシビリティである。それは、企業組織内部のテンプラリーなフレキシビリティと課業の形態を媒介にして、需要の変動を調整し、労働を最善の効果をもって配置する能力である。課業フレキシビリティは、雇用者が新しい熟練と能力を吸収することができる訓練を継続的に賦与されることが強調され、職務ローテーション、権限の委譲そしてチーム労働の利用を含んでいる。そして内部フレキシビリティには、テンプラリーなフレキシビリティやパートタイム労働が含まれ、前者はフルタイム労働者向けの年間労働時間制やフレキシブルなゼロ労働時間の取り決めを媒介にして実施されるケースも存在する。[103]

競争の激化に伴って1990年代を通じて外部契約労働や非標準労働が普及するが、その中で最も進展しているのは下請け制度である（表3-6-1）。『1998年 WERS』では、それが90％の労働現場で使用されているという。次いで有期契約雇用が44％、派遣労働者が28％と続いている。『2004年 WERS』では調査方法が『1998年』のそれより詳しく問う質問の形式に変更され、[104] それによると下請けはますます利用され97％の労働現場で利用されている。建物施設の清掃のようなサービスを外部に、または「企業内部（in-house）」で業務を内部下請けに出す傾向を企業は持つようになった。以前企業で提供していた11のサービス[105]のうち1つでも外部下請けに出している労働現場は86％にのぼり、『2004年 WERS』調査前の5年の間で「企業内部」業務を内部下請け形態をとっているそれは11％ある。「企業内部」業務を内部契約で下請けを使用するのは大規模企業が多く、産業別では、製造業部門や「電機・ガスそして水道」部門で労働現場の5分の1前後であったが、それに対して「金融部門」サービスにおける労働現場では2％に過ぎない利用であった。次にそれを利用するようになった理由に対して、管理者は、47％が費用削減を挙

表 3-6-1　部門別の下請け化と非標準労働の利用

(労働現場で占める割合. %)

	部門		全労働現場
	私的部門	公的部門	
1つ以上の下請けのサービス	91	88	90
テンプラリー・エージェント・労働者	29	26	28
有期契約雇用	34	72	44
フリーランス労働者	16	7	13
ホーム労働者	8	3	6
ゼロ時間契約雇用者	6	2	5
これらを使用していない	5	6	5

出所：Cully, M., Woodland, S., O'Reilly ,A. and Dix, G., (1999) *Britain at Work*, p.35.

げ，次に43％がサービスの改善を挙げていた。それら以外に，中核的なサービスに焦点を当てるため（30％）とか，より大きいフレキシビリティを手に入れるため（10％）という理由が挙げられている。また，外部契約の下請けではなく，「企業内部」業務を内部契約された下請け形態を使用する理由も同様で，「費用節約」（57％）や「サービスの改善」（51％）を挙げている。ほんのわずかであるが，労働組合またはスタッフの圧力でそのような形態をとったとしている（1％）ものもある。

　内部契約に基づくフレキシブルな雇用で最も普及しているのはパートタイム雇用である。ここでは，週30時間以下の労働であるかどうかという法的な規定に基づいてパートタイム労働を捉え，それの普及を見る。

　1980年代後半からのサービス部門の雇用増加につれて，非標準の雇用形態であるパートタイムやテンプラリー雇用増加が生じた。1986年の雇用者全体に対するパートタイムの比率は20.6％で，1991年には22.7％，1997年には25.3％と順調に上昇している[106]（表3-6-2）。2000年には25.2％，2004年は26.2％，そして2008年には25.6％となっている[107]（表3-6-3）。1985年から1990年代前半まで増加し，1990年代半ばから2008年までパートタイム雇用は横ばいである。

表3-6-2　経済全体のパートタイム雇用

(千人)

	1971年	1981年	1986年	1991年	1997年
経済全体雇用者	24,485	24,491	24,502	25,962	26,359
パートタイム雇用者	3,484	4,641	5,038	5,885	6,660
パートタイム率(%)	14.2	18.9	20.6	22.7	25.3
	1981〜86年変化	1986〜91年変化	1991〜97年変化	1971〜81年変化	1981〜91年変化
経済全体雇用者	11	1,460	397	6	1,471
パートタイム雇用者	397	848	774	1,157	1,245

注：率と変化は櫻井が作成した。
出所：IER, (1999) *Review of the Economy and Employment 1998/99*, pp.7-8.

　1980年代後半のパートタイム雇用の増加は，扶養対象となる子どもを抱える既婚女性の労働市場への参入でパートタイム労働形態をとったためであり，彼女らがその増加の推進力であった[108]。このようにパートタイム雇用の変動が学生や母親からの労働需要という外部からの積極的な求めに対応する動きとしばしば結びつけられて説明され，それは，充実したワークライフ・バランスを提供するものと見られている。しかし，他方でそれは，パートタイム職が雇用主のフレキシビリティを極大化するために，消費者需要の変動を克服するために，または病気や休日をカバーするための労働供給を可能にするための就労として求められ，しばしば考案された雇用形態である。それゆえ，雇用主のフレキシビリティの必要条件と雇用者のそれとの間に強力な対立が潜在的に存在している。多くのパートタイマーは彼らのファミリーにとっての就労の必要条件を満たす職務を手に入れるが，その一方で雇用主は需要変動に適合するためにしばしば簡単な手続きで彼らの労働時間をやりくりすることができる好都合な働き手――特にサービス産業の雇用主にとって――をパートタイム労働に求めているからである。

　労働需要と供給を調整するパートタイム労働が果たす役割の視角からそれを論じるとき，女性の短時間就労の動きに注目する必要がある。イギリスの

表3-6-3 雇用者の週当たり労働時間別の分布（%）

	1992年	1996年	2000年	2004年	2008年
全員					
6時間未満	1.6	1.8	1.4	1.2	1.1
6〜15時間	8.4	8.3	7.7	7.4	6.5
16〜30時間	13.6	15.2	16.1	17.6	18.0
31〜45時間	55.3	51.3	52.3	54.3	55.5
45時間超	21.1	23.5	22.5	19.6	18.8
男性					
6時間未満	0.7	0.8	0.6	0.5	0.6
6〜15時間	2.4	2.9	3.0	3.2	3.1
16〜30時間	3.1	4.2	4.9	6.2	6.9
31〜45時間	60.6	55.1	56.8	60.4	61.4
45時間超	33.3	37.0	34.7	29.7	28.0
女性					
6時間未満	2.6	2.9	2.3	1.9	1.7
6〜15時間	14.9	13.9	12.7	11.7	10.1
16〜30時間	25.1	26.9	28.2	29.6	29.7
31〜45時間	49.6	47.1	47.5	47.9	49.4
45時間超	7.7	9.2	9.3	8.9	9.1

出所：Colling, T. and Terry. M., (2010) *Industrial Relations*, p.365.

全雇用者の中で女性パートタイム雇用者の比率は，1996年で43.7％，2000年に43.2％，2004年に43.2％で，2008年には41.5％であった。2004年までの10年にわたって43％前後で安定していた（パートタイム労働に就いている男性シェアは1996年の7.9％から2008年の10.6％へと一貫して上昇している）。女性パートタイマーの中で，就労時間が16労働時間未満の「ミニ職」と呼ばれるパートタイマーグループは，1992年は17.5％で，それ以降低下し，2008年には11.8％となっている（表3-6-3）。男性の雇用者に占める「ミニ職」グループのシェアは1996年は3.7％で，2008年でも3.7％であった。この「ミニ職」グループの減少傾向は，雇用主にとってフレキシブルな労働の供給源泉の縮小を意味する。「ミニ職」を引き受けるパートタイム雇用に代わる新しい形態の雇用が創出される必要がある。

このように1990年代には，1980年代に議論された「フレキシブルな企業モデル」が企業機能——中核機能かそれとも周辺機能か——を基準にしてフレ

キシビリティを区分していたのにとって代わり，企業が外部企業や労働者との外部契約をするのか，それとも雇用者に対して内部契約するかを基準にして企業の労働を規制し，その利用から機能的と数量的の両方のフレキシビリティの進展を図るようになる。109) その結果，1990年代以降は，企業内外の会社や労働者との契約という新しい区別でフレキシビリティの進展を議論するようになる。

　このようなフレキシビリティの進展を生んだ1つの要因は，1980年代を通じた一貫したサッチャー政府の労働組合への攻撃によって1980年代半ばに明確となった労働組合パワーの後退であり，それに伴う私的部門における労使の力関係の質的転換である。両者のパワー間の変動によって，雇用主は解雇・雇用がより容易に実施できる非標準的雇用形態を積極的に利用できることになった。労働供給側の条件（扶養対象者を抱える既婚女性が働くための条件のようなもの）が考慮されたフレキシブルな労働調整の発展と言うよりも，需要側の必要性に応じたそれで，企業に好都合な雇用契約を媒介にした非雇用形態の利用・促進が企業によって図られた。もう1つの要因は，第2章で指摘した，1980年代後半の外国直接投資（主に日本）の累積的な増加である。外国資本は，1980年代前半の労使関係と労使間の力関係の変化を前提として，その後半には新しい労使関係の形成の中でチーム労働形態に代表される新しい労働組織の中で機能的フレキシビリティを追求した。1990年代に入ると，グローバルな需要変動にイギリス企業は適合するために一層フレキシビリティの追求に向かい，フレキブルな労働を実現させている。フレキシビリティは企業の「政策の論点の中心部に位置」するようになっている。110)

7　グローバリゼーション下の労働の新しい問題と求められる企業組織

　1980年代に現れた貿易収支の赤字やそれによる経常収支の赤字，対英直接投資の急増による1990年代のグローバリゼーションの一層の進展によって，イギリスの生産システムが以前のフォードシステムとは異なる生産組織の構築が要求されるようになった。フォードシステムの生産原理（職務の断片化

と不熟練化）を生産過程でより徹底して実践しても，効率性や生産性を大きく改善することができず，いわば「追加的な生産性増大を提示することができない」[111]で，より高い生産実績を上げることができないことが明瞭になってきた。そこで，それにとって代わる新しい生産原理――それはポストフォーディズムと呼ばれる――と多くの新しい生産様式――それらの代表としてリーン生産体制やフレキシブル・スペシャリゼーションなどが挙げられる――が提唱された。

　企業は，新しい生産組織を創出する必要に迫られた。その新しい生産組織を普及するための必要条件は，顧客志向に基づいて差別化された商品を生産しながら，同時に高い水準の大量生産を可能にする生産組織でなければならないことである[112]。そして差別化された商品を顧客の要望に合わせて継続的に創出するために，生産組織は研究・開発を重視し，しかも既存の差別化された商品の改善のために，労働現場においてもイノベティブな活動を活発化させることも必要条件の１つと考えられた。そのために，新しい生産組織は研究組織，労働現場そして販売組織のそれぞれ異質の性質を持つ組織をうまく統合と運営しなければならない。そこで重要なことは，フォードシステムの場合とは真逆となる，労働現場の労働者に科学的知識や特別な専門知識を一定与え学習させ，知識を持つ労働力を育成し熟練化させ，そしてその力を新製品の創出に役に立てることである。そこで「労働現場の学習は公式のコースと結びつけられ」[113]設定される場合が企業で多く見られるようになる。その結果，先進国では管理職や専門職・技術職の労働者の増加傾向が1990年以降顕在化している[114]。イギリスでも1980年代にそれらの職に就く人々が急激に増加している[115]（表3-7-1）。1990年代に入ると，先進国の労働現場では労働が熟練と不熟練とに二重化する新しい労働組織が普及していった。

　このような生産組織は多様な呼び方をされている――例えば，高実績労働慣行，高実績労働システム。本書では高実績労働組織（HPWO）とする。高実績労働組織では，需要の多様化と変動する需要に対応した生産のフレキシビリティが追求され，同時に大量生産のために生産プロセスの標準化も追求される[116]。そこでは商品の大量生産とそれの差別化という相矛盾する要求を実

表 3-7-1　職業構造：1981年・1991年

	経営と管理職			専門職			専門関連と技術職			事務と秘書職		
			女性の比率			女性の比率			女性の比率			女性の比率
	(千人)	(%)	(%)	(千人)	(%)	(%)	(千人)	(%)	(%)	(千人)	(%)	(%)
1981年の雇用	2993	12.4	23.5	1854	7.7	32.2	1776	7.4	44.7	4285	17.7	72.2
1991年の雇用	4115	16.0	32.7	2263	8.8	39.4	2284	8.9	50.3	4242	16.5	77.2
1981～91年年平均変化	112	3.2		41	2.0		51	2.5		-4	-0.1	
1981～91年男性年平均変化	48	1.9		12	0.9		15	1.4		-22	-2.0	
1981～91年女性年平均変化	64	6.7		29	4.1		36	3.8		18	0.6	

	クラフトと熟練マニュアル職			個人向けと保護サービス			販売職			プラントと機械作業職		
			女性の比率			女性の比率			女性の比率			女性の比率
	(千人)	(%)	(%)	(千人)	(%)	(%)	(千人)	(%)	(%)	(千人)	(%)	(%)
1981年の雇用	4141	17.1	10.8	1683	7.0	62.6	1674	6.9	60.6	3023	12.5	23.2
1991年の雇用	3751	14.6	11.0	2211	8.6	67.7	1879	7.3	65.1	2670	10.4	22.3
1981～91年年平均変化	-39	-1.0		53	2.8		20	1.2		-35	-1.2	
1981～91年男性年平均変化	-36	-1.0		8	1.3		0	-0.1		-25	-1.1	
1981～91年女性年平均変化	-3	-0.8		44	3.6		21	1.9		-11	-1.6	

	他の職			合計			
			女性の比率			女性の比率	
	(千人)	(%)	(%)	(千人)	(%)	(%)	
1981年	2727	11.3	50.8	24155	100	40.5	40.5
1991年	2247	8.8	51.6	25663	100	45.0	45.0
1981～91年年平均変化	-48	-1.9		151	0.6	0.6	
1981～91年男性年平均変化	-25	-2.1		-25	-0.2	-0.2	
1981～91年女性年平均変化	-23	-1.8		176	1.7	1.7	

出所：IER, (1998) *Review of the Economy and Employment 1997/98*, p.15. より作成。

現することが求められている。

　高実績労働組織は以下の3つの構成部分によって特徴づけられる[117]。その第1は意思決定に参加する機会を労働者に提供する組織，第2は労働の熟練を増大させる人的資源慣行を提供する組織，第3は労働者が効率的に生産に参加できるインセンティブを与える人的資源慣行を提供する組織である。1980年代後半から，プラント，または工場敷地で作業実績を改善するために新しい労働組織や慣行が採用されてきた。この慣行は，従来から唱えられていた

不熟練化した労働，生産から疎外された労働に対して，その労働生活の質を改善し労働を人間化する試みのような労働の管理，または自律性の賦与，もしくは職務満足の増大という目標を掲げた働き方の設計によって生まれたものではない。そこでの自律性の提供は，生産物の品質の改善，新商品の創出，より差別化された商品の誕生のために行われ，労使の利害があたかも一体化されたポーズの中で労働強化を図る側面を持っている。

　この新しい慣行が普及し，熟練労働が労働現場に導入されるにつれて，当然，経営者はその労働をどのように管理するのか，その労働をどのように評価するのかが課題となる。彼らはフォードシステムの労働管理からグローバリゼーション時代にふさわしい新しい労働管理方式，つまり「課業管理から実績管理」への展開を行うことになる。その展開すべき中核部分は熟練労働が形成する価値の大きさとその賃金決定の方式である。[118]形成する価値の大きさは不確実で高実績であるという表現でしか語られず，労働過程の質の異なる労働が存在しているために，熟練労働の生産性の大きさを測定する手段は理論的に十分に展開されていないので，[119]本節では高実績労働組織の下での熟練労働の賃金に絞って取り上げる。そのような労働組織において新しい問題が提起される。それは熟練労働者の賃金はどのように決定されるのかである。この点を明らかにするのが本節の課題である。**7.1**で1980年代までの従来のイギリス賃金決定がどのようになされたのかを明らかにする。**7.2**では1990年代以降どのように賃金が決定され，どのような賃金支払い制度がイギリスで普及しているのかを追求する。

7.1　労働組合パワーの弱体化とそれに伴う賃金交渉を巡る制度変更

　戦後，イギリスでは多くの場合，団体交渉制度を通じて賃金が決定された。労使をめぐる賃金の団体交渉制度は，労働組合が持つ賃金を押し上げる労働供給の制限力・独占力が発揮される場として捉えられている。

　マネタリズムを信奉しインフレ抑制を当初の最優先課題としたサッチャー政府にとって，コスト・プッシュ・インフレを起こした大きな要因であった団体交渉制度は，改革すべき賃金「価格決定のメカニズムの1つとして取り

扱」われるべきものとして位置づけられた。そのために保守党政府は1980年代，そして1990年代に入っても，その制度を支える労働組合への攻撃を継続的に行った。労働組合のパワーは弱体化し，当然，団体交渉制度も変容し，新しい賃金決定システムが形成された。政府が狙ったのは，労働組合が持つ労働供給制限パワーの低下からもたらされる賃金低下と，それに代わる労働市場メカニズムを媒介にした広範囲に及ぶ低賃金層の形成であった。いわば，企業が世界的な競争力を持つために政府は「低賃金経済」の形成を狙った。しかしながら，グローバルな競争は，低賃金の不熟練労働だけでなく，新しい知識を持つ熟練労働も労働過程に必要とした。そこで，市場を媒介にした単純な低賃金形成で賃金問題は解決されなかった。賃金決定方式も二重化し，一方では中核労働には実績に基づく賃金を，他方で周辺労働には市場メカニズムによる賃金決定によることとなった。

7.1.1 「『二階層（two-tier）』交渉システム」の崩壊：団体交渉の衰退

　1970年代まで，賃金妥結に大きな影響力を与えていた制度は，全国的に集権化され，産業別の複数雇用主との団体交渉である。その制度の下では労働組合のパワーが発揮されコスト・プッシュ・インフレを引き起こした。また他方で，政府や賃金審議会が仲介・介在することで市場メカニズムを否定する賃金決定が行われ，物価抑制のために政府が社会的賃金・所得政策を駆使して賃金決定への関与を試みた。これらの制度や政府の行動は，サッチャー政府から見ると市場メカニズムの妨げでしかなく，それらを除去して地域の需給関係（高い失業率）を反映した労働市場メカニズムによる賃金決定制度へと移行させる制度変更が追求された。この制度変更による政府が目指す具体的目標は，「低賃金経済」の形成を妨げていた労働組合の独占力が発揮できる産業別の既存の団体交渉制度から，市場メカニズムが十分に貫徹し，地域の労働の需給関係を反映させた賃金を形成することができる，企業・地域レベルの交渉が実現すること，いわば，賃金の硬直性を是正する会社・事業所レベルの賃金決定制度への変更である。

　1960年代や1970年代では，団体交渉は職場における建設的で協調的な労使

関係を構築するのを可能にする制度であると考えられていた。いわば，労使の自発的な団体交渉は，職場のルールにおける合意と協調を手に入れる「最も効率的な方法」で，生産に大きな影響を与えるにもかかわらず予測できないストライキを事前に防ぎ，強力な労働組合パワーを抑制する，雇用主の現実的な対応の所産であったと考えられていたのである。したがって，団体交渉による労使合意の結果，雇用者の反対や抵抗が抑制され，団体交渉は労使の「共通の目標の下で経営者と労働者を一体化させる」とされていた。

賃金や労働条件に関わる決定は，第2次世界大戦終了時点で全国的規模の産業別団体交渉で行われ，その形態は1550万人の雇用者（労働力の85％以上）をカバーしていた。しかし，全国的な団体交渉を推し進める契機は「1950年以降失われて」いった。「1950年代半ばから緩慢に」，全国的規模（産業別）・複数雇用主で行われる団体交渉と企業・事業所の単一雇用主の団体交渉との「『二階層』交渉システム」過程が始まった。全国的・産業別の団体交渉は，当初「職場の労働組合を制限する」ように意図されたものであっても，地方レベルの団体交渉の推進は積極的に全国的なそれを妨げるものではなかったので，このシステムは順調に発展し，地方の団体交渉の単位数は，「1950年代半ばの数百から1980年までに3万以上に」増加していった。以降，そのシステムは1970年代初期まで基本的に存続した。

産業別の全国レベルの複数雇用主の団体交渉による合意対象が産業別の基本賃金率などの狭い範囲であり，企業レベルの単一雇用主の団体交渉では，そこから排除された論点——特に企業や事業所特有の論点——が取り上げられた。両者の交渉形態の関係は，多くの場合異なった次元の労働条件を取り扱った。いわば，この地方レベルの交渉の増加は，全国的なレベルの団体交渉が持つ弱点を補うために必要とされ，それら両者の関係は相互補完的であった。以上のように，団体交渉の「『二階層』交渉システム」の下での賃金決定は，全国的産業別で妥結された賃金を基本的なものとし，企業レベルや職場レベルの交渉（非公式の交渉も含む）では，全国レベルの団体交渉で妥結した基本賃金をもとに，企業・地域の状況に応じて賃金が修正され，さらに全国レベルの交渉対象外の労働条件が交渉対象となった。

しかし，1960年代に入ると，このような「『二階層』交渉システム」は円滑に機能しなくなってきた。完全雇用に基づく労働力不足からのコスト・プッシュ・インフレの顕在化と低成長のための収益性の危機に，雇用主は賃金抑制への働きを一層強めたためである。職場レベルで問題となる出来高賃金率，賞与制度，スタッフ水準などの論点が企業レベルの団体交渉対象として取り上げられ，大きな争点となった。しかもそれをめぐって労使紛争が多発し，公式と非公式のストライキが続発した。同時に進行したポンド危機とイギリス経済の競争力低下問題が，この「『二階層』交渉システム」制度に内在する労使関係の悪化と結びつけて論じられるようになった。このような状況を踏まえて，労働組合のパワーが強力すぎることが，賃金上昇と収益性の低下によるイギリスの経済的衰退をもたらす有力な原因であるという見解が広範に支持され，イギリス経済衰退の原因が労働問題にあると強く意識されるようになってきた。その見解を支持する有力な根拠の1つは，労働組合を抱える企業の賃金が賃金の市場メカニズムから形成される水準を超える妥結額を示していたことにあった。賃金抑制対策の現れの1つは，「1960年代の多様な所得政策の導入[129]」であった。これによって，地域状況を反映した賃金形成を労使間で交渉，合意することが企業における危機の打開を図る動きとなった。

　1960年代まで，「『二階層』交渉システム」を媒介にした労使関係では3つの主要な特徴が見られた。第1は労使関係が団体交渉に大部分基づかれていた。第2は団体交渉が産業レベルで行われていた。第3は交渉過程はボランタリーなもので，労使関係においてヨーロッパの主要国と比べて法的規制が比較的少ないことであった。これらの3つの特徴のどれもが1970年代以降20世紀末までに変容してしまった。第2の特徴である産業別レベル・複数雇用主の交渉は1970年代から徐々に企業レベル・単一雇用主との交渉によってとって代わられた。P. マージンソンらによる1980年代後半に行われた大企業中心の労使活動の『調査サーベイ』や『職場労使関係サーベイ（WIRS）』（以下，1984年と1990年のWIRSをそれぞれ1984年WIRS，1990年WIRSとする）は，製造業とサービスの両部門で後者の交渉形態が賃金決定において主軸となっ

たことを指摘している。第3の特徴であるボランタリー性は，1970年代後半の社会的賃金の形成過程で国家の介入が行われ，「3者協議」の動きに端的に示されるように，1970年代に大きく修正された。しかしながら，サッチャー政府による市場メカニズムの重視によってボランタリーな側面は部分的に回復されたが，反面後で見るように，その過程における労使活動に対する積極的な法的規制というボランタリー性を否定する国家介入が，労働組合パワーの弱体化と労使間パワーバランスの変更のために継続的に追求された。1970年代と1980年代を通じて第2と第3の特徴が著しく変化したことは明らかである。第1の特徴である団体交渉の変化が，先に見たように企業・事業所レベルの団体交渉へと一段と進んだが，同時に非団体交渉による賃金決定も1980年代後半に顕著に進行した。それは，雇用主と雇用者個人との間による個別的な賃金妥結方式である。新しい妥結方式が「初めて問題であると明確となってくるのは，1990年代に入ってからである[131]」。

　要約すると，1980年代以前では賃金決定の団体交渉のレベルは，「『二階層』交渉システム」によって支えられていたが，1980年代には，「二階層協定を以前では採用していた大部分の企業がそれらを破棄することを決定した[132]」ことが，後で詳しく述べるように確認された（表3-7-2）。全国的・産業別団体交渉から，会社や事業所レベルへの分散化された決定に徐々に変化していった。会社・事業所レベルの賃金交渉は「二階層」を解消させたが，会社レベルの団体交渉への単なる収斂ではなく，労働組合の組織率の大幅な低下から見られるように，団体交渉から非団体交渉である個別的交渉形態の賃金決定が広がっていった（25%から46%に上昇する。表3-7-2）。

　この趨勢を決定的とさせた時期は明らかに1980年代であった。とりわけ，1980年代後半のME革命の進展や国際貿易の急速な拡大，グローバリゼーションの進行によって世界的規模の競争が激化すると，企業は賃金費用（社会保険費用の負担を含む）をますます重視するようになり，企業レベルでの労働条件をめぐる交渉が一層重要性を強めてきた。このような外部環境に加えて，1980年代初期の深刻な不況——製造業の産業収縮——という内部要因は，大量の失業者を抱える地方や事業所レベルの経済環境を賃金水準や労働

表3-7-2 団体交渉によってカバーされる雇用者
(GBで25以上雇用している事業所)

(%)

	1960年	1970年	1980年	1984年	1990年	1998年
団体交渉	80	80	75	70	54	40
そのうち						
産業レベル（複数雇用主）	60	50	43	37	31	14
企業レベル（単一雇用主）	20	30	32	33	23	26
非団体交渉	20	20	25	30	46	60

注：1960年と1970年は推定数値である。
出所：Edwards, P., (ed) (2003) *Industrial Relations*, 2 ed, p.199.

条件に反映させる必要性を雇用主に認識させた。『1990年 WIRS』[133]によると,これらの変化の諸要因から指摘されうる「イギリス労使関係の特徴の最も劇的な変化の1つ」は, 団体交渉でカバーされている雇用者数の減少である。私的部門では, それは1980年の約75%, 1984年の52%, そして1990年には41%に低下した[134]。公的部門でも, 1980年でほぼ100%をカバーされていた[135]が, 1984年に71%に低下し, そして1990年にはさらに54%に低下していた[136]。『WIRS』が25人以上の事業所を調査対象にしているので, そのカバー比率は高く現れる傾向を持つ。それにもかかわらず, 団体交渉でカバーされるのは「全雇用者の半分未満である」[137]。以上から, 団体交渉それ自体の存在が大きく低下していることは明らかである。

7.1.2 団体交渉から個別交渉へ

指摘されうる「劇的な変化」の第2は, 団体交渉の意義の変化である。団体交渉レベルは, 公的部門は1990年代に入っても産業レベルの交渉が「維持されていた」[138]が, 私的部門の産業レベルでは団体交渉から企業レベル・個人レベルに「劇的に」移行したのは1980年代, とりわけ1984～90年である。だが,「1980年代後半に地方, またはプラントレベル」への移行過程は,「組織化された労働の力」[139]を発揮する産業規模・全国的規模から企業・プラントレ

ベルへの単なる移行，つまり「『二階層』交渉システム」から会社レベルのみの団体交渉への単なる移行ではなく，労働組合を媒介にした団体交渉から質的転換を伴う雇用主と雇用者個人との個別交渉への移行としても現れてきたのである。この移行は，サッチャーの「個人主義が集団主義にとって代わるという労使関係政策を支えるイデオロギー」[140]が実現したことを意味する。しかし，地理的・個人的な交渉分権化はサッチャー政府が意図した地方の労働市場を反映した賃金決定メカニズムの形成とはならなかった。ここでは，「賃金の統制と交渉を区別」[141]する必要がある。交渉は分散化したが，競争の激化から賃金の統制は企業本部が行い，賃金妥結の水準の決定を会社の本部が行う傾向を強めたからである。[142] 第3に，1980年代後半に，高実績労働組織が導入され，労働が二重化するにつれて，新しい賃金決定方式が団体交渉にとって代わったことである。この点は次の**7.2**で取り上げる。

7.2 賃金の決定方法の変化と新しい支払い形式

前項で見たように，1980年代には労働組合が弱体化し，労使関係や労働組織を取り巻く環境が大きく変貌した。その変貌の中で最も注目される点の1つは，労使間のパワーバランスで，雇用主が大きく有利となり，1970年代には失われたと言われる「経営者が企業を経営する能力を確立」[143]したことである。その「確立」の端的な現れの1つは賃金決定方法の変化である。

表3-7-3に従うと，1998～2004年における賃金決定の最も一般的な形態は，従来の団体交渉によるのではなく，労働現場の管理者か，それともそれより高いレベルの管理者による一方的な賃金決定であった。この変更は1980年代後半から継続していた。2004年で後者の管理者の一方的な賃金決定方式で雇用者の少なくとも一部の者の賃金を決定した労働現場は全体の70％を占め，私的部門では79％を占める。それに対して集団的交渉を媒介にして，少なくとも一部の者の賃金を決定した労働現場は1998年の全体の30％から2004年には22％に低下した。私的部門に限ると，集団的交渉による賃金決定の労働現場は同期間に17％から11％へと低下している。そして『2004年 WERS』は，団体交渉制度を混在化させた賃金決定方式から，労働現場内部の単一の

表3-7-3　1998年・2004年のUK労働現場の賃金決定方式

(%)

	1998年			2004年		
	公的部門	私的部門	全体	公的部門	私的部門	全体
団体交渉の方法のみ						
複数雇用主のみ	28	2	8	36	1	7
単一雇用主のみ	19	4	7	12	4	5
労働現場レベルでのみ	0	1	1	1	1	1
その他の単一の方法						
より高い管理者のみで設定	9	24	21	7	23	20
労働現場の管理者のみで設定	1	32	25	1	43	35
個人の交渉によってのみ決定	0	6	5	0	5	4
他の方法でのみ	4	3	3	1	1	2
賃金レビュー団体	―	―	―	1	0	1
混在した方法	39	28	31	41	23	26
全方法	100	100	100	100	100	100
集団的交渉	79	17	30	77	11	22
経営者決定	21	81	69	28	79	70
個人交渉	1	16	13	2	15	13
他の団体	39	8	14	32	2	7
賃金評価団体	―	―	―	32	0	6

注：サンプルは10人以上の雇用者を抱える労働現場。
　　賃金評価団体はその他の方式の代表として取り扱われている。
出所：Kersey, B., (at al.), (2006) *Inside the Workplace*, p.184.より作成。

　賃金決定方式の利用に向かう幾つかの動きが存在すると指摘し，1998〜2004年における最大の変化は，労働現場レベルの管理者によってすべての賃金が決定される方式を採用する労働現場が占めるシェアが増大していることであるとしている。[144)]

　1990年代や2000年代前半までの賃金決定方法の変化は，団体交渉制度方式から「賃金決定の最も一般的な形態が，労働現場，またはより高いレベルで

管理者によって一方的に決定」されるものへとなっている。さらに全国レベルでの団体交渉が衰退する中で，賃金が会社・プラントレベルの団体交渉や個々の雇用者との交渉で決定されるウェートが増大し，たとえ交渉で妥結される賃金水準や労働条件であったとしても，それらの妥結内容は経営者の意向や雇用主戦略に強く影響される傾向を持つ。これは，賃金水準の決定が雇用主の企業戦略の一部として位置づけられたことを意味する。したがって，賃金水準は異なる2つ次元の要素によって決定される。

第1は，労働分配を媒介する労働市場次元の決定である。第2は，「企業特有のある構成部分」としての決定であり，労使交渉または雇用主による経営戦略に基づき，「内部賃金構造」と呼ばれる賃金決定次元である。1980年代以降の新しい賃金決定方法の誕生は，市場価格メカニズムを媒介とする労働分配手段として賃金を位置づけるのみならず，経営戦略に沿った「インセンティブなメカニズム」として賃金を位置づけることをも経営者に許す新たな状況が生まれたことを意味する。このような2つの側面を賃金が持つのは，高実績労働組織の進展の中でその労働過程の労働が熟練と不熟練労働の二重化するのに対応してのことで，当然，そこには労働者内部（不熟練と熟練労働の区別や経営戦略に沿って実績をどれだけ上げたかという，それの貢献の大きさに応じた区別）において賃金格差が生まれる。したがって，賃金水準の決定メカニズムの考察は，労働市場と企業内部の2つの側面から考察しなければならない。本章第1節で不熟練労働の賃金が本質的に生産外の労働力の再生産過程で決定されるが，現象として職務（労働の具体的な中身）に対する対価としてあたかも決定されることを明らかにした。しかしながら，熟練労働力の再生産費用は修養や訓練という具体的な労働の中身と結び付けられ決定される。高い価値形成力は具体的な労働の中身と関連しているからである。そこで次に，経営戦略に対応する熟練労働の高い価値形成とそれに対応する高賃金形態を取り上げる。

7.3 熟練労働者への賃金—可変的な（variable）賃金制度

1990年代に普及してきた高実績労働組織を持つ企業は，熟練と不熟練の二

重の労働力から成り立つ。不熟練労働を適用対象とする賃金支払いルールである単純な職務に基づく賃金支払い制度,つまり「ジョブに対する標準的な賃金率を設定する伝統的な賃金ルール」[152]を熟練労働に対する賃金に適用できないことは明白である。熟練労働の高い価値形成に見合う賃金水準の決定には,新しい賃金支払い方法が提示される必要がある。そうでなければ,高実績労働組織は熟練労働を恒常的に確保できず,円滑に機能しない。そこで雇用主は,経済実績と関連させた賃金制度を創設する。高実績と高賃金との関連性は学問的に十分に解明されているとは言えない。そこで『2004年 WERS』に依拠して高賃金の支払い形態を簡単に述べる。

7.3.1 インセンティブをもつ賃金制度

高実績労働組織では,熟練労働から生まれる高実績と熟練労働者に対する賃金と関連させる可変的な賃金支払い制度が提唱されている。その賃金支払い制度は,「インセンティブ・ベースの賃金支払いを媒介に,個人または集団的な労働者の骨折り,または実績に報いるために使用される」[153]。『2004年WERS』によると,可変的な賃金支払い制度には主に実績関連賃金支払い形態,株式オプションを伴う賃金支払い形態,そして利潤関連賃金支払い形態などがある。それらのいずれも改善された労働現場の実績に対する成果の一部を雇用者と共有するのを雇用主が希望していることから利用される制度で,いわばそれらの制度を媒介にして労働者の骨折り,または実績に報いるために利用されている。実績関連の賃金制度の設計や労働条件をめぐる労使の共同規制が弱体化している流れの中で可変的な賃金支払い制度を用いる際に,雇用主が労働に対する評価をできるだけ公正に行っていることを演出する。それは彼らが,雇用者からの,より大きい骨折りを引き出すために,そして雇用者の動機づけと組織の目的へのコミットメントを増大させるためである。[154]

雇用主が利用する実績と関連するインセンティブ賃金は次のような特徴を持つとしている。

第1に,インセンティブ賃金制度は公的部門よりも私的部門で普及し,労働組合がない労働現場ではあまり普及していない。私的部門の労働現場の

44％は，インセンティブ賃金制度をもっていたが，公的部門のそれは5分の1（19％）に留まっていた。しかし，第2に，私的サービス部門では労働組合が存在しない労働現場と存在するそれの両方で同じ程度に存在する（それぞれ47％と45％）。他方，製造業部門では，インセンティブ賃金制度は非労働組合の労働現場よりも労働組合が存在する労働現場でより一般化している[155]。インセンティブ賃金支払いを利用する労働現場はそれの5分の4（82％）である。金融サービス部門は，他のどの部門よりも，それらを持つ可能性がより高かった。金融サービス部門では，労働組合が労働現場で認知されているところで，インセンティブ賃金支払いはあまり普及していない。労働組合が存在する労働現場の32％は，それらを使用し，それに対して労働組合が存在しない労働現場におけるその使用は43％であった。しかしながら，このことは，インセンティブ賃金支払いがあまり普及していない公的部門では，労働組合が存在する労働現場がより多いせいであった。

　第3に，生産物競争が激化しているほど，その制度の普及が進んでいる。トレーディング部門において，それらの市場における競争程度を「非常に高い」と評価している労働現場の半分（50％）は，実績関連賃金または業績給を持ち，市場競争が「非常に低い」と考えられている労働現場では3分の1を少し上回る（36％）程度であった。同様に，それらが「多くの競争者を持っている」と言っている労働現場の半分近く（47％）はこのインセンティブ賃金制度を持っていたのに対して，競争者があまりいない労働現場では28％であった。ここから，労働現場が競争に晒されている程度がこのインセンティブ賃金制度の利用頻度と結びつけられるとしている。また，財やサービスに対する需要が高度に価格に依存しているか，それとも品質に依存しているかという相違によっても，労働現場で使用されるインセンティブ賃金の利用頻度が異なり，品質で激しい競争をしている労働現場はそれの利用の可能性が最も高かった。それに対して需要が価格もしくは品質のどちらにもあまり依存しない競争を行っていると経営者が言っているところでは，最低限の利用頻度しかなかった[156]。

7.3.2 実績関連賃金制度

可変的な賃金制度は，高実績労働組織の賃金制度として適合的で，その代表は実績関連賃金制度である。この制度はインセンティブ賃金として知られている。

表3-7-4によると，実績関連賃金制度は，2004年に可変的な賃金制度の中で最も一般的な形態であり，5つの労働現場のうち2つの比率（40％）で存在している。その内，「成果に対する貢献の客観的な査定制度に基づく実績関連の賃金」制度（PBR）だけが23％で，主観的な能力（メリット）賃金制度のみは9％であり，前者がより一般的であった。両制度を使用していた労働現場が7％であった。労働現場の多数（56％）は，管理と非管理の雇用者の両方にその制度を適用させ，そしてその制度は，私的部門が公的部門の2倍の頻度で使用されている可能性が高かった。[157]

インセンティブ賃金が行われているところでは，それらはケースの半分以上（56％）で管理者と非管理者の両方の雇用者に支払われ，ケースの10％が管理雇用者だけであり，34％が非管理雇用者に支払われていた。労働現場がインセンティブ賃金支払いを持っているところでは，販売や顧客サービス

表3-7-4　2004年の可変的な賃金制度の採用頻度

賃金制度のタイプ	労働現場が占める大きさ（％）
実績関連賃金制度	40
成果による支払いのみ（客観的な測定）	23
能力ベースシステムのみ（主観的評価）	9
両方制度を利用	7
株式所有権制度	21
稼ぎに応じた貯蓄	13
株式インセンティブ計画	8
企業株式オプション計画	6
他の制度	4
利潤関連賃金支払い	30

出所：Colling, T. and Terry, M., (2010) *Industrial Relations*, 3 ed, p.360.

職業に就いている雇用者はそれらを受け取る可能性が高く，その一方でケアリング，レジャーと他の個人向けのサービス職業，そして「エレメンタリー」職業に就いている人々がそれらを受け取る可能性が最も少なかった。[158]

　実績関連賃金制度は1998年から2004年の間で一層普及したのか。1998年に労働現場の19％は「個人，またはグループ実績関連制度」を持っていたとされている。2004年調査は40％であるから大きく増加しているように見える。しかしながら，インセンティブ賃金支払い制度の方法についての質問が変更されたので2004年の測定結果と1998年のそれと比較することはできない。そこで実績関連賃金支払いが『WERS』調査で1998年以降普及しているかどうかに言及することは不可能である。しかしながら，2004年の質問が1998年の質問を模写した『1998〜2004年パネルサーベィ』をみると，インセンティブ賃金支払い制度の発生頻度によって労働現場の内部で変化がどの程度あるかどうかを言及することは可能である。それによると2004年で存続する労働現場の32％は実績関連賃金制度を持ち，1998年の20％から上昇していた。それゆえ，1998年以来，実績関連賃金制度が相当に増大しているように見える。1998年と2004年の「クロスセッション・サーベィ」における存続する労働現場ともはや存続しないものの各々の使用頻度の比較からもこの賃金制度に対するさらに大きい支持がうかがえる。1998年に，存続しない17％と存続する労働現場の19％は，個人またはグループ・ベースの実績関連賃金を使用していた。2004年に，存続する労働現場の37％と新参者の44％は，インセンティブ賃金を使用していた。たとえ相違の一部が2つのクロス・セッション・サーベィで言葉にしている使用の相違によって説明されることが受け入れられるとしても，これらの数字は，2004年の労働現場が1998年の労働現場よりもインセンティブ賃金支払い制度を使用する可能性が遥かにより高いという，より正確な証拠を提供する。

7.3.3　従業員株式所有権制度（ESOSs）

　次に株式所有権の賦与と結びつく賃金制度を取り上げる。株式賦与による可変的な賃金制度の普及は労働現場の21％を占め，主要な3者の形態の中で

最も低い水準に留まっているが，トレーディング部門やその事業所で多く使用されている。すべてのトレーディング部門の事業所（私的部門の労働現場と政府所有のトレーディング会社の一部の部門）は，それらが従業員株式所有制度（ESOSs）を機能させているかどうかを問われた。回答者は，「株式インセンティブ計画（SIP）」，「あなたの稼ぎに応じた株式貯蓄（SAYE）」，「企業経営者インセンティブ（EMI）」，「会社株式オプション計画（CSOP）」，そして「その他の従業員株式所有制度」を選ぶ形式で問われている。上の21％は，少なくともこれらの制度のうち1つを持っていた労働現場である。最も普及した制度はSAYEであり，それは，労働現場の13％で機能し，続いてSIP（8％），そしてCSOP（6％），「その他の従業員株式所有制度」（4％）であった。EMIは労働現場の1％未満で機能させていたに過ぎなかった。労働現場の8％は制度の1つ以上の制度を機能させていた。

「ESOSs」が機能しているところでは，ケースの85％でその有資格者は，非管理従業員にまで拡張され，そしてそれらは，単なる管理者・スタッフに対する報酬とその維持に対するメカニズムでないと述べている。[159]

7.3.4 利潤関連賃金制度（PRP）

最後に取り上げるのは，利潤関連または利潤関連ボーナスのある賃金制度（PRP）で，すべての労働現場で，「この労働現場にいる雇用者は，利潤関連賃金，または利潤関連ボーナスを受け取っているか」という質問をされていた。それは，10の労働現場のうち3つの比率（30％）で利用されていたが，ここでの利潤は，トレーディング部門でのみ有意性をもつ概念である。そこで，以下の分析は，トレーディング部門の労働現場に限定されている。トレーディング部門の労働現場の36％は，私的部門において37％，そして公的部門において15％がPRPを使用していた。

PRPの最高の発生頻度を持つ部門は「金融サービス」（67％）と「電力，ガスそして水道」（59％）であった。外国所有の労働現場は，国内所有の労働現場におけるよりもPRPを利用する傾向が一層大きかった（50％であるのに対して国内所有の労働現場は34％であった）。

PRPは，小規模な組織や事業所の内部ではあまり普及していないが，労働現場の大きさとPRPの発生との間には単純で直線的な関係性はまったく存在していなかった。以前のサーヴェイの記述によると，労働組合が賃金交渉のために認知されているところでは，PRPはあまり普及していなかった。労働組合が存在する労働現場の3分の1（35％）はPRPを持ち，それに対して非労働組合のそれは5分の2（43％）であった。しかしながら，この結果はインセンティブ賃金支払いで指摘したように，公的部門では労働組合が存在する労働現場が私的部門のそれより高い頻度を示しているせいであった。私的サービスにおけるPRPの発生は，非労働組合の労働現場が労働組合が存在する労働現場より高かった（47％に対して35％である）。それは，また私的製造業において若干高かった（労働組合が存在する労働現場の41％に対してそうでない労働現場は37％であった）[160]。

8 結びにかえて

グローバルな競争下にある先進国の労働過程は熟練（知識労働を含む）労働と不熟練労働が二重化する過程であるという視角から，現代の労働過程の変容を本章で論じた。そのような二重化した労働過程から生まれる2つの新たな課題がある。その1つは，ブレイヴァマンが指摘するように形成される価値の大きさの不確実性にある。これを解決するための彼の回答は，熟練労働の解体・不熟練化であった。しかし，この解決は問題そのものの存在の否定であるから，これでは熟練労働を不可欠な存在で成り立つ現在の労働過程ではこの問題を解決したことにはならない。この問題は「高実績労働組織」論でも不確実であると指摘されるだけで，現在も残っている。ここでは，高く形成された価値に基づいた高い賃金部分（可動的な賃金制度）を取り上げた。もう1つのグローバリゼーションが経営に突きつけた問題は，世界的な規模での急激な需要変動に対応する生産組織をどのように創り出すのかである。これは，大企業に高品質の大量生産を維持しながらもフレキシブルに生産を調整することを生産組織に求めている。いわば，標準化と弾力化という矛盾

する側面を生産組織に同時に求めているのである。

　このような大きな流れの中でイギリス製造業が持つ特殊性は，高品質を維持し規模の経済を実現することよりも，フレキシビリティの問題を中心に労働組織論が展開されたことである。イギリス製造業は，需要に対応してではなく，むしろ過剰労働力をどのように整理するのかという課題を背負って1970年代から現在まで労働の二重化の下でフレキシブルな組織を求めてきた。1980年代のアトキンソンモデルの展開や1990年代の現状分析を踏まえると，熟練（中核）領域の労働をできるだけ非標準労働に代替あるいは外注化・下請け化することでフレキシブルに利用することによって企業は需要に対応しようとしているように見える。これでは，需要内容の急激な変更に対応することは困難である。ここでは取り上げなかったが，研究・開発への企業の投資が他のG7諸国のそれと比べて劣っている点を踏まえると，企業（特に製造業）の展望は明るいとは言えない。[161]

1) DTI, (1994) *Competitiveness*, p.9.
2) Sisson, K. and Marginson, P., "Management", Edward, P., (ed) (2003) *Industrial Relations*, 2 nd, p.168.
3) Booth, A. and Snower, D., (1996) *Acquiring Skills*, p.1.
4) 2000年以降の先進国の労働は熟練化している（Gallie, D., (ed) (2013) *Economic Crisis, Quality of Work & Social Integration*. を参照）。グローバリゼーションは先進国に熟練労働を要求する（OECD, (2007) *OECD Economic Surveys 2006-2007 United Kingdom*, p.58. イギリスにおける熟練の重要性はDTI, (2014) *Skills in Global Economy*, 第2章を参照。
5) Green, F., (2013) *Skills and Skilled Work*, p.9., Forester, K., Payn, J., and Ward, K., (1995) *Workplace Learning*. を参照。
6) Thompson, P. and Warhurst. C., (eds) (1998) *Workplaces of the Future*, pp.27-28.
7) この現象は「西側」の「ブラジル化」と呼ばれるものである（Beck, U., (1999) *The Brave New World of Work*, p.1.）。
8) Marx, K., *Das Kapital*, Vol.1, s.56, 資本論翻訳委員会訳『資本論』（第1分冊）新日本出版社，71頁。
9) *Ibid.*, ss.199-200, 同上書（第2分冊）316頁。
10) 後で取り上げるテイラー主義の作業管理・時間管理は労働仕様を媒介にして労働強化を図る側面を持つ。
11) Marx, K., *op.cit.*, s.564, 前掲書（第4分冊）927頁。
12) 形態的から実質的への労働の包摂は，次章で見るように熟練労働の解体から不熟練

労働に移行する事態として捉える考えが一般的である。この点も実質的包摂であるが，これのみを実質的包摂であるとすると，現代のように生産力の上昇が継続しながら，不熟練労働が一般化した段階や，逆の不熟練労働の熟練化への流れの局面が実質的包摂の停止であるのか貫徹であるのか不明となる。また，階級闘争の点では，個別資本次元では必然化しないが，その過程は，技術革新による労働様式の変更を伴い，労働力の質を変容させるのみならず，大量の労働者を労働市場に引き込み，その結果，大量の失業者の存在をもたらす。

13) 馬場克三 (1968)「個別資本についてのメモ」馬場克三編『経営学方法論』ミネルヴァ書房，17頁。
14)「剰余労働÷労働日，剰余価値÷生産物価値，剰余生産物÷総生産物」(Marx, K., op. cit., 前掲書（第3分冊）907頁)。
15) Ibid., s.555, 同上書，911頁。
16) Ibid., 同上書。
17) Ibid., s.564, 同上書，927頁。
18) Braverman, H., (1974) Labour and Monopoly Capital, p 54, 富沢賢治訳 (1978)『労働と独占資本』岩波書店，59頁。
19) 同上書，61頁。
20) 鈴木和雄氏は，現代の労働過程論について丁寧にアメリカやイギリスの諸論者を取り扱っているが，労働過程論の出発点となっているブレイヴァマンの理論はほとんど体系的に取り上げていない。そのために熟練労働を抱える労働過程がもつ独自な点も指摘されないことになる。鈴木和雄 (2001)『労働過程論の展開』学文社。
21) Braverman, H., op.cit., p. 57, 前掲書，62頁。
22) マルクスの場合は，不熟練労働を前提にするから，一定の労働時間を資本が消費できれば形成される価値は確定すると考えられている（ただし，労働の強度を一定にする）。
23)『資本論』では，マニュファクチュア生産で生まれた熟練労働は，機械制大工業の中での機械体系で解体されたとしている。
24) Braverman, H., op.cit., pp.120-121, 前掲書，136頁。
25) Ibid., p.113, 前掲書，127頁。邦訳では skill が技能になっている。
26) Ibid., 前掲書，131頁。
27) Ibid.
28) Ibid., p.119, 前掲書，134頁。
29) Ibid.
30) F. グリーンは熟練を次の3つの鍵となる特徴をもつ個人的特質として考える。1つ目は価値を多く生産し生産的である。2つ目は教育や発達で熟練を拡大する性質を持つ。3つ目は社会的認定されている (Green, F., op.cit., p.10.)。
31) Marx, K., op.cit., s.361, 前掲書（第3分冊）593頁。
32) Ibid., s.390, 同上書，640頁。
33) Ibid., s.359, 同上書，590頁。
34) マルクスの場合，労働過程への機械の導入がマニュファクチュア生産を打破し，熟

練労働を不熟練労働に代替させたとしている。その結果，剰余価値の生産を巡る不確実さは取り除かれることになる。

35) Friedman, A., (1977) *Industry and Labour.*
36) 我々と同様に彼は，マルクスの理論が不熟練労働から成り立つ労働過程であるとしている（*Ibid.*）
37)「熟練，または権限と結び付けられない彼らの抵抗の強さによって区別される労働者グループの安定性と相対的に高い所得は，『独占資本』の到来とともに出現する」（Friedman, A., *op. cit.,* p.109）。彼は熟練と抵抗とを結びつけ独占階段を把握する。
38)「責任ある自律性」の実例として自動車産業が挙げられている。
39) Friedman, A., *op. cit.,* p.109.
40) 彼が強調する戦略は，ブレイヴァマンの理論に大いに刺激され，それを批判的に克服し，それとは異なる理論を自説として彼が展開される観点から，当然後者である。ブレイヴァマン理論には労働者の抵抗や階級闘争がないというのがブレイヴァマン批判に共通する認識の1つである。
41) Friedman, A., *op. cit.,* p.6.C.リトラーはブレイヴァマンがテイラーの考えを引き継ぎ，1つのタイプしか示せなかったのに対して，フリードマンが2つの対抗するタイプを示したことを彼の優れている点であるとしている（Littler, C., (1990) "The Labour Process Debate", Knights, D. and Willmott, H., (eds) *Labour Process Theory,* p.57.）。
42) フリードマンにとって「自律性」はあくまで「高い利潤」を確保するための経営戦略として取り扱われているから，それは搾取の拡大の契機の1つと位置づけられている。だが，同時に経営者はこの自律性の賦与が労使の間の同意を引き出し，労働の組織化を図っているとする（三家本里美（2016）『社会政策』第8巻第2号，150-151頁を参照）。
43) Knights. D. and Willmott, H., (eds) *op.cit.* 参照。
44) その代表的なものとして Wood, D. and Smith, P., (1989) *Employer's Labour Use Stragtegies: First Report on the 1987 Survey,* No.63. を挙げておく。
45) このモデルはアトキンソンらによって多数の著作で展開されている。その代表は National Economic Development Office., (1986) *Changing Working Patterns,* pp.2-3. である。この本は，IMS が NEDO から委託を受けて行われた報告書で，ここではアトキンソンと IMS の彼の支持者によって書かれた著作の1つとして取り扱われている。それ以外にも Atkinson, J., (1985a) "Flexbility, Uncertainty and Manpower Management", *IMS Report,* No.89. がある。
46) 例えば，Skorstad, E. and Ramsdal, H., (2009) *Flexible Organizations and the New Working Life.* を挙げておく。
47) *Ibid.*
48) Atkinson, J., (1985a) op.cit., p.8.
49) Ibid.
50) Ibid.
51) NEDO, *op.cit.,* p.2.

52) Atkinson, J., (1985a) op. cit.
53) Ibid.
54) Ibid.
55) NEDO, *op.cit.*, p.3.
56) *Ibid.*
57) *Ibid.* 前節で見たようにフリードマン説では労働者の「抵抗」が抑制要因として把握されていた。
58) *Ibid.*
59) *Ibid.*
60) *Ibid.*
61) NEDO では3つのフレキシビリティの他に外注化戦略が加味され，4つのフレキシビリティとなっている (NEDO, *ibid.*, p.3)。
62) Atkinson, J., (1985a) op.cit., p.16.
63) NEDO, *op.cit.*
64) アトキンソンは「中核」労働者が具体的に想定されうる層として管理者，技術販売スタッフ，技術者そして熟練労働者を挙げている (Atkinson, J., (1985a) op. cit., p.15.)。
65) NEDO, *op.cit.*, p.6.
66) Atkinson, J., (1985a) op.cit., p.11.
67) 「周辺」労働者も「周辺グループの数量的なフレキシビリティを幾つかの機能的なフレキシビリティで補わなければならないとき」，「周辺」労働者はさらに第1と第2の「周辺」グループに分けられる (Atkinson, J., ibid., p.16)。しかし，この区分については，ここでは触れない。
68) Ibid., p.17.
69) Kersey, B., Alpin, C., Forth, J., Bryson, A., Bewley, H., Dix, G. and Oxenbridge, S., (2006) *Inside the Workplace*, p.189.
70) *Ibid.*
71) NEDO, *op.cit.* では財務フレキシビリティは賃金フレキシビリティとなっている。
72) Atkinson, J., (1985a) op.cit., p.12.
73) Ibid.
74) Ibid.
75) Ibid.
76) Ibid., pp.12-14.
77) Ibid.
78) Ibid., p.15.
79) 「中核」概念は，曖昧である。「正規の労働者は『中核』と規定される傾向がある」(Marginson, P., Edward, P., Martin, R., Purcell, J. and Sisson, K., (1988) *Beyond the Workplace*, p.81)。そうだとすると，後で述べるように中核労働が男性の正規労働者で，周辺労働がパートタイム労働に見られるように女性労働者が多数であるとすると，中核と周辺という労働の分化は，男女間の労働の分化・断片化を促進するものである。

80) Atkinson, J. and Meager, N. (1986) "New Form of Work Organisation", *IMS Report*, No.121, p.1.
81) アトキンソンは，しばしば機能的なフレキシビリティは「中核」労働者に，数量的なフレキシビリティは「周辺」労働者へと明確に区分けするが，現実はそのように単純で，明瞭に現れるわけではない。例えば，超過勤務は正規の労働者も行っている。これは需要に対応した労働量の数量的な調整を「中核」労働者も行っていることになる。アトキンソンが言う「中核」労働者が彼らにどれぐらい当てはまるのか不明であるが，1980年の作業労働者の超過勤務を行った割合は29.9％で，1989年には37.4％である。1980年代にその比率は増加する傾向にあった（Department of Employment, (1992) "Employment Statistics, Historical Supplement 3", *Employment Gazette*, Vol.100, No.6, p.55)。
82) 中核労働は熟練，正規雇用，高賃金であるのに対して，周辺労働は不熟練，非正規，そして低賃金であると把握される。
83) Friedman, A., *op.cit.*, pp.77-78.
84) Atkinson, J., (1985a) op.cit., p.14.
85) Sisson, K. and Storey, J., (2000) *The Realities of Human Resource Management*, p.83.
86) *Ibid*.
87) *Ibid*.
88) 経営の短期主義はイギリスの特徴であるが，しばしば経営の欠点として指摘されている。
89) Atkinson, J., (1985a) op.cit.
90) Ibid.
91) Atkinson, J., (1985b) "Flexibility: Planning for an Uncertain Future", *Manpower Plolicy and Practice*, Vol.1, p.26.
92) Atkinson, J. and Meager, N., (1986) op.cit., p.3.
93) Wood, D. and Smith, P., *op. cit.*, p.37.
94) Atkinson, J., (1985) "The Changing Corporation", Clutterbuck, D., (ed) *New Patterns of Work*, Gower, p.14.
95) Cully, M., Woodland, S., O'reilly, A. and Dix, G., (1999) *Britain at Work*, pp.31-38.
96) Kersey, B., Alpin, C., Forth, J., Bryson, A., Bewley, H., Dix, G. and Oxenbridge, S., *op. cit.*, p.74.
97) Beatson, M., (1995) "Progress toward a Flexible Labour Market", *Employment Gazette*, Febury, p.55.
98) Skorstad, E., *op.cit.*, p.23. このグループ分けは同書によっている。
99) Cully, M., Woodland, S., O'Reilly, A., and Dix, G., *op.cit.*, p.35.
100) *Ibid*.
101) *Ibid*.
102) 外部と内部の区別はColling, T. and Terry, M., (2010) *Industrial Relations*, 3 ed, p.369. を参照にしている。

103) Cully, M., Woodland, S., O'Reilly, A. and Dix, G., *op.cit.*, p.35.
104) Kersey, B., Alpin, C., Forth, J, Bryson, A., Bewley, H., Dix, G. and Oxenbridge, S., *op.cit.*, pp.105-107.
105) このサービスは，建物施設の清掃，建物の保守，訓練，財／文書の配送，セキュリティ，ペイロール，ケイタリング，欠員ポストの一時的な補充，印刷／写真コピー，コンピュータサービス，求人などである。内部契約の下請けに関する調査は「2004年WERS」で初めて行われた。
106) 櫻井幸男（2002）『現代イギリス経済と労働市場の変容』青木書店，306頁。
107) これらの数字は表3-6-3における「全員」項目の週30時間以下の合計から計算されている。Grmshaw, D. and Rubery, J., (2010) "Pay and Working Time", Colling, T. and Terry, M., (eds) *op.cit.*, p.365.
108) 櫻井幸男，前掲書，第6章参照。
109) この外部と内部の契約理論は，Edwards, P., (ed) (1995) *Industrial Relations*. を参照している。
110) *Ibid.*
111) Murry, G., (ed)(2013) *Work Employment Relations in the High-Performance Workplace*, p.28.
112) これはUKにおいて多国籍企業として最も活躍しているタイプの企業である(OECD, (1996) *OECD Economic Surveys 1995-1996 UK*, p.57.)。
113) Ashton, D. and Sung, J., (2002) *Supporting Workplace Learning for High Performance Working*, p.9.
114) *Ibid.*
115) イギリスで1981～91年に「経営と管理」職が112万人（年平均3.2％の増加），「技術とその関連職」が51万人（2.5％），「専門職」が41万人（2.0％）増加している（IER, (1998) *Review of the Economy and Employment 1997/98*, p.15.
116) Murry, G., (ed) *op.cit.*, p.36.
117) *Ibid.*, p.121.
118) 上田眞一氏は，実績管理へのアプローチに「報酬主導的統合」と人材開発を重視する「開発主導的統合」の2類型が存在するという。だが，実績管理は2つの類型のアプローチを持つのではなくて，労働過程が熟練と不熟練労働の二重化している場合，熟練労働から生まれた実績は彼らの報酬に反映されなければならないのであるから，熟練労働形成・人材開発の重視とその労働に対する報酬制度は表裏一体の問題であって，別個に取り扱われるアプローチではない。
119) *Ibid.*, p.37.
120) Kesseler, S. and Bayliss, F., (1995) *Contemporary British Industrial Relations*, 2 nd, p.55.
121) ドノバン委員会（1968年）は，団体交渉が雇用主と雇用者との利害の対立を認め，それを調整できるとしていた。
122) Gallia, D., Penn, P. and Rose, M., (1996) *Trade Unionism in Recession*, p.12.
123) Scott, A., (1994) *Willing Slaves?*, p.1.

124) Waddington, J., (1995) *The Politics of Bargaining*, p.158.
125) *Ibid*.
126) *Ibid*.
127) *Ibid*.
128) だが，雇用主は，貧弱なイギリスの経済実績の原因を優先順位であらわすと，最も高いものが，労働側，労使関係にあるとは考えてはいなかった（MacInnes. J., (1989) *Thatcherism at Work*, Open University, p.96.）。
129) Beaumont, P., *op.cit.*, p.29.
130) Marginson, P., Edwards, P., Martin, R., Purcell, J. and Sisson, K., *op.cit.*, p.141. や Millward, N., Stevens, M., Smart, D. and Hawes, W., (1995) *Workplace Industrial Relations in Transition*. を参照。
131) Beaumont, P., *op. cit.*, pp.26-27.
132) Brown, W., Marginson, P. and Walsh, F., *op. cit.*, p.137.
133) Millward, N., Stevens, M., Smart, D. and Hawes, W., *op. cit.*, p.93.
134) 製造業では，1984年から1990年で64％から51％に，私的サービス部門で41％から33％に低下している。
135) Dore, R., Boyer, R. and Mars, Z., (1994) *The Return to Incomes Policy*, p.31.
136) Millward, N., Stevens, M., Smart, D. and Hawes, W., *op.cit.*, p.93. 同期間で私的製造業では，カバーは64％から51％，私的サービス部門では41％から33％，そして公的部門では95％から78％に，それぞれ低下している。
137) Kesseler, S. and Bayliss, F., (1998) *Contemporary British Industrial Relations*, 3 ed, p.119.
138) *Ibid*.
139) Brown, W. (1992) "Bargaining Structure and the Impact of the Law", McCarthy, W., (ed) *Legal Intervention in Industrial Relations*, p.298.
140) Marsh, D., (1992) *The New Politics of British Trade Unionism*, p.65.
141) Mayhew, K., (1991) "The Labour Market in the 1980s", *Oxford Review of Economic Policy*, Vol. 7, No. 1, p.10.
142) 田口典男氏は1980年代の労使関係の変化を「パラダイム転換」として把握され，その転換を生んだのは，サッチャー政府の労働政策であるとされている。確かにサッチャー政府はこの「転換」に大きな影響を与えたが，それは既存のパラダイムの破壊という点であり，誕生したパラダイムの形成に大きな影響を与えたとは思えない。それは，経営権を取り戻し，グローバリゼーションに対応しようとする経営者の戦略や新しい資本蓄積様式から主に説明される（田口典男（2007）『イギリス労使関係のパラダイム転換と労働政策』ミネルヴァ書房）。
143) Layard, R., (1997) *What Labour can do*, p.12.
144) Kersey, B., Alpin, C., Forth, J., Bryson, A., Bewley, H., Dix, G. and Oxenbridge, S., *op. cit.*, p.184.
145) *Ibid.*, p.179.
146) 企業戦略が問題となるのは1980年代後半からである。その証左の1つとして人的資

源管理論が，経営戦略の一部としてその時期に取り上げられるようになった（Sisson, K. and Storey, J., *op.cit.*, pp.22-23.）。

147) Brown, W., Marginson, P. and Walsh, F., (1995) *op.cit.* p.124.
148) Acker, P. and Wilkinson, A., (2003) *Understanding Work & Employment*, p.57.
149) Brown, W., Marginson, P. and Walsh, J., *op.cit.*, p.133.
150) Ackers, P. and Wilkinson, A., *op. cit.*, p.57.
151) 労働市場の規制緩和や自由化推進を図る政策のみでは，その政策は「不幸にも雇用主戦略の現実を無視する理論的想定に依拠している」（Brown, W., Marginson, P. and Walsh, J., *op.cit.*, p.133.）ことになる。
152) Grimshaw, D. and Rubery, J., (2010) "Pay and Working Time", Colling, T. and Terry, M., (eds) *op.cit.*, p.360.
153) *Ibid*.
154) Kersey, B., Alpin, C., Forth, J., Bryson, A., Bewley, H., Dix, G. and Oxenbridge, S., *op.cit.*, p.189.
155) *Ibid.*, p.190.
156) *Ibid*.
157) *Ibid*.
158) 実績関連賃金に関する数値は Kersey, B., Alpin, C., Forth, J., Bryson, A., Bewley, H., Dix, G. and Oxenbridge, S., *op.cit.*, pp.90-91.
159) *Ibid.*, pp.191-192.
160) *Ibid.*, pp.192-193.
161) 櫻井幸男，前掲書，77-79頁。

終 章
リーマンショック以降の資本蓄積

　我々は1979年から2008年までの間の生産性上昇におけるイギリス独自の資本蓄積を析出した。本章では，それがリーマンショックを経由した2008年以降の景気回復過程でも貫かれているかどうかを検討する。結論を先取りすれば，それは成長の資本蓄積として成り立たなくなっている。そこで，「成長の危機」が意識され，課題として提起されているのは新しい成長軌道の追求である。それに関する議論を紹介して本書の締めくくりとしたい。

　表4-1と図4-1によるとイギリス経済は，リーマンショックによって2008年第2四半期に景気後退に入った。GDPはそれ以降下落し，それに続く6つの四半期の間下落し続け，8％近い下落となった2009年第3四半期に景気は底を打った。それ以降GDPは増大し始めたものの，非常に緩慢な増大であったので，谷から3年以上を経過した2012年でさえ，それの水準は，依然として2008年の第1四半期以前のピークを4％も下回っていた。このような低水準の回復に留まったのは不況の谷からのGDPの回復は非常に遅く，2009年第3四半期から2012年末までGDPはほとんど横ばいであったからである。しかし，2008年から5年以上を経過した2013年になると，GDPは強力に増大し2008年のピークを超えた。製造業部門では，1997～2007年の産出高趨勢は横ばいであったが，2008年からその趨勢を大きく下回る産出高となり，2013年に一部には強い産出高を持つ分野が現れたが，製造業の全体的な動きは依然としてその趨勢を下回る大きさに留まっている（図4-2参照）。イギリス経済の特徴の1つである産出高の増大を生みにくいという特徴は，この不況からの回復過程の中でも引き継がれている。このGDPの停滞下の2008～2013年の期間でも，移民の影響でイギリスの人口が増加し続けているので，1人当たりのGDPは下落し（2014年でも2008年水準を超えることができなかった），生活水準は低下している。

表4-1 UK の産出高,労働時間,職,生産性

	GDP	労働時間	職	職当たりの労働時間	労働時間当たりのGDP	職当たりのGDP
2008年第1四半期	100.00	100.00	100.00	100.00	100.00	100.00
第2四半期	99.39	99.76	100.31	99.45	99.63	99.08
第3四半期	97.93	99.34	99.84	99.50	98.58	98.08
第4四半期	95.69	99.22	99.57	99.65	96.44	96.10
2009年第1四半期	93.30	97.49	99.15	98.33	95.70	94.10
第2四半期	92.71	97.51	98.17	99.33	95.07	94.43
第3四半期	92.67	97.02	98.16	98.84	95.52	94.41
第4四半期	92.97	98.31	98.06	100.25	94.57	94.81
2010年第1四半期	93.54	96.20	97.63	98.54	97.23	95.81
第2四半期	94.45	98.03	98.48	99.54	96.36	95.91
第3四半期	94.95	98.13	99.08	99.04	96.76	95.83
第4四半期	94.69	98.54	98.70	99.84	96.09	95.94
2011年第1四半期	95.07	98.56	99.27	99.28	96.46	95.77
第2四半期	95.30	97.42	99.25	98.16	97.82	96.03
第3四半期	95.91	98.21	98.78	99.42	97.66	97.09
第4四半期	95.84	98.42	98.84	99.58	97.39	96.97
2012年第1四半期	95.85	99.13	99.68	99.45	96.69	96.15
第2四半期	95.36	99.62	100.10	99.52	95.73	95.27
第3四半期	96.09	100.75	100.42	100.33	95.37	95.68
第4四半期	95.88	101.02	101.19	99.83	94.91	94.75
2013年第1四半期	96.11	101.28	100.71	100.57	94.89	95.44

出所:Chadha, J., et al., (2016) *The UK Economy in the Long Expansion and its Aftermath*, p.18.

それでは生産性の動きはどうか。2008年第1四半期〜2009年第3四半期の不況過程に GDP は7.3％下落し,総労働時間も3.0％下落しているが,前者の下落の大きさが後者のそれを上回っているので,同期間の生産性が低下している。それに続く回復過程でも,GDP も総労働時間もそれぞれ3.4％,4.3％と増大しているが,後者が前者の増大率を上回ったので回復過程の生

終　章　リーマンショック以降の資本蓄積　211

図4-1　景気後退の開始時からの実質GDPの動き

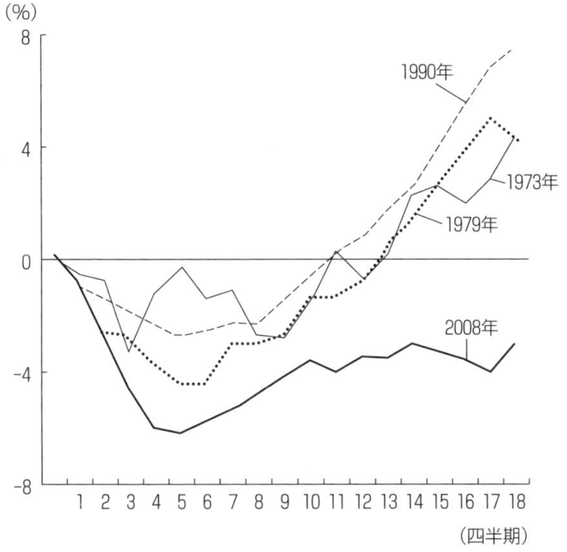

出所：OECD, (2013) *OECD Economic Surveys*, p.54.

産性も低下している。つまり，「2013年第1四半期に起きて労働時間当たりのGDPはピーク水準を依然として5％下回っていた」。景気後退期も回復期も生産性は低下し，「景気後退が始まって6年を経過しているが，労働生産性が依然として前のそれのピークを下回り，そして以前からの趨勢を大きく下回る状況にある」。しかもその低下は「UK経済の広範囲に及ぶ部門を通じて全面的に広がっている」ために，「生産性の崩壊」が起こっているとされている。このような「生産性の崩壊」は，1980年代の回復期や1990年代初期の不況過程にも見られない事態である。製造業に限ってみても同様である（図4-2）。1997年からリーマンショック前までは製造業の産出高はほぼ横ばいであったが，雇用は継続的に削減されていた。そのために，製造業の生産性は上昇し続けた。だが，リーマンショック以降ではそのような動きを生産性は示していない。製造業の産出高はその水準を大きく下落させている（図4-2）が，雇用は「2010年以降著しく安定」している。そのために，製

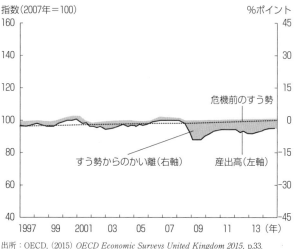

図4-2 製造業の産出高

出所：OECD, (2015) *OECD Economic Surveys United Kingdom 2015*, p.33.

造業の生産性は低下した[6]。製造業を含む経済全体の「生産性の崩壊」は，リーマンショック以降のイギリスの新しい資本蓄積の特徴である。従来の産出高低迷・雇用削減による生産性上昇メカニズムは破たんし，「生産性の崩壊」によって生産性低下という新しい蓄積軌道が進行している。

「生産性の崩壊」を生み出す企業の新しい行動には「多くの人を驚かす特徴が存在している[7]」。それは不況期であるにもかかわらず，雇用や労働時間が積極的に削減されるのではなく，生産性低下の景気回復期の比較的早い段階で総労働時間や職が増加していることである（表4-1参照）。これは「生産性の謎[8]」としても取り扱われている点である。労働供給がリーマンショック直後には低下した――それでも1990年初期の不況と比べると大幅に小さい――が，2年を経過した2010年の第2四半期頃から総労働時間も雇用も増加に転じ，2012年には両者は2008年のピークを超える水準となっている。私的部門では雇用が「2010年以来ほぼ300万増加している[9]」。

厳しい不況下でもこの雇用増加に向かった企業行動によって，「危機の初期に失業率の上昇は抑制され，最近（2013年以降）低下する[10]」（括弧内は櫻井）

という結果をもたらした。失業率は1980年代や1990年代と比べるとあまり上昇せず，「2008年第1四半期の5.2％から8.4％の高さに比較的ゆっくりと上昇した。2013年9月〜11月では，それは7.1％であった」。そして2016年にそれは5.4％へと低下している。それは1990年代の平均の失業率を下回っている。「長期失業率はOECD平均を若干上回るが，EU（15ヵ国）平均を大きく下回ったままである」。したがって，リーマンショック後の労働市場の実績は「景気後退の厳しさを前提にすると，考えられるよりも遥かに良好なものである」と評価される。

「謎」として考えられる根拠は，生産性低下の中でなぜ雇用削減ではなく総労働時間や雇用の増加に企業が向かったのかである。「ネオリベラル資本主義」の資本蓄積では，低い生産性が起こると，実質賃金が一定であれば，当然単位労働費用は上昇し，その結果利潤率は低下する。このような環境におかれたイギリス企業は雇用削減による生産性上昇を選択した。だが，リーマンショック以降，生産性が下落しているにもかかわらず，雇用は2011年で年間0.5％，2012年に1.2％，そして2014年には2.3％と増大している。確かに，「リベラル資本主義」では，この企業行動は「謎」である。それを説くために諸説が展開されている。その1つは，このような雇用増加をもたらした要因を実質賃金の低下に求める（図4-3）。もし実質賃金の低下幅が大きければ，たとえ雇用が増加していても，単位労働費用を上昇させない（利潤率を低下させない）ケースが存在するからである。私的部門の稼得所得は，2008年第1四半期のそれを100とすると，2009年第1四半期に7％近い大幅な低下を示しているが，それ以降は4〜5％の低下した水準で非常に安定している（表4-2）。また，増加した雇用者の雇用形態が問題となる。図4-4から明らかなように，2008年以降雇用されていた労働者の構成ではパートタイム労働者や自営業者が圧倒的に多数を占めた。フルタイム雇用からパートタイム労働雇用への大幅な代替，外注化と下請け化を媒介にした自営業者の積極的な利用は，雇用主にとって単位労働費用の上昇を抑え，低い生産性の下でも雇用増加を許容する要因の1つとなっている。

長期的に見て経済の発展を規定する要因の中で生産性上昇が「ほぼすべて

図4-3　景気後退期以来の実質賃金の動き

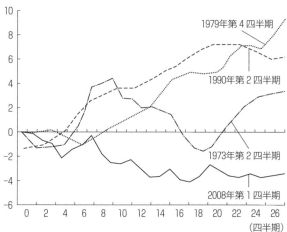

出所：OECD, (2015) *OECD Economic Surveys United Kingdom 2015*, p.22.

図4-4　パートタイム労働の増加（全雇用におけるパートタイム労働の2008年第1四半期以来の変化）

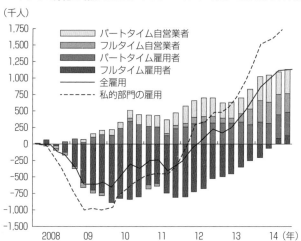

注：全雇用には無給ファミリー労働者と政府支援訓練生を含む。
出所：OECD, (2013) *OECD Economic Surveys United Kingdom 2013*, p.54.

である」という立場や，新労働党政府の「黄金の10年」（1997～2007年）を生んだ最大の貢献者が生産性上昇にあるとする立場からすると，リーマンショック以降6年にわたって起こった生産性低下は，「成長の危機」として現れる。そこで，追求される新たな課題は，「成長の危機」を脱することができる新しい成長軌道を見つけ出すことである。

その1つとして取り上げられるのは，金融と個人消費を結合させる成長である。1979年以降の景気好況は2回あり，1980年代半ばと1993年以降である。どちらも第1章で見たように，個人消費の拡大と住宅バブルを軸にした成長であった。これは，貯蓄の取り崩し（貯蓄率に低下）と個人クレジットの容易な拡大が個人消費を拡大し，次に住宅市場を中心とする資産価格インフレ（例えば，2000年から2007年の間に住宅価格が2倍に上昇した）を生み出し，金融を媒介にそれらが結合して生まれた成長モデルである。リーマンショック以降の個人消費による成長は，このパ

表4-2　実質の週当たりの平均稼得所得

（2008年第1四半期＝100）

	私的部門	公的部門	経済全体
2008年第1四半期	100.0	100.0	100.0
第2四半期	99.2	101.1	99.6
第3四半期	98.4	100.9	99.0
第4四半期	96.8	99.7	97.4
2009年第1四半期	92.8	99.7	94.3
第2四半期	96.4	100.8	97.3
第3四半期	94.5	100.5	95.8
第4四半期	94.8	101.1	96.3
2010年第1四半期	94.4	100.9	95.7
第2四半期	94.6	102.2	96.3
第3四半期	94.5	101.6	96.0
第4四半期	94.8	102.1	96.4
2011年第1四半期	95.8	103.1	97.4
第2四半期	95.7	102.9	97.4
第3四半期	95.4	102.6	96.8
第4四半期	95.9	102.8	97.3
2012年第1四半期	95.1	102.5	96.8
第2四半期	96.3	103.0	97.5
第3四半期	96.4	103.9	97.8
第4四半期	95.6	103.1	97.0
2013年第1四半期	93.4	101.9	95.6

注：GDPデフレイターによってデフレイトされた週当たりの平均稼得所得（季節調整済み月ごとのデータを四半期に転換）。
出所：Chadha, J., et al., (2016) The UK Economy in the Long Expansion and its Aftermath, p.46.

ターンの繰り返しを求めることである。

しかしこの「古いイギリスモデルは消滅している」[19]。まず第1に，リーマンショックが最も痛打を浴びせたのが金融部門であった。住宅部門が業務の主力であったノーザンロック銀行の経営危機による国有化，スコットランド王立銀行やロイド銀行グループの株式資産の買い取り，そしてブラッドフォード銀行の倒産など多くの銀行が危機に陥り，そのたびにイングランド銀行の量的緩和政策で救済された。このような銀行に危機後の成長の軸となる力が存在するとは考えにくい。第2に，賃金－稼得所得の下落が1979年以来趨勢として貫かれている。フレキシブルな労働市場の進展の中で，実質所得の低下への力が働いている。他方で個人の世帯が抱える負債は拡大し，その不況の最大の部分は住宅に関連する負債である。このような点を踏まえると，金融を媒介にした個人消費の拡大と住宅価格の上昇の成長軌道は，実現困難である。言い換えれば，リベラル資本主義の金融資本を軸にした資本蓄積のモデルで成長を図ることは困難である。

逆に，2002年から2007年までのブーム期であるにもかかわらず，産出高を上方に転化できず横ばいのままである製造業は，そのブームの恩恵を受けていない代わりにダメージもあまり受けていないという理由や「2013年に目撃された産出高の持続的な増加や製造業の見通しに対するコンフィデンスの増大」[20]という理由で，2014年初めに一部に「製造業が復活している」という見地から，そこに成長軌道を求める見解がある。

製造業が2008年までのブームの恩恵を受けられなかった大きな要因にポンド高がある。ポンド高は石油ショックによる石油価格の上昇を媒介にした北海油田の生産拡大の影響で生まれたが，それは金融部門の成長にプラスに働き，1986年のビッグ・バン以来の金融部門の成長に大きな貢献をした。そこで，ポンド高は政府によっても容認されてきた。しかし，それは，製造業には，特に輸出部門のそれにはマイナスに働いた。現在では，ポンドが下落し，輸出が促進される環境が生まれている。その環境の中で製造業の一部は確かに産出高を急速に増加させている。その代表である「輸送手段産業（主に自動車）は2009年と2013年の間で50％以上増大」[21]している。しかし，この

ような製造業の産出高増大の評価で気をつけなければならないのは、その増大が低い水準からのものであり、その増大が成長軌道となるような意義を持つ増大レベルのものではなく、その到達水準は依然として低いことである。したがって、この議論には「水準と率を混同する」危険性がある。さらに注意すべき点は、製造業で明るい見通しを持っているのは限られた少数の部門で、端的に言うと自動車産業のみであり、産出高の増加は「UK に存在する日系の自動車企業生産増加から大部分成り立って」いて、「他の製造業産業はこの期間は小規模な増加だけであるか、産出高の下落であるかのどちらかを示している[22]」のである。

日系企業の自動車メーカーの競争力に依拠して成長軌道を創り出すことは、2016年のイギリスの EU 離脱によってますます困難となっている。イギリスにおける日系企業の自動車生産はその大半（第2章参照）が EU への輸出向けである。EU 離脱で EU 市場への輸出が妨げられるならば、日系企業のイギリスから EU 地域への移転も十分にありうることである。というのは、EU における次世代車をめぐる基準（例えば、自動運転の基準や環境規制）は EU 独自の基準から決定されているからである。EU 離脱によりそれへのアクセスの途を失うことは、日系企業活動にとって致命的な競争上の弱点となる可能性が高い。

自動車産業を別にして、イギリス製造業が成長軌道の軸となる部門になるには多くの関門を超えなければならない。第1に、製造業部門の復活にはスケールメリットを生かす生産が必要であり、そのためには何よりも生産規模の拡大と設備の近代化が必要である。それには金融機関との密接な関係が存在しなければならない。しかし、イギリス製造業の弱点は、アメリカなど先進国と比べると低利潤であり、従来製造業企業は「金融ローンよりも内部留保や株式による資金を調達することにより依存している[23]」（図4-5）。巨大投資を行う上で必要な資金をどのように調達するのかという問題が起こる。EU 離脱によって新しい成長軌道は一層不透明となっている。

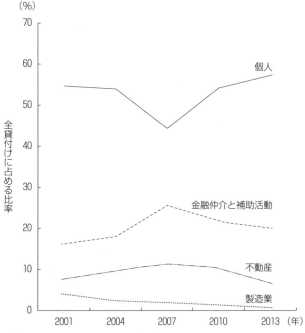

図4-5　銀行の国内貸付けの分類

出所：Green, J., Hay, C. and Gooby, P., (2015) *The British Growth Crisi*, p.181.

1) Chadha, J., Chrystal, A., Pearlman, J., Smith. P. and Wright, S., (2016) *The UK Economy in the Long Expansion and its Aftermath*, Cambridge, p.17.
2) *Ibid.*, p.47.
3) *Ibid.*, p.2.
4) *Ibid.*
5) OECD, (2015) *OECD Economic Surveys United Kingdom 2015*, p.31.
6) リーマンショック以前の生産性の趨勢とそれ以降の現実の生産性の格差は大きく乖離しているが，そのほぼ30％が製造業の低下に匹敵すると言われている（OECD, *ibid.*)。
7) *Ibid.*
8) *Ibid.*, p.29.
9) *Ibid.*, p.21.
10) *Ibid.*, p.20.
11) Chadha, J., Chrystal, A., Pearlman, J., Smith, P. and Wright, S., *op.cit.*, p.17.

12) OECD, *op.cit.*, p.20.
13) OECD, (2013) *OECD Economic Surveys United Kingdom 2013*, p.23.
14) Giudice, G., Kuenzel, R. and Springbett, T., (2012) *UK Economy*, p.4.
15) なぜこのような「謎」を生んだのかは現在論争中である。したがって，本論文の論理はまだ十分ではない。
16) OECD, (2015) *op.cit.*, p.20.
17) Giudice, G., Kuenzel, R. and Springbett, T., *op.cit.*, p.6.
18) Green, J., Hay, C. and Gooby, P., (2015) *The British Growth Crisi*, p.1.
19) *Ibid.*, p.2.
20) *Ibid.*, p.183.
21) *Ibid.*, p.184.
22) *Ibid.*, p.183.
23) *Ibid.*, p.180.

引用文献

〈序　章〉

Colling, T. and Terry, M., (2010) *Industrial Relations*, 3 ed, Wiley.
Comfort, N., (2012) *The Slow Death of British Industry*, Biteback Book.
Diamond, P. and Kenny, M., (eds)(2011) *Reassessing New Labour*, Wiley.
Driver, S. and Martell, L., (2002) *Blair's Britain*, Polity.
Giudice, G., Kuenzel, R. and Springbett, T., (2012) *UK Economy*, Routledge.
Hein, E., (2012) *The Macroeconomics of Finance-dominated Capitalism*, Elgar.
Krugman, P., (1997) *The Age of Diminshed Expectations*, 山形浩生訳 (2009)『クルーグマン教授の経済入門』筑摩書房.
Lansley, S., (2011) *The Cost of Inequality*, Gibson Square.
Williams, S. and Scott, P., (eds)(2016) *Employment Relations and Coalition Government*, Routledge.

〈第1章〉

Barrell, R., Mason, G. and O'Mahony, M., (2000) *Productivity, Innovation and Economic Performance*, Cambridge.
Bazen, S. and Thirlwall, T., (1997) *UK Industrial and Deindustrialization*, Heinemann.
Begg, I. and Rhodes, J., (1982) "Will British Industry Recover?", *Cambridge Economic Policy Review*, Vol. 8. No. 1.
Bosworth, D., Dutton, P. and Lewis, J., (eds)(1992) *Skill Shortage*, Aveburry.
Bratton, J., (1992) *Japanization at Work*, Macmillan.
Buxton, T., Chapman, P. and Temple, P., (eds)(1994) *Britain's Economic Performance*, Routledge.
Buxton, T., Chapman, P. and Temple, P., (eds)(1998) *Britain's Economic Performance*, 2 ed, Routledge.
Carruth, A. and Oswald, A., (1989) *Pay Determination and Industrial Properity*, Oxford.
Campbell, A. and Warner, M., (1992) *New Technology, Skills and Management*, Macmillan.
Card, D., Blundell, R. and Freeman, R., (2004) *Seeking a Premier Economy*, Chicago.
Casey, T., (2002) *The Social Context of Economic Change in Britain*, Manchester.
CBI [Confederation British Industry], (1989) *Managing the Skill*, CBI.

Chadha, J., Chrystal, A., Pearlman, J., Smith, P. and Wright, S., (eds) (2016) *The UK Economy in the Long Expansion and its Aftermath*, Cambridge.
Cloke, P., (ed) (1992) *Policy and Change in Thatcher's Britain*, Pergamon.
Coates, D., (2000) *Models of Capitalism*, Polity.
Coffey, D. and Thornley, C., (eds) (2003) *Industrial amd Labour Market Policy and Performance*, Routledge.
Colling, T. and Terry, M., (eds) (2010) *Industrial Relations*, 3 ed, Wiley.
Coutts, K. and B. Rowthorn., (2007) "Structural Change under New Labour," *Cambridge Journal Economics*, Vol.31. No. 6 .
Crafts, N. and Woodward, N., (1991) *The British Economy since 1945*, Oxford.
CSO〔Central Statistical Office〕, *Annual Abstract of Statistics*, HMSO, 各年版.
CSO, (1991) *Pink Book*, HMSO.
CSO, (1996) *Size Analysis of United Kingdom Businesses 1994*, PA103, HMSO.
Curwen, P., (ed) (1992) *Understanding the UK Economy*, 2 ed, Macmillan.
Curwen, P., (ed) (1997) *Understanding the UK Economy*, 4 ed, Macmillan.
Daly, M., (1991) "VAT Registrations and Deregiatrations in 1990", *Employment Gazette*, November.
Dore, R. and Edmonds, J., (1994) *Improving Britain's Indistrial Performance*, Employment Institute.
Department of Employment, (1985) *Employment- The Challenge for the Nation*, Cm. 1536, HMSO.
Department of Employment, (1989) *Removing Barriers to Employment*, Cm. 655, HMSO.
Department of Employment, (1991) *Employment Gazette*, May.
Department of Employment, (1992) *Employment Gazette*, February.
Diamond, P. and Kenny, M., (2011) *Reassessing New Labour*, Blackwell.
Driver, C. and Dunne, P., (1992) *Structural Change in the UK Economy*, Cambridge.
DSS, (1992) *Households below Average Income; A Statistical Analysis 1979-1988/89*, HMSO.
DTI, (1996) *Competiveness: Creating the Enterprise Centre of Europe*, HMSO.
DTI, (1998) *DTI the Department for Enterprise*, Her Majesty's Stationery Office, Cm. 278.
DTI, (2002) *The Government's manufacturing Strategy*, HMSO.
Edwards, P., (ed) (1995) *Industrial Relations*, Backwell.
Epstein, G. and Grintis, M., (eds) *Macroeconomic Policy after the Conservative Era*, Cambridge.
Glyn, A. and Harrison, J., (1980) *British Economic Disaster*, Pluto.

Grant, W., (2002) *Economic Policy in Britain*, Palgrave.
Green. F., (ed)(1989) *The Restructuring the UK Economy*, Harvester.
Gregg, P. and Wadsworth, J., (eds)(1999) *The State of Working Britain*, Manchester.
Gregg, P. and Wadsworth, J., (eds)(2011) *The Labour Market in Winter*, Oxford.
Healey, N., (ed)(1993) *Britain's Economic Miracle*, Routledge.
Hutton, W., (1995) *The State We're In*, Jonathan Cape.
Johnson, C., (1991) *The Economy under Mrs Thatcher 1979-1990*, Penguin.
Kitson, M. and Wilkinson, F., (2007) "New Labour", *Cambridge Journal of Economics*, Vol.31, No. 6.
Lansley, S., (2011) *The Cost of Inquality*, Gibson Square.
Layard, R., Mayhew, K. and Owen, G., (1994) *Britain's Training Deficit*, Avebury.
Layard, P. and Nickell, S., (1986) "Unemployment in Britain", *Economica*, No. 53.
Layard, R., Mayhew, K. and Owen, G., (1994) *Britain's Training Deficit*, Avebury.
Martin, R. and Rowthorn, B., (eds)(1986) *The Geography of De-Industrialisation*, Macmillan.
Mathias, P. and Davis, J., (eds)(1991) *Innovation and Technology in Europe*, Blackwell.
McCombie. J., (2002) *Productivity Growth and Economic Performance*, Palgrave.
McCormick, K., (2000) *Engineers in Japan and Britain*, Routledge.
Michie, J. and Smith, J., (ed)(1996) *Creating Industrial Capacity*, Oxford.
McNabb, R. and Whitfield, K., (eds)(1994) *The Market for Trading*, Avebury.
毛利健三編 (1999)『現代イギリス社会政策史』東京大学出版会.
NIESR, (1995) *The UK Economy*, 3 ed.
日本経済新聞社編 (2007)『イギリス再生の真実』日本経済新聞出版.
日本生産性本部編 (1965)『日本生産性運動の歩み』日本生産性本部.
OECD, (1992) *Historical Statistics 1960-1990*. OECD.
OECD, (1993) *OECD Economic Surveys 1992-1993 UK*, OECD.
OECD, (2001) *Historical Statistics 1970-1999*, OECD.
ONS, (1997) *Economic Trends*, Annual Suppleyment 1997, No.23.
ONS, (2000) *Labour Market Trends*, April.
Payne, J., (1991) *Women Training and the skill-Shortage*, PSI.
Prais, S., (ed) (1990) *Productivity, Education and Training*, NIESR.
Rainbird, H., (1990) *Training Matters*, Blackwell.
Rowthorn, R. and Wells, J., (1987) *De-Industrialisation and Foreign Trade*, Cambridge.
櫻井幸男 (2002)『現代イギリス経済と労働市場』青木書店.

Select Committee on Science and Technology, (1991) *Innovation in Manufacturing Industry*, HMSO.
Sisson, K., (ed) (1990) *Personnel Management in Britain*, Blackwell.
Storey, J., (1995) *Human Resource Management*, Routledge.
Williams, K., Williams, J. and Haslam, C., (1990) "The Holling out of British Manufacturing and Its Implications for Policy", *Economy and Society*, Vol.19, No. 4 .
Wilkinson, F., (2007) "Neo-Liberallism and New Labour", *Cambridge Journal Economics*, Vol.31, No. 6 .

〈第2章〉
Bacon, R. and Eltis, W., (1996) *Britain's Economic Problem Revisited*, Macmillan.
Colling, T. and Terry, M., (ed) *Industrial Relations*, Wiley.
Curwen, P., (ed) (1994) *Understanding the UK Economy*, 3 ed, Macmillan.
Doyle, P., Saunders, J. and Wong, V., (1992) "Competition in Grobal Markets", *Journal of International Business Studies*, No. 3 .
Driver, S. and Martell, L., (2002) *Blair's Britain*, Polity.
DTI, (1995) *Competiveness forgoing Ahead*, HMSO.
DTI, (1996) *Competiveness : Creating the Enterprise Centre of Europe*, HMSO.
DTI, (2002) *The Government's manufacturing Strategy*, HMSO.
Dunning, J., (1993) *The Globalization of Business*, Routledge.
Dunning, J., (1998) *American Investment in British Manufacturing Industry*, Routledge.
Dunning, J., (2001) *Global Capitalism at Bay?*, Routledge.
Edwards, P., (ed) (1993) *Indfusurial Relations*, Blackwell.
Edwards, P., (ed) (2003) *Indfusurial Relations*, 2 ed, Blackwell.
藤原篤志 (1997)「現代企業における職務設計の展開」『商学論究』第44巻第3号.
林正樹編 (2011)『現代日本企業の競争力』ミネルヴァ書房.
Kersey, B., Alpin, C., Forth, J., Bryson, A., Bewley, H., Dix, G. and Oxenbridge, S., (2006) *Inside the Workplace*, Routledge.
Martin, R. and Rowthorn, B., (1986) *The Geography of De-Industrialisation*, Macmillan.
Mason, M. and Encarnation, D., (1994) *Does Ownership Matter?*, Oxford.
McCormick, B. and McCormick, K., (1996) *Japanese Companies-British Factories*, Avebury.
Moran, T, and OldenskimL,. (2013) *Foreign Direct Investment in the United States*, Peterson Institute for International Economics.

Munday, M. and Peel, M., (1997) "The Japanese Manufacturing Sector in the UK", *Accounting and Business Research*, Vol.28, No.1.
OECD, (1992) *International Direct Investment Policies and Trends in the 1990s*, OECD.
OECD, (1995) *Foreign Direct Investment, Trade and Employment*, OECD.
OECD, (1997) *OECD Ecomomic Survey UK 1996*, OECD.
Oliver, N. and Wilkinson, B., (1992) *The Japanization of British Industry*, Blackwell.
ONS, (1997) *Economic Trends*, Annual Suppleyment 1997, No.23.
Pain, N., (ed)(2001) *Inward Investment, Technological Change and Growth*, Palgrave.
Phelps, N. and Alden, J., (1999) *Foreign Direct Investment and the Global Economy*, TSO.
Strange, R., (1993) *Japanese Manufacturing Investment in Europe*, Routledge.
Thompson P. and McHugh, D., (1990) *Work Organisations*, Macmillan.

〈第3章〉
Acker, P. and Wilkinson, A., (eds)(2003) *Understanding Work & Employment*, Oxford.
Ashton, D. and Sung, J., (2002) *Supporting Workplace Learning for High Performance Working*, ILO.
Atkinson, J., (1985a) "Flexblity, Uncertainty and Manpower Management", *IMS Report*, No.89, IMS.
Atkinson, J., (1985b) "Flexibility: Planning for an Uncertain Future", *Manpower Plolicy and Practice*, Vol.1, IMS.
Atkinson, J. and Meager, N., (1986) "New Form of Work Organisation", *IMS Report*, No.121, IMS.
馬場克三編 (1968)『経営学方法論』ミネルヴァ書房.
Beaumont, P., (1995) "Progress toward a Flexible Labour Market", *Employment Gazette*, Februry.
Beck, U., (1999) *The Brave New World of Work*, Polity Press.
Booth, A. and Snower, D (1996) *Acquiring Skills*, Cambridge.
Braverman, H., (1974) *Labour and Monopoly Capital*, Monthly Review, 富沢賢治訳 (1978)『労働と独占資本―20世紀における労働の衰退』岩波書店.
Beck, U., (1999) *The Brave New World of Work*, Polity Press.
Casey, B., Metcalf, H. and Millward, N., (1997) *Employer's Use of Flexible Labour*, PSI.
Clutterbuck, D., (ed)(1985) *New Patterns of Work*, Gower.

Colling, T. and Terry, M., (eds) (2010) *Industrial Relations*, 3 ed, Wiley.
Cully, M., Woodland, S., O'reilly, A. and Dix, G., (1999) *Britain at Work*, Routledge.
Department of Employment., (1992) "Employment Statistics, Histrical Supplement 3", *Employment Gazette*, Vol.100, No. 6.
Dore, R., Boyer, R. and Mars, Z., (1994) *The Return to Incomes Policy*, Pinter.
DTI, (1994) *Competitiveness; Helping Business to Win*, HMSO.
DTI, (2014) *Skills in Global Economy*, HM Treasury.
Edwards, P., (ed) (1995) *Industrial Relations*, Blackwell.
Edwards, P., (ed) (2003) *Industrial Relations*, 2 ed, Blackwell.
Forester, K., Payne, J. and Ward, K., (1995) *Workplace Learning*, Avebury.
Friedman, A., (1977) *Industry and Labour*, Macmillan.
Gallie, D., (ed) (2013) *Economic Crisis, Quality of Work & Social Integration*, Oxford.
Gallie D., Penn, P. and Rose, M., (1996) *Trade Unionism in Recession*, Oxford.
Gallie, D., White, M., Cheng, Y. and Tomlinson, M., (1998) *Restructuring the Employment Relationship*, Claredon.
Green, F., (2013) *Skills and Skilled Work*, Oxford.
IER, (1998) *Review of the Economy and Employment 1997/98*, IER.
Kersey, B., Alpin, C., Forth, J., Forth., Bryson, A., Bewley, H., Dix, G. and Oxenbridge, S., (2006) *Inside the Workplace*, Routledge.
Kesseler, S. and Bayliss, F., (1995) *Contemporary British Industrial Relations*, 2 nd, Macmillan.
Kesseler, S. and Bayliss, F., (1998) *Contemporary British Industrial Relations*, 3 ed, Macmillan
Knights, D. and Willmott. H., (eds) (1990) *Labour Process Theory*, Macmillan.
小宮文人 (2001)『イギリス労働法』法律学の森社.
Layard, R., (1997) *What Labour can do?*, Warner Book.
Marginson, P., Edward, P., Martin, R., Purcell, J. and Sisson, K., (1988) *Beyond the Workplace*, Blackwell.
MacInnes, J., (1989) *Thaterism at Work*, Open University.
Marsh, D., (1992) *The New Politics of British Trade Unionism*, Macmillan.
Marx, K., *Das Kapital*. 資本論翻訳委員会訳『資本論』新日本出版社.
McCarthy, W., (ed) (1992) *Legal Intervention in Industrial Relations*, Blackwell.
三家本里美 (2016)「開発プロセスの決定における労働者の自律性に関する考察」『社会政策』第8巻2号.
Millward, N., Stevens, M., Smart, D. and Hawes, W., (1995) *Workplace Industrial Relations in Trasition*, Dartmouth.

Murry, G., (ed) (2013) *Work Employment Relations in the High-Performance Workplace*, Routledge.
National Economic Development Office, (1986) *Changing Working Patterns*, NEDO.
OECD, (1996) *OECD Economic Surveys 1995-1996 United Kingdom*, OECD.
OECD, (2007) *OECD Economic Surveys 2006-2007 United Kingdom*, OECD.
櫻井幸男 (2002) 『現代イギリス経済と労働市場の変容』青木書店.
Scott, A., (1994) *Willing Slaves?*, Cambridge.
Sisson, K. and Storey, J., (2000) *The Realities of Human Resource Management*, Open University.
Skorstad, E. and Ramsdal, H., (2009) *Flexible Organizations and the New Working Life*, Henry Ling.
鈴木和雄 (2001) 『労働過程論の展開』学文社.
田口典男 (2007) 『イギリス労使関係のパラダイム転換と労働政策』ミネルヴァ書房.
Thompson, P. and Warhurst. C., (eds) (1998) *Workplaces of the Future*, Macmillan.
上田眞士 (2007) 『現代イギリス労使関係の変容と展開』ミネルヴァ書房.
Waddington, J., (1995) *The Politics of Bargaining*, Mansell.
Wood, D. and Smith, P., (1989) *Employer's Labour Use Stragtegies: First Report on the 1987 Survey*, Research Paper, No.63.

〈終 章〉

Chadha, J., Chrystal, A., Pearlman, J., Smith, P. and Wright, S., (2016) *The UK Economy in the Long Expansion and its Aftermath*, Cambridge.
Giudice, G., Kuenzel, R. and Springbett, T., (2012) *UK Economy*. Routledge.
Green, J., Hay, C. and Gooby, P., (2015) *The British Growth Crisi*, Palgrave.
OECD, (2013) *OECD Economic Surveys United Kingdom 2013*, OECD.
OECD, (2015) *OECD Economic Surveys United Kingdom 2015*, OECD.

あとがき

　2002年に『現代イギリス経済と労働市場の変容：サッチャーからブレアーへ』で，1980年代と1990年代のイギリス資本蓄積の独自性を問うた。サッチャーとメイジャーの保守党政府の下のネオリベラル資本主義の独自性を解明するための鍵を握る概念は生産性とフレキシビリティであった。それから16年が経過した。本書は続刊である。ここでも，グローバリゼーション下の経済を展開する中で2つの概念が軸となっている。

　その間に起こった最大の経済的事件はリーマンショックという大不況とEU離脱である。リーマンショック前の10年のイギリス経済に対して，ネオリベラルな資本主義が円滑に成長し，生産性を上昇させた資本蓄積は大成功であるという称賛の嵐が渦巻いた。だが，リーマンショック後は生産性上昇の軌道が見つからず，資本蓄積を破たんさせた。イギリス経済の発展の筋道が見通せないが，それでも一部に楽観論があった。次に起こったEU離脱は，1973年のEC加盟から始まり40年以上も「EUの中のイギリス」として構築されてきたイギリスの経済政治体制は新しい方向に転換され，再編を迫られることになった。確かなことは，イギリス経済体制の根本的な変更を国民は求め，それを実現するための新しい資本蓄積軌道を構築する必要があるということである。

　EU離脱がグローバリゼーションに対する国民の拒否の現れであるとする議論が流布している。この見地からすると，国民経済の視点では製造業とサービス産業はバランスのとれた発展が必要である。だが，雇用削減を媒介にした生産性上昇の資本蓄積ではそれは恐らく達せられないであろう。以上から，イギリスの近い将来は混迷が続き，決して明るくない。引き続きイギリス経済から目を離せない。それは資本主義の将来を予測させているようでもあるからである。

　本書が出版できたのは，多くの人々からの励ましやご助力があったからで

ある。まず第1に，大阪経済大学の大橋範雄や森詩恵の両先生をはじめとする同僚諸先生や経大学会の皆様の励ましや援助，そして院生の森脇祥子さんの手助けに感謝とお礼を申し上げる。次に，管理論研究会や社会労働研究会の諸先生にも多くの点でご指導を受けた。ことに，2010年の国内留学を受け入れ，多くの点をご教授してくださった北海学園大学の河西勝，森下宏美，小宮文人諸先生にもお礼を申し述べなければならない。最後に，出版が厳しい環境の中で本書を出版してくださった法律文化社の田靡純子社長をはじめ編集者の方々に改めてお礼を申し上げる。私事ではあるが，長く研究を支えてくれている妻にも感謝している。

2017年11月

櫻 井 幸 男

【著者紹介】

櫻井 幸男（さくらい ゆきお）

1949年生まれ
一橋大学大学院経済学研究科博士課程単位取得
現在，大阪経済大学経済学部教授

〔主要著書・論文〕
『現代企業経営とフレキシビリティ』（共編著）八千代出版，1997年
『現代イギリス経済と労働市場の変容——サッチャーからブレアへ』青木書店，2002年
『大阪の経済再建と地域の創成』（編著）法律文化社，2003年
「1979年以降のイギリスの経済政策(1)〜(3)」『大阪経大論集』302号・317号・318号・335号，2008〜2013年
「労働過程論と『同一価値労働同一賃金』論批判」労務理論学会編『現代資本主義企業と労働時間』学会誌第25号，晃洋書房，2016年　　　　　　　　　　　　　　　　　　　　ほか

Horitsu Bunka Sha

大阪経済大学研究叢書第88冊

グローバリゼーション下のイギリス経済
—— EU離脱に至る資本蓄積と労働過程の変化

2018年3月25日　初版第1刷発行

著　者　　櫻井　幸男
発行者　　田靡　純子
発行所　　株式会社　法律文化社
　　　　　〒603-8053
　　　　　京都市北区上賀茂岩ヶ垣内町71
　　　　　電話 075(791)7131　FAX 075(721)8400
　　　　　http://www.hou-bun.com/

＊乱丁など不良本がありましたら，ご連絡ください。
　送料小社負担にてお取り替えいたします。

印刷：西濃印刷㈱／製本：㈱藤沢製本
装幀：奥野　章
ISBN 978-4-589-03898-2

Ⓒ 2018 Yukio Sakurai Printed in Japan

JCOPY　〈(社)出版者著作権管理機構　委託出版物〉
本書の無断複写は著作権法上での例外を除き禁じられています。複写される場合は，そのつど事前に，(社)出版者著作権管理機構（電話03-3513-6969，FAX03-3513-6979, e-mail:info@jcopy.or.jp）の許諾を得てください。

太田和宏著
貧困の社会構造分析
―なぜフィリピンは貧困を克服できないのか―
A5判・250頁・5500円

好調な経済状況，政府やNGOによる対策にもかかわらず，なぜフィリピンは依然として貧困率が高いのか。国家，市場など各領域機能の相互関係・接合からなる全体構造に貧困要因を見いだすことで，対策が機能せず貧困が再生産される社会構造を考察。

松本伊智朗編
「子どもの貧困」を問いなおす
―家族・ジェンダーの視点から―
A5判・274頁・3300円

子どもの貧困を生みだす構造のなかに家族という仕組みを位置づけ，歴史的に女性が負ってきた社会的不利を考察，論究。「政策」「生活の特徴と貧困の把握」「ジェンダー化された貧困のかたち」の3部12論考による貧困再発見の書。

武田公子著
ドイツ・ハルツ改革における政府間行財政関係
―地域雇用政策の可能性―
A5判・200頁・4000円

いわゆるハルツ改革によって課題となっている基礎自治体と連邦政府との行財政関係について考察。失業者の社会的包摂へ向けての実施主体や費用負担などを実証的に分析し，ローカル政府による雇用政策の意義と課題を探る。

岩佐卓也著
現代ドイツの労働協約
A5判・228頁・3900円

労働条件決定システムの重要な要素であり，労使関係を端的に表す労働協約をめぐるドイツの「困難の歴史」を跡づける。アクターの認識や判断を具体的に追跡し，「労働組合の力」を描出。「法政策研究としても一級」(濱口桂一郎氏)

藤川清史編著
中国経済の産業連関分析と応用一般均衡分析
A5判・207頁・4700円

拡大を続けてきた中国経済の成長とともに，深刻化する環境問題や地域間・都市農村間格差等について，産業連関表をもとに分析。産業構造の変化や財政政策，さらには環境政策，貿易政策等による経済への影響に論究。中国経済の実態を多面的にとらえる。

岡田知弘・岩佐和幸編
入門 現代日本の経済政策
A5判・282頁・2800円

経済政策を「広義の経済」を対象とする公共政策と捉え，産業・生活・公共・対外関係の4観点から包括的・多角的に考察。歴史的展開と最前線の動きをフォローし，現代日本経済と経済政策の全体像をわかりやすく解説。

――法律文化社――

表示価格は本体(税別)価格です